常识圆桌派

世界经济常识

[德]马克斯·韦伯 — 著

郑太朴 — 译

天地出版社 | TIANDI PRESS

出版说明

经典著作是人类思想的结晶,对于我们认识历史、反思自我起着举足轻重的作用。

本书是德国著名经济学家和社会学家马克斯·韦伯的经典代表作。1919年,应众多学生的强烈呼声,韦伯在慕尼黑大学教授"普通社会经济史概论"。然而,这堂课仅仅持续了短短一年的时间,1920年夏,韦伯不幸病逝于慕尼黑。他的遗孀玛丽安妮·韦伯邀请著名学者西格蒙德·赫尔曼和麦尔奇·帕尔伊将他讲课的笔记整理成书,即《世界经济常识》(另译为《经济通史》《社会经济史》《世界经济史纲》等)。

从经济学家的观点来看,马克斯·韦伯代表的是德国的经济历史学派"最年轻的一代"。他对资本主义、理性化与普遍世界历史有着深入的研究,对自由政治、实力政治以及政治成熟有着透彻的思考。他对于经济学最重要的贡献是他的知名著作《新教伦理与资本主义精神》,他在书里分析了宗教在经济发展中产生的深刻影响。韦伯对于经济学的其他主要贡献(整体上也是对于社会科学的贡献)还包括了他在方法学上的研究:他对于解释社会学(Verstehen,这个词来自德语,意为理解)的理论和反实证主义(又称为人文主义社会学)。韦伯被公认为现代社会学的三大奠基人之一。

而这部《世界经济常识》可以说是韦伯在经济史方面的扛鼎之作，西方知识界一直将它与马克思的《资本论》相提并论。两部著作分别从不同的角度剖析了资本主义的精神实质，可谓同一时代的两部经济学巨著。

本书论述了原始的农业组织形态——家庭、氏族、村落和庄园制，以及前资本主义等各个时期的经济形态，追溯了资本主义的诞生史，探讨了资本主义在西方产生的特有社会历史条件。在书中，作者遵循了从工业到商业再到金融货币的论述顺序，用大量篇幅阐述了资本主义之所以产生于西方，不仅仅得益于地中海沿岸优越的地理环境，更重要的是基于其具有资本主义精神这一内在动力。

全书内容翔实，史料丰富，体现出韦伯对于西方古典经济学和社会学所做出的杰出贡献。我们生活在一个深受资本主义经济秩序运作影响的历史时代，这一事实本身就使了解和解读资本主义经济制度的演变史成为一项要务。

但读者在阅读本书时，一定要认识其局限性，大部分内容并不一定适用于当下，出版此书的目的是为读者纵观世界经济发展史提供一个有力的参考。

一、所处时代的局限性

资本主义从诞生到现在，已经有500多年的历史。有人把资本主义工业简单地划分为简单协作、工场手工业和机器大工业三个阶段。显然，这个划分没有太多的现代意义。而韦伯认识到的资本主义，显然仅限于此。

韦伯逝世于1920年夏，那时候第一次世界大战刚结束两年，而第二次世界大战还没有任何端倪，英国还是世界经济的中心，人们也还没听说过什么世界经济危机。

在韦伯生活的时代，世界经济和世界贸易显然没有达到鼎盛阶段，他并非预言家，很难想象第二次世界大战后世界经济翻天覆地的变化。所以，韦伯的这本《世界经济常识》具有一定的时代局限性。

二、个人立场的局限性

1864年4月21日，马克斯·韦伯生于德国图林根的埃尔富特市，不久举家迁至柏林。他的父亲是出身于威斯特伐利亚纺织业实业家兼批发商家庭的一位法学家，是当地知名的政治家。因此，我们不难看出韦伯的资产阶级背景。如果不是生在这样的家庭，韦伯不一定能享受到德国当时最上层的教育。所以不管是家庭背景，还是社会教育，我们可以说是资产阶级的文化土壤孕育了马克斯·韦伯的思想和价值观。

所以，不管是《新教伦理与资本主义精神》，还是这本《世界经济常识》，都不能特别客观公正地评价资本主义。

三、东西方文化的差异性

在资本主义的发展过程中，西方现代文明取得了了不起的成就，解决了人类之前未能解决的一些难题，比如因为物质财富的欠缺造成的饥饿、灾荒等。但同时，资本主义的弊端以及造成的精神和环境危机也在所难免。

现代化问题终究是起源于西方，这是欧美文化已经演算了500年的一道极其复杂的数学题，而我们是被迫将这道数学题搬进了自己的文化中，跟在别人身后一起演算。一些对西方有效的调节、化解这些弊端和危机的方法（《新教伦理与资本主义精神》就是一个证明），并不一定适用于东方文化。例如，韦伯可以追溯西方资本主义的起源，从中汲取对现代社会有启示意义的智慧，但我们却不能照搬照抄。

所以找准自己的问题，而不是跟在别人后面演算，这才是我们现在经济和文化发展的关键。每一种文化都有其自身发展的道路和轨迹，它可以吸收外来文化，也可能遭遇外在环境变革的挑战。但如果不坚持自己的文化立场，而丧失了自己的文化本性，迷失了前进的方向，就算学得再好，也不过是一种二流的附庸文化。

本书由我国著名数学家和翻译家郑太朴先生于1936年潜心翻译而成，其译本带有一定的文言风格。为了便于当代读者的阅读和理解，在尊重译者翻译风格的前提下，我们对译文中包括人名、地名等在内的专有名词进行了一定程度的修改，使其更贴近现行译法，并力图使行文更加通俗流畅，从而为读者提供一个可靠又易读的版本。

文中修订如有不妥之处，敬请读者朋友们批评指正。

目 录

概念的解说 / 001

第一章 家族、氏族、村落及庄园制度——农业状态
第一节 农业组织与农业共产制的问题 / 018
第二节 财产制度与社会团体——氏族 / 035
第三节 领主财产制的产生 / 054
第四节 庄园制度 / 064
第五节 资本主义侵入以前欧洲各国的农民状况 / 072
第六节 庄园内部资本主义的发展 / 076

第二章 资本主义发展开始以前的工业及矿业
第一节 工业经济组织的主要形态 / 102
第二节 工业及矿业之发展阶段 / 107
第三节 手工业行会 / 117
第四节 欧洲的行会之起源 / 123
第五节 行会之崩坏及委托工作制度之发达 / 129

第六节　工厂生产、工厂及其先驱　/ 136
第七节　近代资本主义形成以前的矿山业　/ 148

第三章　前资本主义时代的财富及货币流通
第一节　商业发展的出发点　/ 160
第二节　商品运输技术的先决条件　/ 163
第三节　商品运输及商业的组织形式　/ 166
第四节　商业经济的经营形式　/ 181
第五节　商人行会　/ 186
第六节　货币及货币史　/ 190
第七节　前资本主义时代的货币业务及银行业务　/ 202
第八节　前资本主义时代的利息　/ 211

第四章　近代资本主义的起源
第一节　近代资本主义的意义及前提　/ 216
第二节　资本主义发展的外部现实　/ 219
第三节　最初的大投机恐慌　/ 224
第四节　自由趸卖（批发）商业　/ 229
第五节　16世纪至18世纪的殖民政策　/ 233
第六节　工业经营技术的发展　/ 236
第七节　市民阶级　/ 245
第八节　合理的国家　/ 261
第九节　资本主义精神的发展　/ 271

概念的解说

一、基本概念

【一】凡属一种行为,其目标在于营求所欲的效用或处分此项效用之机会者①,我们就可称之为"经济的"。各种各样的行为都可有经济的目标,例如艺术家的行为固可如此,即以战事而论,倘其准备及作战上有经济的目的及手段,亦如是。但就本来的意义而言,则所谓的"经济者",仅能为处分力之和平的施用,此项处分力原本以经济为目标。处分力的一个特征是自己的劳动力之处分。被驱策于鞭笞之下的奴隶只是主人的工具,为其经济手段,并非为自己而经济的。工厂中的劳动者,亦是如此,当其为自己的家族劳动时虽为经济的,但在工厂中只是技术的劳动工具而已。和平性之特征,亦是必要而不可少的。因为各种事实上的暴力(如掠夺、战争、革命之类),虽亦有以经济为目标的,但须受其他法则的支配,与用和平手段的营求不同。不过,征诸历史的经验,每种经济背后,必得有强制而后可——其在今日为国家的强制,在古时则为有身份阶级的强制,社会主义或共产主义经济制度实现时,对于其

---

① 物财不在所论之列,我们就其使用的可能性而言,例如引力、撞力、载力等。效用恒为个别的,例如以马而论,"马"——在此种关系及此种意义上——非为经济之对象,仅其个别的效用是对象。为简单计,可将物的效用叫作"财",人的效用叫作"用"。

计划的实行仍须用强制亦未可知。然而这种暴力，我们不能称之为"经济的事"，只是经济的经营手段而已。还有，经济的事常常与手段的稀少性相关，而且在此有其目标，这也是重要的：要满足求效用的欲望，必须经营运用有限多的手段①。因此，就有经济行为合理化之倾向（虽然未必都能彻底）——如是，说到最后，可知所谓的经济，是出于自己的处分力而归于统一的行为，此行为由营求效用及效用机会所决定。在此，"经济统一体"（经济团体），当其行为对外多少为自成的团体时，就恒为一种自律的团体，此即是，能决定其统率人物而原本以经济为目标的团体，其行为不带有偶然的因素，而是连续不断的。其中最重要的，是原本为经济目标的这一个属性，也就是使经济团体获得其特征之处。其他的团体与此不同，虽然也侵入了"经济生活"，但本身并非经济团体。此项团体中，有的原本以其他为目标，经济目标仅是附带者而已（有经济作用的团体）；有的则全无经济的事，但其所从事者，在于使他人的经济行为遵从一般的规律，即"形式的规律化"（秩序的团体）；有的具体地侵入经济行为而"实质地统制之"（经济统制团体）。同一的团体可因其所处情形，从属于这几种形态之内。

【二】经济行为所营求的可有下列事项：（1）将可以处分的效用，（i）就现在与未来之间，（ii）就现在各种可能的使用方法之间有计划地分配；（2）将不能直接享用但可处分的财用有计划地造成（此即"生产"）；（3）在其他经济之处分力下的效用，不问其是否已可享用，设法取得对于此的处分力或共同处分力。

---

① 因此，"经济的事"之意义，常常是指比较各种使用目标而做一选择。但技术上的设计，则在为某种已定目标选择手段。

在最后这个事例方面，倘要适合于经济的意义而处之以和平的方法，则其手段在于组织一个经济统制团体（让有处分资格的人来组织），或者用交换亦可。经济统制团体可有种种。其一为管理的团体（"计划经济"）。此语的意义，是指一个统一的经济指导机关，亦即经济统一体所组成的一个集团，在一个干部有计划的指导之下，而所谓的有计划，则是对于效用的获得、使用或分配而言（如世界大战时"战时经济"的组织，即为其例）。个别的经营，参加了此团体后，其行为即以此干部的计划为目标而进行。其二是统制的团体。这个团体对于个别的行动虽无统一的指导，但仍统制各个经济团体之经济的事，使它们之间无相互的竞争发生。对于此最重要的方法，是消费的合理化以及获得的合理化。如渔业合作、畜牧合作、种植合作、同业组合等，均为合理化的实例，其中有关于原料的，亦有关于销售机会的，因此间接为消费的合理化——这样的例子当然很多。近代的同业联盟，就属于此类。

交换可分为两种：其一是偶然的交换，这是交换最古老的形态了。此即将剩余物偶然地拿出去交换，但生活的重心，仍在于自己所生产的物品。其二是市场交换，其趋向可见于此事实，即全部都为着交换而供给，同时亦全部为着交换而需要。换言之，其目标在于市场机会的存在。凡市场交换支配经济之处，我们就称之为交通经济之所在。

一切的交换均基于人与人之间和平的斗争上，此即基于价格的斗争、技巧（对于交换双方而言）以及竞争（对于处在同一交换企图下的人而言）上，而朝着一种协调进行，此种协调使参与者中的一方或数方有利，斗争乃终止。

交换可受形式的法的统制，如自由资本主义的经济之下，即如此；但亦可受实质的统制（真正受统制的交换），其统制者可为同业组合、垄断的企业家、君主等，其观点相互间全然不同（例如价格的调整，为人民的生计考虑等）。

交换可分为自然交换与货币交换两种。到了货币交换时，将行为完全趋向于市场机会之事，在技术上始有可能。

【三】交换手段是一种物体，以特殊的形态（即循环不断且大量的）在交换的时候为人们所接受，因为大家都预见到，此物可再用于交换。交换手段与支付手段并不是无条件一致的。因为支付手段，最先是偿付义务，即履行债务之一定的手段而已。但是各种债务，不一定都由买卖交换而产生，如租税、纳贡、妆奁、礼品等债务，便是其例。过去经济史上曾有过的各种支付手段，并非每种都是交换手段，例如在非洲是支付手段，但不是交换手段。在把交换手段当作支付手段通行的地方，也不是一切的交换手段都可无限制地被当作支付手段。元朝蒙古的可汗命令其臣民使用纸币，但在租税上，纸币是不收受的。对于各种各样的报偿，亦不是每种支付手段，都可作支付手段用，如奥匈帝国曾有某种铸币，只能在关税支付时可以使用。征诸历史上各种交换手段，亦不能对于所有的交换都可作为交换手段来使用，例如在非洲，用贝壳货币不能购买妇女，只有用牛才能买到。

货币是一种支付手段，在某一人群中亦为交换手段，因为可按其价值而分割，故形成可以计算的支付手段。但是这种技术上的作用与货币所拥有的特定外形，是没有关系的，如汉堡（Hamburg）的银行货币之准备金，其实脱胎于中国的某种设施，只要有银准备便可，至于银的形态怎样，这是无须过问的。但基于此而发行的汇票，则为货币。

没有使用货币的经济，叫作自然经济；反之，有货币使用的经济，叫作货币经济。

自然经济，可以是一种不用任何交换而能满足其需要的经济，例如地主所需要的可用来转嫁于各个农民，或者如奥伊科斯地区自给自足的家庭经济，亦是如此。但是纯粹的自然经济，已是很少的例外了。自然经济之中，亦可具有经济的交换，但完全没有货币，此即自然的交换经济。这种经济形态，绝对没有完全形成过，常常只是接近而已。在古代埃及曾实行过与自然交换并行的货币计量经济。这就是说，在物对物的交换之前，先把两种物用货币计量过，然后再交换。

货币经济，能把交换中的授与受，根据人与时来分离，使物的交换手段相互间调和的问题得以解决，因此，市场扩张即市场机会的扩张才有可能。由现在来预测将来的市场状况，使经济的行为不致受到一时的情况之束缚，此事亦须把交换中授与受的机会，用货币估量后才能办到。货币的此种功能，即计算可能性，使我们有一共通的标准，可将一切财富，都以此为准则，这是其最大的意义。为什么呢？因为要由货币而后行为的计算之合理性才有了前提，"计算"才有可能性。计算之事一方面能使"盈利经济"完全以市场机会为目标，同时对于"家族"而言，亦可使其"经济计划"（关于可处分的货币额之使用者）按照此项货币额的"界限效用"尺度来施行。

【四】一切经济的两个基本形态为家族与盈利，这两者常常因许多中间的阶段而得以互相结合，但是就其纯粹的形态而言，则在概念上是对立的。所谓的家族，是指以满足自己的需要为目标的"经济的事"，不问其是满足国家的需要、个人的需要还是消费团体的需要。反之，所谓的盈利，其目标在于获得利益的机会，尤其在于交换中获得利益的机会。家族的范畴，在货币经济存在时为财产及所得。当然，我们亦可提出自然所得与自然所有。但所得与财产，必须能用货币来估量后才有一种公分母。而且我们必须以交通经济（货币经济为其目标）为基础，而后能将当作统一体的财产提出来。从这种意义而言，可知所谓的所得是指能用货币估量的特定的财富分量，在一定时期内得以处分它们，反之，财产的意义，则为有货币价值的财富所有，可供家族长久地使用，而且可用之来获取所得者。最后可知所谓的企业者，是为了获得交换利益而把市场机会当作目标而进行的一种盈利经济。在这种意义上，"企业的事"可为偶然的企业，例如个别的一次航海，资本主义组合化初期中兴的形态康曼达（Commenda）即由此产生。一切企业，其目标都朝着收益的可能性。换言之，在于营求为企业而用的手段之货币价值以上的利润。企业的事，进行时也必做资本计算，即由借贷对照表来制作扣除清算的方案，亦以此成为计算的对象，即成为交换获得利益的机会之计算的对象。何谓资本计算？就是把财富按其货币的估计价值，拿到企业之中，到企业终结后或一个决算期之末（把资本最初的价值和最终的价值相比较），用货币来确定获得的利润或遭受的损失。资本计算普遍实行后，财富的交换与生产，即以资本计算为目标而进行，也就是以市场机会为目标而进行。

家族和盈利经营，现在已分离为个别的连续行为。在14、15世纪时，例如在美第奇（Medici）家族中，家族和盈利经济的分离还没有实现。但在今日，两者的分离已成为原则。而且家族和事业经营，不单单在外形上已分离，此事在阿拉伯国家中，已是如此。

在记账上，即计算上，其分离尤为严明，借贷对照表的格线上，必须有获得的利益表现出来才能流入各个家族，这无论在个人的企图或者在股份公司中都是如此。盈利经济与家族根本上并不相同，因为盈利经济，不像家族那样以界限效用为目标，而是以收益可能性为目标（收益可能性本身，则亦依赖于最后的消费者之界限效用间的相互关系）。因此，家庭经济上的货币计算，和盈利经营一样必须依赖市场机会，即依赖于人和人之间和平的竞争。因此，货币不像其他的测定工具那样，是毫无危险的尺度，因而货币价格乃成为从市场上竞争机会中产生出来的协调资本计算上所不可或缺的评价标准，所以只能从市场上人和人的竞争中得到，货币经济有"形式的"合理性，与一切"自然的"经济（不论其是自给经济还是交换经济）都不相同。所谓货币经济之形式的合理性，即最大限度的"计算可能性"，对于已实现或在将来能期待的获得利益的机会及损失的机会，有完全的计算可能性。资本计算所有形式上的合理作用，无法用其他的计算方法来代替，就是"普遍的统计"——这是社会主义理论所提出来的非常先进的自然计算方法——亦不能代替它。如欲将资本计算废止，则其合理之处，必须发明一种技术手段来代之，使得货币及货币价格在使用中完成很便利的公分母之任务。

二、经济的功用编制之类型

现代经济生活的根本事实，在于职业编制，即人类在职业上的分化（一切"已进步"的经济生活，亦都如此）。

在经济科学上，职业的意义，是指以生计或盈利为根本，让一个人将功用持续地施展出来。职业可为一个团体（如庄园、乡村、城市）的内部活动，亦可为市场（如劳动市场、财富市场）的交换而进行。职业编制，未必常常存在，纵然有之，亦未必有今日这样大的范围。

以经济的目光来观察，人类的贡献，可分为统理的贡献及实行的贡献两种。我们把后者叫作劳动，把前者叫作对于劳动的统理。劳动统理的种类有种种。若从技术上来观察，则各种贡献（在一种经济内）如何分配于各个劳动者及其相互间的关系，可作为分类的根据。再从经济上来观察，则贡献如何分配于种种经济及其相互间的关系可作为根据。①

【一】劳动贡献之技术的分配及结合（分工及协作），其可能性可按个人人格内所具备的贡献之种类来区别，亦可按多数人的协作关系之种类来区别，或者按物的获得手段（例如生产手段、运输手段、需要手段）与劳动者的协作关系之种类来区别。

（1）各个劳动者的贡献，可为合化或分化。所谓合化，即同一的劳动者能有性质上不同类的贡献（例如农业劳动和工业的副业，农业劳动和巡回劳动）。所谓分化，则指性质上不同的贡献由不同的人来供给，这种分化，还可进一步区分，按其最终结果的性质如何而分化，可以有"贡献的专门化"（例如中世纪的手工业），或者如近代的工厂一样成为朝着"补充贡献"的特化，即把统一的贡献分割成互相补充的部分（劳动分能）。

（2）结合不同的贡献来得到全体，所得虽为一样的结果，但因其可为同种的贡献之结合，或不同质的贡献之结合，故此结合可

---

① 前者在诸侯的领土上及工厂内也是如此，在这里，各种贡献在各个劳动者身上已专门化，但不分配于各种经济。后者之例则为威勒格（Verlag），其在纺织业方面的组织，即在于将贡献分配于各种经济。

称为"贡献的累积"或"贡献的结合"。无论在哪一种情形下,这都是关于技术程序的,不问其是否并行(即相互独立各自进行的贡献),或已在技术上成为统一的全体贡献。①

(3)若从物的获得手段、生产手段之结合的种类来区别,则有纯粹的劳动贡献,以及财物的生产、采办或运输的贡献。将财物加工制造时,总需有固定的设备(自然所给予的或机械化的动力设备,至少亦需有如工厂那样的劳动设备),以及工作用具、器具、机械等劳动手段才行。工作用具即一种劳动补助手段,可以适应人类之有机的功用者。反之,人类所"使用"的劳动手段,须将其功用与之相适应,我们称之为器具。而所谓的机械,则为机械化的即自动的器具(其已完成的,即"自动机")。器具的作用,不仅在于其脱离有机的劳动条件而拥有独立的特殊功能,更在于其功用可以计算,这一层,对于以资本计算为归宿的经济,是非常重要的。机械化的劳动器具之使用必须以经济上有效的利用为前提,换言之,须以有购买力的大量需要为前提。机械化的劳动器具,只有大量的需要存在时,才能有效地利用。

【二】劳动进程之统理方面的经济可能性有多种,可按照其如何将效用分配于各种经济来区分,亦可按照其如何将经济的机会分门别类(即如何形成所有的秩序)来区别。②

功用结合与功用分配在经济方法上的情形,正和其在技术方法上的情形类似。功用结合,可在一个有技术特化与技术合化的统

---

① 关于贡献的集团化,我们可举实例来说明。例如数人合力负担或拖引一重物,这是劳动的累积;又如乐队,则为劳动的结合。
② 其问题在于工作位置是否世袭,是否可随时辞退或终身拥有,物的获得手段是否私有以及属于谁,等等。

一经济体内进行。这种统一经济体，可为一个家族，但是一大家族（例如南斯拉夫的家族共有体，即使扎德鲁加偶尔也和外面交换，但大部分在其内部已有技术上的特化）；也可为一盈利经济体（例如作为统一经济体的工厂，在其内部，实行功用特化与功用结合；或者更进一步，将煤炭业和冶铁业相结合以组成所谓的混合事业；又如企业同盟是以盈利为目的的几种经济之结合，多少受到金融垄断者的统一指挥）。但此亦可成为几个自律的经济体之间特化的功用分配。在此，或许可有各个经济体之完全的经济自律性成立（此即完全自律的经济体之间的功用特化，19世纪的流通经济，便是其标准形态）；或许可有部分的他律性成立，此即各个经济体对于许多问题，虽然是自律的，但其经济行为却是以在其之上的团体秩序为目标的。对于这个上级团体，亦有种种可能性可区分，须由其家族的特质或盈利经济的特质而定。在第一种情形下，这种团体，是以满足其成员的需要而经营的。所以其体制，就可成为合作式的，例如印度的乡村，就是如此。其手工业者，没有自律性，不过是受乡村结合体雇用的工人而已，其所做的工作，有的是没有报酬的，或者给予一定数量的补助。要不然，则为支配式的，如中世纪的庄园制度，便是如此。在庄园制度中，领主占据优越的地位，可支配经济上的某种效用，领主的土地上，成为庞大的家族。反之，倘若团体是盈利经济，则其功用结合的特质，仍可有合作式的与支配式的两种。例如在一个企业联盟（就此语的广义而言）的内部，是合作式的，但如果一个领主的盈利经济在农民与手工业者的经济方面，就成为支配式的了。

【三】私有，即所有秩序与所有形态。

在经济学上，所有的意义与法律上的概念不完全相同。例如可以继承、可以买卖、可以分割的主顾关系，对于经济科学而言，也是所有。而且事实上，这种主顾关系，在印度的法律上，的确是看作所有之对象的。

因此，劳动机会，即劳动地位，以及与此相结合的盈利机会，都可以私有，而且物的获得手段，以及企业家的指导地位等，亦都可私有。换言之，上述的几种，都可以作为所有秩序的对象。

（1）在劳动地位的私有方面，有以下诸极端：其一是劳动地位没有所谓的私有，各人可将其劳动力自由出卖，因而有自由的劳动市场存在。其他是将劳动者的人格当作对象，是属于劳动地位的，即被一个所有者所私有，因此，劳动者就变成不自由的劳动者或奴隶。在第二种情形下，亦有种种可能性。例如在16世纪之前的西欧方面，有利用不自由劳动的家族，比如古代的领主，给予奴隶以劳动自由及盈利自由时，要从奴隶那里征收租金，这就是把不自由劳动当作利益来源而使用的；还有迦太基与罗马的被殖民者以及美国的黑奴，是利用不自由劳动当作劳动力的。但在此等极端中间尚有无数的中间阶层。此外，劳动者亦可将劳动地位私有。不过其中有为各个劳动者所私有的，亦有为一种团体（统制的劳动团体）所私有的。此种团体可有各种程度的排他性，并可按其对于所希求的功效及机会之统制的方法来决定，使各个劳动者专有其劳动地位。此事的最大限度，是世袭的私有，例如印度的种姓阶级内手工业者、宫廷内的佣人、庄园内的农民地位，便是如此。其最小限度，则可防止随便地解雇（近代的经营委员会制度，可说是工厂劳动者对于劳动地位有一种"权利"观念的开端）。除劳动地位以外，此团体还可以统制其他事，如劳动过程（例如中世纪的同业联盟之禁止拷打学徒）、劳动资质（如在19世纪以前威斯特伐利亚的麻织业者）、代价（价格的确定，大抵为了免除竞争，规定最低价格）、利用经营（烟囱清除者的巡回区域）等。从这种极限来说，亦有无数的中间阶层，以至于贡献义务及机会的统制完全没有结束。

（2）物质的获得手段之私有，可将其分开来说：

（ⅰ）物的获得手段之私有，属于劳动者，其中有属于各个劳动者的，也有属于劳动者之团体的。前者即个人私有，其作用有很多，可按其如何使用这些获得手段，为了自己的需要而用于家族（尤其是在典型的小资本制度方面）或者为了市场而用于盈利来区分。团体专有，则可按其利用的效果是否分配给个人或共同拥有，而分为股份的与共产的两种。不过两种制度大多是混合起来的。在此，其利用仍可为家族的或盈利的（例如俄罗斯的米尔是以共有的形态而成为家族的，但在古代日耳曼的农业制度下，则附带着股份的私有。可在俄罗斯的阿泰尔①方面，则是盈利的；阿泰尔是一种让劳动者私有生产手段的经济制度）。

（ⅱ）专有亦可落入一个所有者手中，此所有者并非就是劳动者。在这种情形下，即发生了劳动者与获得手段的分离。在此，亦可因专有的获得手段如何被所有者利用而产生种种区别。所有者可在自己的家族内，行使家长式的使用权利（例如在埃及，法老的大经济便是如此，他是修道院财产以外一切土地的所有者）；专有的获得手段亦可在自己的企业内当作资本而用于盈利方面（例如以获得手段之私有为基础的资本主义企业）。最后，亦可用之于借贷。这种借贷，有对于家庭的（例如古代的庄园领主对于所隶属的小农），亦有对于追求盈利之人的。在这种情形下，获得手段可当作指定给债主的劳动手段而委让于其本人（例如用具之对于小农以及

---

① 因为盈利原则未曾去掉，故为一种社会主义，新的所有者之阶级代替了原有的阶级。

奴隶的特别财产），或者委让于作资本之用的企业家。如此则所有者和企业者就各自分离了。

（3）除劳动地位及物的劳动手段之专有外，还有指导地位之专有。这种专有，常与劳动者离开获得手段相伴而行，其所有虽然只是贷予式的，但能使企业的机能运行，同时可将劳动者（奴隶）变为私有的。

基于所有者和企业的指导者之间的关系而发生的可能，为人格的分离与合一。在第一种情形下，所有者可将其所有运用于家族，而成为财产的利害关系者，其中的典型代表是近代的"食利者"，或许就像银行一样，可将在其处分下的一部分资产投资于实业，而成为盈利的利害关系者。

但无论在何种情形下，指导的地位既然为所有者所专有，结果必然产生家族和盈利经营的分离。这两者的分离，是近代经济制度的特质，而且是被法律强制实行的。在此情形下，盈利经营的准则在于其目标是朝着获利性原则的。但因为盈利经营的另一面，还有获得手段的专有，故其结果与个人财产有利害关系（从盈利方面来看为非合理性的利益）。此事在企业者和所有者分离之时，其影响更为显著，因为在此情形下，专有的获得手段可以成为私人的投机对象，或者成为投机的银行政策与企业同盟政策的对象，所以此处又有非合理性的影响产生，虽然其性质是盈利投机的。

三、经济史的特质

根据上面所述，关于经济史的任务是什么，已可得若干结论：第一，经济史的任务，在于考究各时代之效用分配与效用结合的性质，某一时期的经济效用是如何分配、如何特化、如何合化的，而且须就技术上、经济上言之，顾及所有的秩序，并且与所有的秩序相联系。这个问题，同时也是阶级的问题，并涉及一般的社会构成问题。第二，在此情形下，研究专有的功用与机会，是家族来利用还是企业来利用。第三，经济生活上合理性和非合理性之间的关系问题。现在的经济制度，因为记账的通行，已经高度合理化了。所以全部经济史在某种意义和某种界限上来说，是在计算基础上且现今已成功的经济合理主义的历史。

经济合理主义的程度，在古代是各不相同的。最初是传统主义，即保存自古以来的习惯，凡先前所传下来的，虽然早已丧失原来的意义，但仍然传之于后代。此状态延续很久，所以经济史对于没有经济性质的诸要素，亦不能不提及此项经济以外的种种要素，如极欲获得神圣财物的巫术要素及宗教要素，力求权力的政治要素，以及追求荣誉的身份阶级之上的利益等。

现在的经济，就盈利方面而言，原则上已有经济的自律性，只以经济的观点为宗旨，而且有计算上的高度合理性。但是实质上的非合理性，常常掺入此种形式的合理性之中。或许是由于所得的分配，大概此事在某种情形下，引起实质上非合理的财物之分配；或许是由于家族及投机上的利益，亦属于非合理的性质。不过形式上的合理性和实质上的合理性也在文化领域中斗争，不仅限于经济领域。法律方面，亦有形式上的法律之适用和实质上的公平正义之斗争。[1]（这种情况在艺术上也有，如古典的艺术和非古典的艺术之对立，其矛盾之处在于实质上的表现需要与形式上的表现手段之冲突。）

最后还有一点需要提出，即经济史（特别是阶级斗争的历史）

---

[1] 腓特烈大帝和他的法学家之争论，即由于法学家的形式论反驳了腓特烈大帝的便宜主义（就行政及一般的利用上而言）观点下的裁断而起。

并不像唯物史观要使人相信的那样，和一般文化的历史差不多相同。一般文化的历史既不是从经济史中产生的，也不仅仅是其函数。经济史其实是一种下层构造，倘若不懂经济史，就无法研究任何一个文化领域。

第一章
家族、氏族、村落及庄园制度
——农业状态

一夫一妻制,就我们所知,最先产生于罗马,由祖先崇拜而将一夫一妻制在仪式上加以规定。一夫一妻制其实早已出现在希腊,但极不固定,罗马人则加以严格的维持。后来基督教所传播的宗教势力亦拥护一夫一妻制,以此为模范,犹太人在加洛林(Karolinger)时代以后,亦逐渐实行一夫一妻制。

第一节　农业组织与农业共产制的问题

我们先就德意志民族18世纪时所通行的农业状态来说，进而论及还没有充分文献资料可考的古代状态，那么须将目光移到德意志人原来所居住的地域。因此，我们要把下面三个地点除外：其一是易北河（Elbe）及萨尔河（Saar）以东，即旧时斯拉夫人所居住的地域；其二是利姆河（Lime）的对岸，从前是罗马人所居住的地域，即莱茵地域，其位置在黑森（Hessen）境界至雷根斯堡（Regensburg）附近的境界线以南的日耳曼；其三则为威悉河（Weser）左岸，原来为凯尔特人（Kelt）所居住的区域。

日耳曼人原始居住地方的部落，是村落式的而非孤立的囿舍式的。村落和村落间相通的道路，开始时是完全没有的，因为各个村落，在经济上是各自独立的，绝无与邻村相结合的必要。后来虽有道路，但并非正式开辟的，而是按照需要自然踏成的蹊径，故随时可能灭迹，直至数个世纪之后，才有了在各个地段上维持原有道路的义务。因此，在这种地方，从现今的地图方式来看，呈现出一种不规则的形状，其结点为村落所在之处。

第一圈，即最内部的区域，为完全无规则的囿舍房地，其间有迂回曲折的连接道路；第二圈是用篱垣围绕的园圃，其数目之多与囿舍相若；第三圈为农耕地；第四圈是牧场，各家各户都有权将同样多的家畜放到牧场上饲养，但此牧场并非共有的，各有其一部分，故仍是私有的；第五圈是森林，其情形也是如此，但此森林并不是村落的附属物。关于采伐木材、蒿草、豚饲料①等权利，亦平均赋予村落居住者。家屋圃舍及个人对于园圃、农耕地、牧场、森林之主权总称为田宅权。

耕地面积是分割为许多部分的，即所谓的大块地（Gewaune）。大块地进一步被划分为地带，然而此种地带不必宽度相同，甚至有狭小得令人惊异的。村落中的每一个农民，在每一大块地内得以拥有这样一个地带，因此各种地面的主权，原是平等的。将耕地划分为大块地，其目的在于尽量使所有人对于肥瘠不等的土地，平等地分享其得失利害。因此而产生了"分散的所有制"。还有其他意外情况，即遇到天灾的话，大家一同蒙受损失，那么每个人所承受的风险就较小了。

将耕地划分为长地带（与罗马人专门采用方形的地块不同）与日耳曼人的犁之特性有关。犁是一种钩状的器具，开始都是用手来操作的，之后则利用动物来拉引，专为掘土耕田而用。因此，凡是处于使用钩状犁阶段的民族，若想让土壤变松软，则非将耕地纵横地犁开不可。所以最适当的耕地分割法，即方形的分割，此方法在罗马恺撒（Caesar）以后即可看到，而且现在仍可见于坎帕尼亚区（Campagna）。然而，日耳曼人的犁并非钩状犁，是将土壤垂直掘开的犁刀，水平穿过土壤的犁铲，以及为了翻转土壤而在右边安装拨土板，用此种犁就无须再纵横犁地了。对于此种犁的使用，最为适当的，就是将土地分割为长地带。在此情形下，各个地带的大小限度，大概以一头牛一日间可不致疲劳的工作量为标准（故有一朝间的工作、一日耕等表示单位的用语）。

---

① 蒿草是一种一、二年生或多年生草本植物，少数为半灌木或小灌木，常有浓烈的挥发性香气；豚饲料泛指猪饲料。

此种土地分割法，日久即发现非常不方便，因为犁的右边安装有拨土板，所以动辄会有偏向左方的问题。故田地就变成不规则的了，而且各耕地之间，开始时没有分界线，所以别人的田地就容易被侵占。原来的界线，于是须重新来划分。最初是由耕地裁判者用杆来划分，后来则用所谓的附着弹机的两脚器来划分。在石勒苏益格-荷尔斯泰因（Schleswig-Holstein）则用测量绳法来划分。

由于各个耕地之间没有道路可通行，所以耕地的耕种，只能按共同的计划，而且只可同时进行。其法通常为三圃式的经营。此种经营形态，虽不能说是日耳曼最古老的，但可以说是使用最广泛的。其采用的时间，至少可追溯至8世纪，因为在770年左右，莱茵地区的洛尔施（Lorsch）修道院的古文书内，已将其视为理所当然的事了。

所谓三圃式的经营，是将村落的全部耕地划分为三个区域，其中第一区域耕种冬谷物，第二区域耕种夏谷物，第三区域则作为休闲地而不耕种，让其吸收肥料。这些区域，年年依次变更其使用法，今年种过冬谷物的区域，明年就种植夏谷物，到后年就为休闲地，其他区域亦如此轮流。家畜的饲养，冬天在屋内，夏天则在草地上放牧。每个人都要遵守此种经济秩序，绝对不能与村落中其他的成员有耕种上的差别。村长确定播种与收获的时间，让人们在耕种谷物的耕地四周编篱，以与休闲地划分界限。收获之后，立即将篱除去。在共同收获日尚未收获的人，必须把牲畜赶到已经收割过的稻田中，以免践踏了自己的谷物。

田宅不但为每个人所私有，而且亦可继承。此种田宅的大小可以极不相同，差不多各村都不一样。一般正常的标准是四十亩的面积，可供养一个普通的家族。在田宅之内的圊舍地和园圃地交给个人自由经营。家庭是小型的家族，即双亲与孩子，有时候成年的儿子亦住在一起。还有各人的耕地，亦当作私有。但荒野之地属于共同团体，即具有全部资格的村落同人们所组成的公共团体。凡在这三种土地上占有一部分的人，均属于此团体，完全没有土地或在每一块田圃上都没有所有权的人，就无田宅享用者的资格。

所谓的马尔克包含森林与荒芜地等，但牧场不在其内。马尔克不归村落团体私有，而属于较大的团体，即多数村落所组成的团体。马尔克结社的产生与其原始的状态已不可考，但无论如何，在加洛林王朝将土地划分为区域之前，而且与百人组也是不一样的。在马尔克中，有一个最高的统治机关，与特定的世袭圃舍相关，此机关通常由君主或庄园领主来兼领。此外，还有所谓的"森林裁制所"与由参加马尔克的村落中田宅享有者的代表所组成的会议。

因此，在这种经济制度内，各成员间理论上本有严格的平等。但此平等，常因子孙多少的差异，在分割继承之际，愈加产生裂痕。结果，在完全的田宅享有者之外，会产生半田宅享有者及四分之一的田宅享有者。而且田宅享有者不是村落中的唯一居民，除了他们，还有其他的人口，比如次男、三男等不得继承圃舍地的人。这类人可以居住在村外，占据那些没有被人占有的地方，亦可获得家畜饲养之权，但须交纳租金与牧地租金。他们的父亲亦可在其园圃地上给其划分些土地，并给其建筑房屋。手工业者与其他的劳动者则来自外面，不在田宅共同体之内。于是，同一村落的居住者中间，产生了农民和其他阶级的区别，后者在南日耳曼被称为佣工，在北日耳曼则被称为边缘者。因为佣工或边缘者尚有一所房屋，所以亦属于村落，但没有耕地的丝毫主权。不过如果有农民经村长或领主（开始时为氏族的酋长）的同意，将其耕地的一部分卖给他们或将牧地的一部分割让于他们，则他们亦可获得所有权。这样的土地，叫作分让耕地，可不受田宅所有物之特殊义务的束缚，亦不受庄园法庭的裁判，可以自由地买卖。可是，其所有者不能享受田宅享有者所拥有的权利。像这样的人为数不少，村落的耕地，往往有半数成为分让耕地。

所以农民最先由于土地所有的种类，而区分为两个不同的阶层。一个阶层是内部有种种范畴的完全田宅享有者，另一个阶层是在这个团体之外的人们。不过在完全田宅享有者之上，还有一种特殊的阶级。这种阶级，不仅领有土地，而且在田宅享有者的团体之外。在日耳曼农业状态的初期，土地尚有多余，每个人都可开垦，而且可将其获得的土地围起来。这种围绕的土地，在其耕种期间，成为其所有物，否则，就归为共同的马尔克。这样的围绕地，须先有大宗的家畜与奴隶方能有之，所以此事大概只有国王、诸侯、庄园领主才有可能。另外，国王对于马尔克的管理，因为自己握有最高的权柄，故可将其管区内的土地赐予臣民。但这种赐予和所有地的授予，是不能在相同的观点下并看的，因为后者在森林区域有确定的边界，须先开垦，方能耕种，正因如此，这种地域没有耕地的强制义务，故在比较有利的法律关系下。在测量的时候，须使用特别的标准，是四十八至五十公顷的方形地面。

古代日耳曼人的部落形态，曾越过易北河与威悉河之间的区域，进一步向前扩张。此种形态，所包括的地方如下：（1）斯堪的纳维亚（Skandinavia）（至卑尔根为止的挪威，至台尔厄尔夫为止的瑞典）、丹麦诸岛及古特兰（Gütland）；（2）盎格鲁-撒克逊人与丹麦人定居后的英国；（3）法国北部绝大部分地区，比利时的大部分地区，特别是布拉班特（Brabant）（但北部比利时、弗兰德以及荷兰的一部分属于法兰克人的地域，有一种不同的部落形态）；（4）其在南日耳曼则有多瑙河（Donau）、伊勒河（Iller）与莱希河（Lech）之间的地域，巴登（Baden）、符腾堡（Württemberh）以及巴伐利亚（Bavaria）的一部分，慕尼黑（München）的周围，尤其是艾布灵（Aibling）。因为日耳曼人的殖民，古代日耳曼向东扩张，又想收容多数的移民，故其形态亦合理化了，而且在便利的所有权下，以及尽可能大的经济自由下，建立了大的"街道村落"。圃舍地在此时亦不再为不规则的乱置，而是沿着村落街道分立于其左右，在每个田宅上各有其一，成为长地带的田宅，也彼此并立。但在此处，大块地分割及耕作强制，仍照常通行。

日耳曼人的部落形式越过原来的地域而向外扩张，产生了很显著的差别。其最显著的是在威斯特伐利亚方面，威斯特伐利亚被威悉河划分为截然不同的两个部落区域，日耳曼人的部落样式在河流的沿岸戛然而止；在河的左岸，已可见孤立圃舍的部落形式。村落和牧地都没有了，混合地亦只是有限地存留着。马尔克中那些未开垦的土地上慢慢出现孤立圃舍。开垦后的新耕地，仍以长地带的形式赋予各参与者。在此马尔克中，因为细分及转让，又有其他的居住者加入。这类居住者就像东部的边缘者，为手工业者、小农、劳动者等。他们对于当地居民来说，就相当于佃户，或者在他们下面靠劳动生活的人。人均约有二百亩地的威斯特伐利亚农民因为部落性质的关系，在经济方面比混合地的农民要独立些，孤立圃舍制沿着威悉河直达荷兰的海岸，而且萨尔的弗兰肯人（Franken）的主要区域，亦包括在内。

德意志的部落区域，在东南方面，连接着山地经济的区域与南斯拉夫人的部落。

山地经济，完全因为家畜经济与草地的利用而形成，牧地有着极重要的意义，故一切经济规则，均出于统制的需要，即有资格者平分利用牧地的机会。所用的统制法，是将山地分割为许多部分，即一年之间饲养一头家畜所必需的牧地面积。

在古代，塞尔维亚（Serbia）、巴纳特（Banat）、克罗地亚

（Croatia）等地的南斯拉夫人的经济单位，不是村落共同体，而是大家族，其年代至今仍争议未决。它是一种扩大的家庭，在家长的领导之下，甚至包括曾孙，往往已婚者亦一起居住，全家人数有四十人至八十人不等，经济生活以共产为基础。他们不限定居住在同一个院落内，只是在经营与消费方面，出自同一个家族共同体。

  日耳曼的农业状态，在西南方面与罗马的土地分配法相接触。后者在农夫所隶属的小农场内，也可见领主的地产。巴伐利亚、巴登及符腾堡的大部分地区都是这两种制度的混合。日耳曼的制度在高原地、丘陵地，有微弱的优势，但也有与此相反的混合地，即村落中的耕地，分割为自成的区域，各人之所有都分配于其中，不考虑分配的平等，或许没有普遍的合理原则。以至于迈岑说"小村落分配之起源亦不明确"，或者起源于"以土地给予无自由的人"。

  日耳曼特有的农业状态之起源，已不可考，此种制度，可证明其在加洛林王朝时代已经存在。但将大块地分割为均等的地带，这是极有系统的事，非原始时代所能有。据迈岑的论证，称先前曾有所谓中心亩的分割法。所谓的中心亩，即一个农民用自己的家畜中午前所能耕作的土地面积，但此面积须按土质、耕地的位置离居住地的远近等，来定其分量上的差异。它是大块地的基础，而大块地亦因这种分割法的存在，无论在何处，都呈现出不规则的形态，与后世均等面积的分割法，即给予大块地以几何的形态的方法，大不相同。①

---

① 近来有人想证明，日耳曼的农业制曾以军事为基础。按其理论，此制度是从百人组出发，而百人组为一战斗的统一体，约为一百个田宅享有者所组成，其所拥有的田宅至少为后来的国民田宅的四倍。此制度的成员，既然依靠其农奴为生，处于坐获其利的地位，故不能没有军事上的自卫。

德意志原始的部落样式，现在已不存在了，其崩坏在极早时已开始，然而这并非由于农民的自立——他们没有这种能力——而是由于上面的干涉所致。农民与政治的领袖或封建领主之间，早已形成一种隶属的关系。如果他们只是平常的田宅主，无论在经济上还是军事上，都比国王或领主所有地的田宅主弱。长期的和平，让贵族们的兴趣逐渐转移到经济方面。因此一部分贵族管理庄园的活动破坏了一直以来的农业组织，这在南日耳曼尤其显著。例如肯普滕（Kempten）的国立修道院，在16世纪时已着手所谓的"圈地"，至18世纪时，还在继续进行。于是，新开辟的耕地重新分配过，而农民只要有可能，便把其圈围的圃地置于新耕地的中央。德国北部，在19世纪时，曾动用国家的权力，来废止旧时的耕地分配法。在普鲁士，亦曾用残酷的强制手段来施行。1821年的共同地分配条令在于用强迫的手段来达到变换耕作的目的，其施行乃出于反对混合地制、马尔克制及共同牧地等自由主义观念的影响。于是共同地（即混合地）用强迫的方法取消，牧地则分给农民，因此，农民在高压之下，不得不进行个人的经营。德国南部的人们在"耕地整理"后便满足了。各块耕地上，先铺设道路网，进而将耕地连接。各块土地的交换，亦曾屡屡施行。牧地仍留存，但因后来通行了马房饲养，故好多牧地改为了耕地。这种新耕地，对于各个村落的人来说，可用于增加副收入，也可用于赡养老人。这种情况在巴登尤为多见。在这个地方，因为人口维持生计的目的，形成了特别稠密的部落，甚至还给移民以奖励，最后形成了一种情况，即在村落团体内有对土著的牧地享用者与新来的享用者之间加以区别的企图。

人们认为德国的农业制度中存有原始的民族都曾有过的农业共产主义之余光，并欲搜求实例，从而由日耳曼人的农业制度，追溯到历史上已经不明了的阶段。在这类研究中，人们曾相信与日耳曼人的此种制度多少相类似的，有卡洛登（Culloden）之战以前的苏格兰农业制度，并欲由之推论到苏格兰农业制度之前的阶段。在苏格兰，耕地亦曾分为地带，以成为混合地制度；而其牧地亦是共有的，与日耳曼极其类似。但此等地带，每一年或一定的时期内，须重新用抽签法分配，故形成微弱的村落共产制。这与最古老且可直接观察的日耳曼耕地分配制度中的"中心亩"全然不同。与此制度并行，且与此相关联的，有高卢与苏格兰地区共同犁耕的习惯。长久荒芜的土地，须用八头牛拉大犁来耕耘。为了达此目的，牛之所有者与大犁之所有者（大都是工匠）就有合作的必要了，于是使犁者和使牛者可共同耕种。至于谷物的分配，有在收获前讲定的，也有在共同收获后按成数来分配的。除此之外，苏格兰的农业制度与日耳曼人的制度，还有以下的区别，即苏格兰的制度将耕作地的外圈，进一步分为两圈，内圈使用肥料，且用三圃式农法耕种。至于外圈，则区分为五分至七分，其中有一部分犁耕，其他部分任其生草，作为牧地之用。被看作"野草农法"的此种农业制度之特质，可说明苏格兰农民何以在上述的内圈中，与日耳曼的农民同样经营个人经济，而在另一方面，则常常形成犁耕合作。

苏格兰的农业制度，是近代且很高级的耕作制度，我们若想知道更原始的凯尔特人的农业制度，要把视线转向爱尔兰。在那里，农业最初完全限于畜牧方面，因为那里的气候，一年之中家畜都可以在户外生存。草地是家族共同体所私有，其酋长常常饲养三百头以上的家畜。到了600年，爱尔兰的农耕有了明显的衰落，经济制度亦发生变化，但其土地依然不会长久地给予个人，最多能传承一代。土地的分配是由酋长执行的，一直至11世纪时还如此。

我们所知道的最古老的凯尔特人的经济，完全限于家畜经济，故由这种制度及苏格兰的制度，不能在日耳曼人经济最古老的阶段中找出什么样的结论。因为我们所知的典型的日耳曼农业经济，必然发生在对农地经济与家畜经济两者有均等需要的时代。日耳曼人的这种经济制度，或许是恺撒时代所确立的，野草农法在塔西佗（Tacitus）的时候很是流行，只是罗马著作家尤其是塔西佗喜欢夸张，这是我们所要注意的。

与德意志的农业制度显著对立的，首推俄罗斯的米尔。此制度盛行于大俄罗斯，但只限于内部诸省，乌克兰（Ukraine）和白俄罗斯（Belarus）就没有此制度的存在。米尔的村落是街道村落，往往极其庞大，人口三千至五千不等。园圃和农耕地位于圃舍的后方，新成立的家庭住在所划分土地的末端。耕地之外，还有共同牧地可利用。耕地分为大块地，大块地再分为地带。根据俄罗斯的农业制度，此项土地不是对各个圃舍进行固定的分配，而须计算所在地的人口或劳动力，这与日耳曼的方法不同。由于人口数与劳动力的多寡，所分配的地带数就有差异。因此，所谓的私有者，不是固定的，只是一时的拥有而已。虽然在法律上，曾规定十二年为调换的周期，实际上大多没那么久，往往是三年、六年，甚至还有一年的。对于土地的拥有权，是每个人所专有的，但以村落共同体为对象，而不以家庭共同体为对象。这种拥有权，是永久存在的。工厂中的劳动者，虽然其祖先在数代以前已移居城市，但他们无论何时回到家乡，都可行使其原有的权利。反之，无论何人，不经过共同体的承认，都不能离开而移居他地。关于土地的拥有权的内容，可从定期分配的拥有权看出来，但说一切村落中人都是平等的，大都是纸上的空谈，因为重新分配时所涉及的诉求，事实上几乎是不可能得到的。对于新的分配，特别是人口数增加极多之户,最有需求,但同时有与他们相反的其他利害方。米尔的决议,只不过在表面上是民主的,其实最终由资本家所决定。因为家财用具上的需要,个别家庭不得不向所谓村落中的有产者或富农借债,这类有产者,就以借贷货币之法,将无产者群体完全置于自己的支配之下。富农就在其债务者是否应当贫乏或应当继续获取其土地两者间决定自己的利害关系,支配着发生重新分配问题时米尔的决议。

对于米尔制在经济生活上的影响,至其崩坏为止,在俄罗斯曾有过两种对立的见解。第一种见解认为这与个人主义的农业制度相反,能使人获得经济上的安宁幸福,而且因为离开村落的劳动者,仍可再回村落行使其要求的权利,故其中存在解决社会问题的有益的一面。主张此种见解的人,虽然也承认一切农业技术或其他技术的进步与改良会因此而被妨碍,只能极缓慢地施行,但认为由于对土地的拥有权使每个人都能得到进步之惠。反对论者则无条件地认为米尔制是一切进步的障碍,并将其看作俄国沙皇政府反动政策之最顽强的拥护者。20世纪初期社会改革家的权力有威胁性地扩张时,米尔制即被破坏。斯托雷平(Stolypin)在其1906年至1907年的农业改革法内,将权利赋予农民,使其在一定条件下可与米尔脱离,而且可要求后来的重新分配不得将其原有的所有地掺入。所有地应当作为一块统一的地面,因此与日耳曼阿尔干的圈地原则相同,村落分散,农民居住于自己的土地中央,而且形成个别的经济。于

斯托雷平

是国务大臣维特（Witte）伯爵一直期望的米尔的崩溃出现了，这是自由党未敢妄想的。至于俄国的宪政民主党员，固然不相信其有改革的可能性。斯托雷平实行农业改革的直接结果，是使较富裕的农民（拥有大量资金、按家庭成员的比例来说拥有较多土地）退出米尔，进而将俄国的农民分为两个阶级。这两个阶级中，一个阶级为富裕的大农业者，分离出去而形成单独的圈舍经济；另一个阶级因人数众多，其所拥有的土地本来就不足，现在更丧失了重新分配的可能性，因此，他们就成为无希望的农村无产者了。第二个阶级痛恨第一个阶级，将他们视为米尔神圣原则的破坏者，因此，第一个阶级被迫无条件地支持现任政府。假使没有第一次世界大战，他们必将成为俄国沙皇政府的新拥护者与护卫队。

关于米尔的建立，俄罗斯学者的意见并不一致。但按照一般公认的说法，米尔并非原始的制度，而是租税制度与农奴制度的产物。至1907年为止，米尔的各个成员，不仅对村落要求拥有土地的权利，而且村落对于各个成员的劳动力亦有要求权。甚至成员得到许可后离去，即便已经有了全然不同的职业，村长在任何时候仍可将其召回，让其参与共同的负担。此项负担主要是农奴制度废止时的赎金及国税。在良好的土地上，农民可在自己定额的纳税之外，获得剩余；所以城市的劳动者，虽然没有被召回，但希望复归村落者也不少，在这种情形下，为了放弃土地使用权，村落常有支付赔偿金的情况。不过在租税总额过大、另作他图的利益较大而把人口吸引过去时，则村落负有连带责任，租税的负担对于留在村落的人就非常重了。这样的话，米尔便强迫其成员返回村落重新成为农民，因此，所谓的连带责任，是限制了个人的迁徙自由。所以已被米尔废止的农奴制度继续存在着，不过农民现在已非领主的农奴，而是米尔的农奴。

俄罗斯的农奴制度非常严酷，因此农民备受煎熬。监督者年年让成年的人结婚，给予他们土地。领地的领主拥有传统的权力，不受法律约束。领主可任意叫农奴到自己的家中来。在农奴制度时代，曾实行过土地的重分法：在土质不好的地方，按照各农户内劳动力的多少来分配；在土质优良的地方，则按照人数来分配。农民对于土地的义务，比拥有土地的权利更重要。无论何时，村落团体对于所领土地的领主，在纳税义务上负有连带责任。同时，俄罗斯所领土地的领主经济，即使到了现代，领主也可不备任何农具，就使用农民所拥有的农具来让农民耕作耕地，以榨取农民的劳动成果。这种土地，或者租给农民，或者征用农民的犁和劳动力，由领主的账房来监督耕作。关于庄园领主与农奴制度的连带责任，自16、17世纪以来已渐次产生。耕地的变换，亦由此产生出来。

俄罗斯的农奴

耕地变换制，在乌克兰以及16、17世纪时不在莫斯科支配之下的俄罗斯各地方，特别是在其西部，并没有产生。在这些地方，个别的圃舍已成为私有财产。

荷兰东印度公司的经济在其所占有的土地上，亦使用上述那样的连带责任原则。公司责令村落团体对于米与烟叶的纳贡担负连带责任。这种连带责任的结果，使得村落团体强迫每个人留居村落，以共同负担租税。19世纪，连带责任制度瓦解后，强制性的村落团体亦被废止。那时已有两种种稻法：一为旱田种，一为水田种。前者收获较少；后者于耕地上筑堤围绕，将耕地划分为各个部分，以防止所引的水或贮存的水流出去。凡耕种水田者，有世袭的所有权，无论何人，不得夺去。在旱田方面，就像苏格兰的野草经济那样施行游牧化的农耕。整个村落共同开垦，但是由个别人去耕种，个别人有收获。开垦之地，在三年到四年间可有收获，但自此以后，就须任其荒芜。因此，村落为了开辟新的土地，就转移其场所。以历史经验来看，荷兰东印度公司只有使用掠夺及暴力的手段，才能施行重分配之法。

这种制度在1830年已被其他制度所替代。即每个人所耕种的土地的五分之一是国家的，而且所要耕种的作物，亦预先指定给个人。此种制度，亦在19世纪时被废除，改用更加合理的耕作法。

在中国的古籍中，类似于上面所述的制度，亦曾在中国施行过。具体办法是，将耕地划分为九个方形的地块，其外部的地块让给各户，中央的一个地块则是皇帝的，各户只有使用土地之权，户主死亡后即重新分配。①这种制度，只有暂时的意义而已，而且只在能灌溉种稻的大河流附近才能实行。在这类事例方面，农业

---

① 文中所述，应即先秦之井田制，时尚无皇帝，应为国君或领主。——编者注

共有制也由国家强制实行，是由于财政的原因而非自然产生的。中国原始的经济制度，现今可在仍残留于中国农村的氏族经济中见到。氏族有其祖先的祠堂以及私塾，还可以共同经营或共同耕种土地。

表现出"共有"农业制度的最后实例，是在印度。印度有两种不同的村落制度，两者的共通点在于都有村落园地。凡手工业者、修道院教士（对于婆罗门教徒而言，其地位较低）、理发匠、洗衣匠及其他村落中的手艺者，都居住于此。根据一种"神意"，对于他们的工作，不支付工资，除接受土地或收获份额外，他们没有其他报酬（马克思认为印度的状态之稳定性，可由这种制度得到其类型，这是不对的，其实这种稳定性基于种姓制度，就像中国古代基于氏族经济一样）。从土地所有者方面来看，村落之间可有种种区别。在个别村落，有个人拥有的土地与个人纳税的义务。村落的支配者为村长。农民对于酋长所直属的共同马尔克，没有任何主权。凡欲开垦者，须得到酋长的许可并付给某种报酬。其他类型的村落，有一个团体（即若干特权领主的团体或完全田宅主的村落贵族政治）来管理，没有村长。这类农民，借来土地，但共同马尔克属于他们，所以他们的地位介于实际的耕作者和酋长之间。在这个范畴当中，还可区分出两种村落。其一，实行帕提达里制的村庄。在这里土地是经过分配及使用的。主权所有者死亡后，其所拥有的土地传于嫡系子孙，每经一次传承，即分配一次。其二，实行巴雅查拉制的村庄。在这种村庄里，土地按照个人的劳动能力或地位来分配。另外还有由一个人兼任租税包办者与领主地位而支配一切事权的柴明达里制村落。正是由于此种村落的分割，才产生了帕提达里制村落。像这样租税领主和农民之间，有许多利益获得者介于其中，因此发生租税包办者转包之事，这是印度的特色。四五个利益获得者成为连锁关系，是常有的事。在这类食利者和大农业者阶级的内部，形式上的共有制产生了。有赋役义务的农民进行共有的经营时，他们仍然只能分割收获，而不能分割土地，所得则在有主权的所有者之间分配。因此，此种农业共产制成立的根据，在于财政方面的考虑。

在德意志方面，拉姆普雷希特（Lamprecht）弄清这种农业共有制的本质以前，大家都认为原始的农业共有制之遗迹，可在摩泽尔河（Mosel）的"农家公社"中见到。这些持有地现在主要包括的虽为森林，但从前亦包括牧场与耕地，依照大块地的样式，加以重新分配与抽签法而形成。不过这种规制并非原始的，而是出于庄园的政策。最初，此为庄园领主的农业圈，由马尔克公社社员来耕种。庄园领主成为骑士后，要自己来指挥经营已不可能，因此将农民的利己心唤起反而比较有利，所以他们规定以一定的地租将其土地委让于农民。在这里，我们可以看到有连带责任的原则存在。于是马尔克中的成员，就可以采用确定的分割法或定期的重新抽签法。

就以上诸例而言，可知拉弗勒（Laveleye）的理论，认为农业共产制（不特就土地专有的意义而言，而且指共产的经营——此二者本来须充分区别的）曾在社会进化的最初期实现过，其实没有任何证明。事实并非如此，农业原来并不是共产的。对于这一点，有种种见解，互相对立。社会主义论者认为私有财产制是堕落的，自由主义的学者则想推导出其源于人类原始祖先的时代。其实关于人类原始的经济生活，并没有确定的观点可说。我们就以今日尚未和欧洲文化相接触的民族的情形为根据，进而求得解答，也不能发现任何统一性，只在各处看到显然相反的状况而已。

在最原始的农业制度方面有所谓的耨耕。那时犁和兽还都没有[1]。农耕器具只有把一端弄尖的木棒而已。男子用此木棒，环走耕田掘成洞穴，再由女子把种子撒播于洞穴中。但同样的耨耕法，可以有全然不同的组织体制。如巴西内陆的瓜托人，虽然好像没有采取其他劳动制度的必要，但形成了以家庭为单位的个别经济。而且这种家庭经济并无特别的分工，而在各家族内，则有有限制的劳动专化。此外，又曾实行过有限的部落间的交易。与之相反的是大家族内的劳动聚集，如易洛魁人的连房，他们的女子均在女酋长的指挥之下同住。此女酋长将劳动及劳动收益分配于各户。男子当战士或猎人，承担开垦、建筑、饲养家畜等艰难的工作。家畜的饲养，因为在使畜类驯服之时需要力量和技巧，故起初被视为一种荣耀的职业。后来人们对此事的尊重成了传统的习惯。类似这种情况，地球上到处都有，黑人族群中最多。在这些族群中，无论何地，田园工作都由女子来担任。

---

[1] 欧洲与亚洲各地在农业经济上主要的不同，有一个例证，即中国人与爪哇民族都不知榨取牛乳，但欧洲方面，在荷马的时代已有牛乳的经营。其他方面，印度自中兴以来，即禁止宰牛，直到今日，印度的高等种姓仍不吃肉。所以在亚洲，有好多地方都没有乳牛和肉牛。

第二节　财产制度与社会团体——氏族

一、专有之形式

专有之形态，和农业制度的形态一样有多种。专有之所有者，无论何处，原来都属于家族共同体。但此处所谓的家族共同体，与南斯拉夫人的扎德鲁加（Zadruga）的独立户或易洛魁人的连房这样大的团体，完全不同。专有以两种不同的基础为根据：其一，是将物质的劳动手段，特别是土地，当作劳动用具来看待，所以此种手段往往为女子氏族所专有；其二，祖先的土地为"枪地"，是由征服所获得的土地，因此受到男子的保护，在此情形下，土地即为父系氏族或其他男子团体所专有。无论如何，原始的专有与劳动分配的方式，不仅由纯粹的经济观点所决定，还包含军事的、宗教的及巫术的动机。

在过去，每个人都要连续不断地与其所属的多数团体发生联系。这类团体有很多种，可分类如下：

（一）家族团体。其构造多样，但大多都是消费团体。生产的物质工具，尤其是一般的动产，亦可为此家族团体所专有，而其内部，各自行其专有。例如武器及男子方面的用具，即为男子所专有，依照特别的继承顺序传给男子。其他的装饰品及女子方面的用具，即为女子所专有，属于女子。

（二）氏族。氏族亦是各种专有的所有者，它可以拥有土地。无论如何，氏族中人对家族共同体之所有常有特定的权利，如占有权或贩卖时的先买权等，这都可视为原始专有法的遗迹。同时，氏族保障每个人的安全，有复仇的义务及执行复仇的法则。它有分担赎命金及氏族中所属女子的共同处分权，因此对于迎娶时的彩金也有权利分得一份。氏族有父系氏族与母系氏族之别，如果财产及其他权利属于男子的氏族专有，则为父系制度，否则为母系制度。

（三）巫术的团体。其中最重要的为图腾氏族，这是在万物有灵论精神的信仰最盛行的时代所产生的。

（四）村落团体与马尔克。此在经济上的意义颇为重要。

（五）政治的团体。此种团体保护村落的土地，因此对于居住在土地上的人有种种权力，还可以在军事上及司法裁判上要求人们履行义务，同时给予他们相应的权利，并让他们服徭役与缴纳赋税。

每个人有时还须面对下述关联：

（一）与庄园领主。若个人所经营的土地不属于自己所有时，即可能发生此种关系。

（二）个人所属的主人若在人格方面不能自由，而属于他人所有时，即有此关系。

每一个日耳曼的农民，以前都须依属于庄园领主、农奴领主及裁判领主。这类领主，对于农民的服役，有不同的要求权。由于领主可能是多人，也可能是一人，农业的发展遂因此形成种种不同的情形。在前一种情形下，因为领主们互相竞争，故对于农民的自由是有利的，而在后一种情形下，则使得农民趋于隶属关系。

二、家族共同体与氏族

现代普遍认为的家族共同体或家族都是小家庭，即双亲和子女所组成的家庭，它是以合法且延续的一夫一妻制为根本的。这种小家庭的经济，其本身为消费经济，至少在名义上与生产组织不同。在家族共同体内部，一切财产的权利属于家长个人，但在妻子及子女的特别财产方面，其权利有所限制。血统关系由父方及母方来推算，但此种意义，除有时发生继承权的问题外，几乎无关紧要。古代意义上的氏族概念现在已不存在，仅可在旁系血统的继承权问题上略见其痕迹而已，即使在这一点上，也常常产生关于此项关系的起源及成立的疑问。

社会主义的理论是从假定婚姻的种种发展阶段而出发的。按照此理论，原始的状态是群体内全无秩序的乱婚，即族内婚，与私有财产全然欠缺的事实相一致。这个假说的证据可在原始状态的各种遗迹中见到。例如原始人群中带有狂欢性质的宗教制度，餐肉礼、饮酒礼、吃烟礼等，此时性关系的限制完全被废除；又如很多民族，女子在婚前有性的自由；在古代东方，神前伺候的奴隶间，亦有乱婚的情况发生。另外，好多地方都可以看到——包括以色列人——所谓的兄终弟及制，即族内的兄弟有与死者的寡妇结婚因此获得被继承者的特权与义务，亦可视为佐证。根据社会主义的理论，第二个演化阶段就是群婚。即某种特定的集团（氏族或部落）和其他的集团建立婚姻关系，因此某一集团的各男子，就为其他集团的各女子之夫。这方面的证据可从美洲的印第安民族那里推论得到，因为他们除父母以外，没有其他的亲族关系。南太平洋群岛上也有这样的事实，即许多男子与一名女子或许多女子，进行同时或更迭的性交，进而建立婚姻关系，亦被视为佐证。社会主义的理论也将母权制视为一种因此而起的过渡阶段。据此理论，在性交和生产间的因果关系尚未为人所知的时代，家族共同体并非由家族组成，而是由母系集团组成，只有母系的团体，才有礼仪和法的地位。这个阶段是由世界上极通行的舅权制推论而得的，在这种制度下，母亲的兄弟是子女的保护者，她的子女可以做舅舅的继承人。母权制亦被认为是发展过程中的一个阶段。因此，在各共同体方面，酋长的地位绝对地为女子所有，尤其是成为家族共同体经济事务方面的领袖。然后又经过掠夺婚姻制度的阶段，才向父权制转移，在任何地方都是如此。其原因在于经过一定的演化阶段，乱婚的礼仪基础被谴责，族内婚原则上逐渐被族外婚代替，性关系限于不同团体的成员之间，包括用暴力从外面掠夺女子，买卖婚姻也就发生了。此种进化过程的佐证，只要看一看结婚仪式便可知道，可能在许多早已行使契约婚姻的民族，仪式上还在模仿一种暴力的诱夺方式。之后才向父权制及合法的一夫一妻制转移，依照社会主义理论，这与私有财产制的产生以及男子要求合法的继承权有密切的关系。不过结果却向堕落的方面发展，从此以后，一夫一妻制和卖淫制就并存了。

以上为母权论及以此为根据的社会主义理论。这个理论虽有矛盾的地方，但就整体来看，对于该问题的解释是有价值的。对于这个理论，我们亦有"聪明的谬误比愚钝的正确于科学更有益"之感。需要批评的是，在卖淫制度的发展方面，须将一切道德的价值判断置于论外，那是不待说的。

所谓的卖淫制，是指为了盈利或当作一种经营而做出的有报酬的性之牺牲。在这个意义上，所谓的卖淫绝不是一夫一妻制及私有财产制的产物，而是早已有之。此种制度无论在哪一个历史时代或哪一个进化阶段都能发现，但卖淫制在信仰伊斯兰教的民族中极少见，在若干原始民族中，则完全没有。然而即使在社会主义理论家所指出的未有私有财产制的原始民族中，也有卖淫制以及对于同性或异性的卖淫制所制定的惩罚。无论在何处，娼妓在身份上都有着特殊的地位，大多处于下贱的地位，只有庙妓是例外。在这种盈利性的卖淫和多种婚姻制度之间，还有许多长久的或一时的性关系之中间形态，而且此种形态在道德上和法律上不一定会遭受非议。在今日，夫妻以外性的享乐之契约，虽然无效，但在托勒密王朝的埃及，依然承认性契约有效，妻子在委身于他人后，关于抚养费、继承权及其他权利，仍有诉讼上的保障。

而且，卖淫的表现，其形式不仅为无约束的性的牺牲，也为礼仪的卖淫，有宗教上规定的形式。例如，印度及古代东方的神前奴隶的卖淫。更有所谓的修道院奴婢，她们不得不做伺候之事，在狂欢宴饮中献身。神前奴隶亦可有偿地将身体供与任何人。神前奴隶的制度，可追溯至宗教的来源以及具有性的特质之万物有灵精神的巫术，这种巫术常常在达到狂喜的境地后引人进入性的狂乱中。

视为祈祷丰年的巫术形式之一的交合行为，在以农业为主的民族间极为盛行。为了得到丰收，甚至就在耕地上举行性的狂欢宴饮。在印度，因有参加此种欢宴的行为，就出现了舞妓的职业。舞妓为自由的娼妓，在印度的文化生活中，曾有过重要的任务，与希腊的娼妓相同。她们虽然有优越的生活条件，但本身仍被视为卑贱者，就像印度的舞妓戏剧中所表现的那样，倘若能通过一种神秘的奇事而获得婚姻中的妻子地位，就算生活极其辛苦，她们也感觉无上幸福。除庙妓制之外，在巴比伦及耶路撒冷等地，还有真正的修道院卖淫，她们的主要顾客是旅行商人。她们自从脱离宗教或狂欢宴饮的性质后，仍保持其职业，修道院亦因盈利而给以种种便利。起来抗议合法的卖淫和其根源（即狂欢宴饮制）的，是以普度众生为目标的伟大的教士及先知，比如祆教的创始者查拉图斯特拉（Zarathustra）、婆罗门教徒及旧约圣书的先知等。他们的抗争，主要出于道德和理性的理由。他们的出发点，在于使人类的精神生活深刻化，而且认为放纵色欲在宗教上是极大的障碍。除此之外，宗教派别的竞争也起了重要的作用。古代以色列人的神是山神，而不是支配下界的太阳神，故先知认为太阳神的狂欢宴饮是其可怕的竞争者。在这种争论中，有些国家，尤其是罗马，警察和教士联手，因为他们深恐激昂的热情会随狂欢宴饮的现象而起，以致发生下层阶级的革命运动。不过自从狂欢宴饮被废除后，卖淫制本身虽仍然存在，但是人人都贱视之，而且认为是不合法的。在中世纪时，虽然已有教会的训诫，但卖淫还是得到了官方认可，而且有同业组织。在日本，即使在今天，茶馆中侍女的偶然卖淫，不仅不被贱视，而且使她们成为更理想的结婚对象。卖淫制的没落，开始于15世纪末期，法国国王查理八世入侵那不勒斯（Naples），感染花柳病以后，本来已得准许可继续存在的不洁卖淫，被迫集中在一些指定的场所。新教派以及先前的加尔文（Calvin）教派的禁欲主张盛行后，亦反对卖淫制，不过后来天主教教会的态度倒温和深虑些。最终的结局，与当时对狂欢宴饮制奋力抗争的穆罕默德和《塔木德经》（Talmud）著作者的结局相类似。

　　夫妻之外性的关系和卖淫女子性的自由之间是有区别的。性的自由，过去从男子的角度来说，都认为是理所当然之事，自三大一神教起，才加以申斥，在犹太教方面，直至《犹太法典》制定以后方加以禁止。原来女子与男子拥有同等的性自由，可以从下面诸点知道，例如在穆罕默德的时代，阿拉伯人虽已有公认的永久婚姻，但同时有为了抚养费的"暂时婚姻"以及"试婚"（试婚在埃及及其他地方也存在）。尤其是高等家庭的女儿，因为不愿委身于父权婚姻之下严格的家族规则，要保持其性的自由，故宁愿留在父母的家中，可以随己所欲，或在种种可能的范围内和男子结合。除了这些个人的性自由之事例外，还有氏族的女子为了盈利的目的而被利用，或为了抚养费而被租借。此外还有所谓性的欢侍者，即对于尊敬的客人，让妻子或女儿去侍奉对方。蓄妾制亦曾发展，其与结婚制的区别，在于子女的法律地位不同。当强调身份阶级的族内婚盛行时，蓄妾制往往由身份阶级所决定，并发展为横跨阶级界限的同居。罗马帝政时代，蓄妾制完全为法律所认可，尤其对于曾被禁止结婚的士兵及因身份关系而很难得到结婚机会的贵族。这种制度，在中世纪时仍通行，至1515年第五次拉特兰（Lateran）会议时才宣告绝对禁止。不过在改革派教会内起初就加以禁止，从此以后，这种在法律上被认可的制度，才在西方渐渐绝迹了。

将社会主义的母权说进行更深入的研究后，可知其所说的性生活的阶段，不能被证明在一般的进程中存在过，纵使有这个阶段，也不过是在完全特殊的前提下发生的而已。假如乱婚制曾发生过的话，如果不是带有狂欢宴饮性质的偶然现象，便是古时严格的性交限制堕落的产物。对于母权说我们必须承认，按照万物有灵精神的宗教史所示，在原始时代，生殖行为和生产之间的因果关系是不清楚的，所以父亲和子女间的血统关系当时并不被承认，就好像现在私生子在母权下的生活一样。不过子女把父亲除外只和母亲一起生活的纯粹母系集团不是普遍存在的，只在完全特定的前提下才有。家族内兄弟姊妹间的族内婚，如托勒密王朝，是一种为了保存血统纯粹的贵族制度。氏族的优先权，即女儿嫁给外人时，须向氏族中的亲属献身，或者出钱收买他们的占有权，可以用财富的分化来说明，而且是对财产分裂的一种防御手段。兄终弟及（娶寡嫂）制亦非由原始的状态而产生的，其理由在于避免男性支系在军事或宗教关系上断绝。自从有身份的阶层分化以来，就有了一种身份的族内婚，将女儿保留给某政治或经济团体的成员。此种制度，在希腊的民主政治时代，曾经大规模地实行过，其用意在于不使财产流出市府的共同团体以外，而且可以限制"完全市民"的增加，使完全市民得以有垄断政治的机会。又如在印度的种姓制度中，因有非常严格的身份分化，故族内婚成为超婚制。上级种姓的男子，和下级种姓的女子可以任意往来且可结婚，但女子不能如此。因此下级种姓的女子，可用金钱买卖，但上级种姓的女子，则在年少的时候就须求配偶，且常常出资求得丈夫。这样的丈夫，可同时和许多女子结婚，受到她们的供养，由这一家到另一家。这种状态，后来由于英国政府要求形式上的丈夫须给其妻子们生活费，才被废止。另外，实行族内婚的地方，我们只能承认其是堕落的现象，不是进步的阶段。关于家族的族外婚，除了少数的例外，无论何处，总是通行的。它是为了防止家族内男子们的嫉妒心，或者出于对以下事实的认识：一起长大的男女很难发展出强烈的性冲动。族外婚成为氏族的婚姻制度时，常与属于图腾制度的万物有灵精神的观念有关。不过，图腾制度是否通行于全世界，而且即使全然无关的地域（如美洲与东印度群岛）同样有之，不能说已经证明了。无论在何地，掠夺婚都被认为是对该氏族的不法行为，该氏族可进行流血的报复，或有接受赎命金的权利，但同时，该事也被认为是一种勇敢的冒险行为。

　　基于父权的合法婚姻之特征，是这样的，即从一特定团体的立场来看，该男子只有一个特定的妻子的子女有完全的资格。此种团体，可有如下几种：（1）家族共同体。只有正式婚姻的子女才有继承权，旁妻和妾的子女则没有。（2）氏族。只有正式婚姻的子女才有流血复仇、赎命金征收及氏族同人的继承权。（3）军事的团体。只有正式婚姻的子女才有配备武装、分享战利品、获取征服的土地及分配土地的权利。（4）身份的团体。只有正式婚姻的子女在身份上才有完全的资格。（5）宗教的团体。有完全资格的子孙才可祭祀祖先，神祇也只受他们所献的供奉。依照父权的法律，合法的婚姻有下面三种可能的规制：(1)纯粹的母系集团。认为合法的父亲是没有的，只承认母亲和子女之间以及母亲的亲族之间有亲属的关系。纯粹的母系集团，尤其与男权社会有关联。(2)纯粹的父系集团。同一个父亲的子女，无论其是正妻、旁妻、妾、婢所出，都有同样的地位。妻子和儿女须服从他的无限权力。由此状态发展出基于父权的合法婚姻。(3)虽然双亲的家族共同体均存在，但通行母系制度。子女属于母系氏族，与父系氏族无关。此种状态，存在于图腾制度盛行的地方，是男子集合制度的遗迹。

三、家族发展之经济内的与经济外的条件性

为了方便理解家族发展的条件性，须先对原始经济生活加以考察。

向来科学讨论所用的三个阶段的分法，即狩猎、畜牧及农耕，其实是不可用的。纯粹的狩猎民族或游牧民族，彼此间没有交换而且不与经营农耕的种族相交换，即使有，也不能说是原始的。耨耕和狩猎相结合而游牧化的农耕才是原始的。所谓的耨耕，是指没有家畜的农耕，尤其是指没有兽力的农耕。犁的使用，其实代表着趋向现代化农耕的过渡。家畜的驯养需要极长的时间，最初可能是驯养提供力量的牲畜，随后，才有乳用的家畜（但至今日，特别是在东亚，还有地方不知道榨乳的）。再往后开始有宰食的家畜。以偶然现象来说，屠宰当然是很悠久的事了，之后才成为餐肉狂欢宴饮的对象而以礼仪的形式延续下来。最后是以军事为目的而驯养兽类。公元前16世纪时，就已经有马成为草原上的乘用兽，此外无论在何处，均被当作拉引的牲畜。中国、印度甚至爱尔兰，在一切民族间的战车时代，就此开始。

耨耕，可由小家族进行个别的经营，亦可由家族共同体联合经营。后者的农地耕作方法，已是技术改良后的结果。狩猎原本必须是共同的经营，虽然此共同化是出于环境的结果。家畜的饲养可由个人来经营，而且不能不如此；无论如何，共同体是不能太大的，因为散开的兽群需要广阔的土地。最后宽耕的农业可以用种种方式来经营，只是在开垦的时候须共同协作。

两性间的分工，与经济形态上的区别相互交错。原始时代的农地耕作与收获，主要是女子的任务。到了从事繁重的劳动（以犁代替耨耕的劳动）时，男子才参与此事。家庭内劳动的重心在于纺织工作，完全由女子来担任。男子的劳动，为狩猎、家畜的饲养（小家畜的饲养亦为女子之事）、金属加工以及战争。战争是男子最重要的劳作。女子是连续不断的劳动者，男子不过是偶然的劳动者而已，后来随着工作难度的加大及社会剧变，男子不得不进行连续的劳动。

此项情形互相结合的结果，产生了两种共同化的类型：一方面产生了家庭内劳动及耕种劳动的共同化，另一方面则产生了狩猎及战争的共同化。关于第一种，女子拥有重要的决定权，因此她们常占据优越的地位，具有绝对的指挥权者亦非罕见。女子集合的地方，原来是一个劳动场所，而狩猎及战争的结合，则产生了男子的组合。不过无论家长是男

西欧庄园

子,还是像印第安人那样女子当家长,总存在一种传统的束缚性。因为狩猎及战争而组成的共同化团体,处于选出的首领的指导下,此首领并非因血族关系而当选,而是由于其个人品质和能力,他是自由选出的首领,拥有自由选择的随从。

除女子经济的劳动处所外,还存在男子的集合所。二十五岁至三十岁的男子,在家庭外的共同居所生活,形成经营狩猎、巫术及制造武器或其他重要铁器的中心。少年人屡用掠夺的手段得到妻子,因为掠夺是出于共同的行动,所以此种掠夺婚,有一女多夫的特点。但也有买妻的。为了严守秘密,总是禁止女子进入男子集合所,如南太平洋群岛上的岛民以可怖的方式保持着男子集合所的神圣。大概男子集合所总与舅权制相关联,且往往与母系制度相联系,实行氏族外婚。全部的男子,也都以年龄分成等级,到了一定的年龄后,他们就脱离男子集合所,回到村中移居妻子的住所。男子集合所制度一般也被认为是男子修业期的制度,儿童到一定年龄时,就离开家庭而接受手术(特别是割礼)及举行成人礼,进入男子集合所。此集合所是一种兵营性质的场所,实行一种军队的制度。它的崩坏促成了各方面的发展,如巫术俱乐部,或以意大利克莫拉(Camorra)式组织[1]为模型的秘密政治团体,都是这种制度的例证。

这种原始的军事制度,不是任何地方都发生过的,即使在发生过的地方,由于军事化场所的解散或者战争技术上的进步,使庞大武器与特别教练的个别战斗变得更加有利。尤其是车战与骑战,对这方面产生了很大的影响。于是大多数男子入赘妻子家,和妻子一起生活,军事上的保护亦不再由男子集合所负责,而是赋予每个战

---

[1] 1802年左右意大利那不勒斯王国所创的秘密结社之名。——译者注

士一块土地，使其能自行武装，来保障他们自己的安全。因此血统就有了决定性的作用，而世界上任何地方，以任何形式产生的原始的万物有灵魂观，即灵魂信仰，是与此相呼应的。

基于万物有灵魂观的图腾制度之起源，或许也可在男子集合所中求得，虽然后来图腾制度与万物有灵魂观无关了。所谓的图腾，是一动物、植物、岩石、制作物或任何一物，以为有某一种神灵附着其上，图腾团体的成员，与这种神灵有关系。如果这个图腾是兽类，则因其与共同体有同一血缘，故不许屠杀，于是出现某种礼仪上的食物禁忌。信仰同一图腾的团体，内部保持和平，其成员间不许互相争斗，他们之间的婚配就是乱伦的行为，须施以重刑，因此就通行了族外婚，和其他的图腾团体建立结婚同盟的关系。此种意义下的图腾团体，是仪式的团体，屡有与家族共同体及政治共同体相交错的。个别的父亲，在家族共同体内，虽和妻子及子女共同生活，但多为母系制度，故子女属于母系氏族，对于父亲，在礼仪上亦视作外人。这就是所谓母权制度的成因，所以它和图腾制度都是男子集合所时代的遗物。在图腾制度没有产生的地方，我们可以找到父权或行使父系传袭的父方优势。

父权和母权之间的斗争，按照土地成为专有的根本原则来决定。专有有两种形式：将土地当作女子的劳动场所，在经济的观念下经营；或者将土地视为用武力获得，且须用武力来防御的财产，故其观念是军事的。若女子须担负土地耕种的责任，则土地就进入子女的保

古代的图腾——龙

护人——母方的兄弟——之手。反之，土地被视作"枪地"时，那么就为军事团体所有，于是子女归属于父方，其结果是女子被排除在土地权之外。这个军事团体力求保持父亲在氏族内的土地分配，以保障其成员的防备力之经济基础。通过此种努力，遂产生兄终弟及制及规定女子继承权的法律，规定最亲近的亲戚有与一族内女继承人结婚的义务和权利。在希腊，尤其可见到这种制度。还有其他的可能性，即个人的财产关系由父权与母权两种组织来决定。在经济地位平等的人之间，婚约最古老的形态，或许就是女子的交换，尤其在家族团体之间，兄弟们每每将其姊妹互相交换。经济地位发生变化以后，被视作劳动力的女子是价值的目的，因此像出力的牲口一样被人买卖。不能买到女子的，则为她服役或必须长久地留在女方家中。买卖婚与服役婚（前者用于父系制度，后者用于母系制度）可以并存，而且可存于同一家族内。故两者都不是普遍的制度。女子总是在男子权力的支配之下，不论是在自己的家族共同体中，还是在买取她的男子的家族共同体中，都是相同的。买卖婚与服役婚均可为一妻多夫或一夫多妻。有产者可以随意买到许多女子；反之，无产者，特别是无产的兄弟，则可共同购买一个女子。

与此状态相对立的，就是集团婚，它或许是从图腾或家族共同体间具有巫术性质的婚姻界限中而来。在此情形下，男子须依次或同时与若干姊妹婚配，或者许多女子由其他的家族共同体迎娶，当作共同所有的。所谓的集团婚，只偶然见到，显然并非婚姻制度演进中的一般阶段。

买来的妻子，大都在男子绝对权力的支配之下。此最高权力也是自古就有了。这种权力，无论何处，在原则上都是存在的，而且真正为原始的民族所特有。

四、氏族的演进

现在我们来叙述氏族的演进。高卢人语言中的"氏族"（clan）和德语中的"亲族"（sippe）及拉丁语中的"后代"（proles）同义，都是指血统关系。首先区分一下各种类的氏族。

（一）遵守食物禁忌、有特定礼仪、在巫术意义上具有亲属关系，这种意义下的氏族，就是所谓的图腾氏族。

（二）军事氏族，原本为男子集合所所组成的联盟。其行为对新加入者的监督有广泛的意义。凡未接受集合所的考验及与此相关联的禁欲修业和体力测验的人，按照古代民族的说法，就是"女性"，因此不能享有男子的政治特权及与此有关的经济上的特权。自从男子集合所消失以后，军事氏族仍保留着以前的意义。例如在雅典，军事氏族是每个人用来保持市民权的团体。

（三）视作特定等级之亲属关系的氏族。在此情形下，尤其是男子氏族，曾有过重要的任务。以下专就男子氏族而言。其机能有：（1）对外履行复仇义务；（2）对内分配赎命金；（3）男子氏族，是分配"枪地"时的一个单位。在中国、以色列以及古代日耳曼人的法律中，将土地卖给氏族以外的人之前，须先满足族内人的要求，到有历史记录的时代仍然如此。但在此意义下的男子氏族，实行的是一种特选的制度：只有在体格方面及经济方面具有武装防御力量的人，才被认为是族人。凡没有防御能力的人，为了获得保护，只好投靠支配他的领主。因此父系氏族，事实上已变成一种有产者的特权。

氏族之中，有已经组织化的人和未经组织化的人，原始的状态则介于其中。氏族大都有族内的长老，但在有文字记载的时代大多没有了。原则上长老不过是平等者之间的首领而已。当族内有纷争之际，他可行使仲裁者的职权。氏族中人的土地分配权，亦掌握在他的手中。但氏族中人，或者在根本上有平等的拥有权，或者明确规定何种情况下有不平等的权利，所以土地的分配亦不是可任意施行的，必须依照传统才行。氏族长老的典型是阿拉伯的酋长，他只能用训诫和示范的方式将他人感化。塔西佗书中的日耳曼人的首领，亦与此类似，其影响力少由命令而多由示范来产生。

氏族制度的命运亦极其不同。在西方，它已完全灭绝，可在东方仍有保存。所有古代的城市皆由氏族而非由个人所组成。每个人不过是氏族的一员，是以防御及分配负担为目的的团体中的一员。印度亦如此，凡上等的种姓，尤其是武士阶级，必须属于一个氏族，至于下等及后来才逐渐起来的种姓中的成员，则为图腾团体中的一员。氏族之所以如此重要，是因为采邑制度建立于氏族首领的封赏之上。因此，可见其土地分配的原则，也是世袭的神授能力。有人成为贵族，并非因为其有土地，相反，因为其属于贵族，所以生而享有土地分配的权利。另外，在西方的封领制度中，土地的分配与氏族及血统绝无关系，由其封领主来施行，而所谓臣下的忠诚，则是一种人与人之间的关系。氏族在各村落中设有仓廪，须整理农地耕种，可干涉继承，对于族人的罪行，则有裁判的责任。每个人在经济上的生存，全部依靠于氏族。个人的信用实际上就是氏族的信用。

氏族的崩坏，由于两种原因所致：其一，是由于宗教。先知不顾氏族的关系，而自行建立他们的教区。基督有云："你们不要以为我来是叫地上太平，我来，并不叫地上太平，而是叫地上动刀兵。因为我来是叫儿子与父亲生疏，女儿与母亲生疏，媳妇与婆婆生疏。"（《马太福音》第十章第34、35节）又说："人到我这里来，若不爱我胜过爱自己的父母、妻子、儿女、兄弟、姊妹和自己的性命，就不能做我的门徒。"（《路加福音》第十四章第26节）

这两段话已经包含了先知对于氏族制度的态度。至中世纪时，教会极力想破坏氏族的继承权，使信徒可通过遗嘱委让土地，但不仅如此而已。就犹太人而言，亦有某种势力，产生与此同样的结果。犹太人在流浪期之前，氏族制度还在通行。但自流浪期以后，已有平民被登记在之前为上层家庭所设置的氏族家谱中。不过这种氏族的区分，仍然再次消失了，或许因为其本来是军事的性质，故在脱离军事基础的犹太国家中，已经失去其根蒂，只剩下一种以血统或个人的加入为基础的皈依团体的成员资格。使氏族破灭的第二个原因，是国家的官僚政治。国家的官僚政治，古时候在埃及新帝国时代已极发达，不见有氏族组织的痕迹，大概国家与氏族并存是不可能的。结果就有了男女间的地位平等及性的契约自由。子女通常沿用母方的姓氏。王权对于氏族的权力，被视作政治的竞争者，因而导致官僚政治的产生。不过其发展的结果与中国全然不同。在中国，国家的权力不足以打破氏族的权力。

五、家族共同体的演进

原始的家族共同体，不一定就是纯粹的共产主义。极进步的专有制大多已存在，甚至有对儿童的专有，以及铁器纤维产物的专有。此外还有女子承袭女子以及男子承袭男子之特别的继承权。绝对的父权是正常的状态，同时亦有其他的团体如图腾或母系氏族将绝对的父权削弱。

原始的家族共同体，倘为完全的共产主义，则差不多都是消费性质的，而不是专有性质上的共产主义。由此，可引出其他的种种进化，产生种种结果。

小家族可发展为大家族，或者采用自由的共同体形式，或者采取支配的形态，是领主的家族或诸侯的家族。凡由于经济的因素而发展工作者，结果都是第一种形态，第二种形态是政治情形下的结果。

在南斯拉夫人中，由家族共同体产生出扎德鲁加，在阿尔卑斯山地区，则有共同团体的经济。无论在哪种情况下，家族的首领都是选举出来的且一般要受到监督，其中主要的条件是生产方面的纯粹共产主义。故凡退出者，就要放弃分享共同财物的全部权利。但在其他地方，例如中世纪的西西里（Sicily）与东方，家族共同体的组织并不以纯粹的共产主义为基础，而以份额为依据，因此，一个人如果要退出，就可要求划分和取得属于自己的一份。

领主家族发展的典型形式是家长权制度。家长权制度的特征是，处置财产的权利完全属于一个人，即只属于家长一人，对于家长，没有人能要求份额的清算，而且家长有终身及继承的专制权。这种专制权力，支配着妻子、奴隶、家畜、劳动用具等，即罗马法律上所谓的"家长权"；罗马法律中所表现的便是最典型的这类家族。家长所拥有的支配权是绝对的，是从丈夫对妻子的权威或父亲对子女的权威中推演出来的。家长的权力，除特定的仪节限制外，还有对妻子的生杀和买卖之权，可将其子女出卖及出租。据巴比伦、罗马及古代日耳曼的法律可知，家长无论何时，都可于其嫡子之外收他人之子为养子，并给之以与嫡子完全相同的地位。奴婢与妻子、妻子与妾之间，所认养的子女和奴隶之间并无任何区别。被认养的义子与奴隶之间的唯一区别是，他们多了一个成为家长的机会。简而言之，这是一种纯粹的父系氏族制度。此制度多存在于畜牧经济地区，不过在个别的骑士形成军事阶级的地区，亦有此制度。另外，也存在于崇拜祖先的地方。但我们不可将祖先崇拜和死人崇拜混为一谈，还有只崇拜死者而不崇拜祖先的地方，例如埃及。祖先崇拜还有包括死人崇拜与氏族关系两重含义的，例如中国和罗马，家长的支配权至今还没有绝灭根源就在此。

未曾经过改变的原始形式的家族共同体，任何地方都没有了，其之所以崩溃，是由于重视身份阶级的族内婚，高贵的氏族只许其女儿与同等地位的人结婚，故不能不使女儿比奴婢有更优越的地位。女子若不成为劳动力——最先在上层阶级中出现的情况——则男子就不把女子视作劳动力来购买。因此，想使其女儿得以结婚的氏族，就不能不给女儿准备与其身份相符的嫁妆。这种阶级原则的影响，确立了合法的一夫一妻制和家长权。附带有嫁妆的婚姻，成了正式的婚姻，女方的氏族附加的条件就是，新妇为一家的主妇，只有她的子女可成为继承者。决定婚姻这种演进方向的，绝不像社会主义理论所主张的那样，是由于男子关心其财产的合法继承，因为男子要得到合法的继承者，他们可以有种种方法。女子关心其子女的继承权，才起着决定性的作用。不过因此而绝对地产生一夫一妻制，则也未必，一般来说，一夫多妻制依然存在着，即主妇之外，男子还可有妾，她们的子女只有有限的继承权，或者全然没有。

被视为唯一结婚形式的一夫一妻制，就我们所知，最先产生于罗马，由祖先崇拜而将一夫一妻制在仪式上加以规定。一夫一妻制其实早已出现在希腊，但极不固定，罗马人则加以严格的维持。后来基督教所传播的宗教势力亦拥护一夫一妻制，以此为模范，犹太人在加洛林时代以后，亦逐渐实行一夫一妻制。在合法的婚姻中，妾与完全的妻加以区别，但女子的氏族更进一步地保证女子的权益。在罗马方面，女子氏族建立自由婚姻，使女子在经济及人格上完全从男子的支配中解放出来，任何时候，双方都可提出解除婚约，而且给予女子在其所有物上的自由处分权，只是在离婚的时候，女子会丧失其对于子女的任何权利，甚至皇帝查士丁尼

（Justinian）也不能废止这种制度。自嫁妆婚姻引出的合法婚姻之演进，在一段很长的时期内，可在许多法律系统内有嫁妆婚姻与无嫁妆婚姻的区别中显露出来，例如埃及人以及中世纪时代的犹太人的婚姻制度。

第三节　领主财产制的产生

小家族可为家族共同体的出发点，也可发展成大规模的领主贵族。就其经济方面来看，主要是农业所有制发展中的中间阶段，因此亦是庄园制度发展的中间阶段。

成为上述发展之基础的财富分化，有种种根源：其一是酋长制度，无论其是氏族的还是军事团体的酋长。酋长有权将土地所有权分配给个人，通过与此传统相关联的地位，产生了一种世袭的领主权力的专有。氏族对于这种世袭的荣位的敬仰，表现在农地耕作及建筑时的助役及赠贡上，由此就产生了纳贡的义务。军事酋长可通过内部的分化或对外的征服，成为领主财产的所有者，无论任何地方，酋长对于战利品以及新获得的土地之分配，都有权要求优先的份额。酋长的家臣，亦可同样要求优先获得土地的所有权。这种领主所分配到的土地通常不像普通分割的耕地那样分派应有的负担（例如古代日耳曼的经济制度），相反，是由后者之所有者的助役来耕种的土地。

随着军事技术的发展以及防御质量的进步而产生的职业武士阶级，促进了内部的分化。除非经济上是独立的，不然一个人是不可能得到那样的军事训练和武装设备的。于是就产生了阶级的分化。一方面因为可以训练和拥有设备，所以能够服军役和武装自己；另一方面因为若做不到这一点，就不能维持其完全自由人的身份。农耕技术的进步也和军事技术的发展趋于同步。其结果就是，普通的农民越来越专注于经济的职务。自行武装起来且经过军事训练的上层阶级，因为战斗而积蓄所拥有的战利品；反之，没有战斗能力的人，则被强制或自动（例如用赎免金）地提供服务或纳贡，因此内部更进一步地产生了分化。

内部分化的第二条道路，是把敌人征服而使其成为奴隶。最初的时候，被征服的人一概被加以杀戮，有时还举行食人的圣餐仪式。至于将其视作劳动力而加以利用，把他们降为一种隶属阶级，这是后来逐渐发展而来的事。因此就产生了农奴领主的阶级，他们因为拥有奴隶，可以开垦及耕种土地，那是一般自由民所不能做的。奴隶阶级或隶属阶级可以属于整个团体，用于土地的集体经营，或者作公共的利用，例如斯巴达的佃奴，也可由个人加以利用，将他们分给各个奴隶主，为奴隶主个人经营土地。后一种发展形成了一种基于征服的贵族阶级。

除征服与内部分化之外，没有武器的人，亦可自愿投身于有武装者的支配之下。他们是非战斗人员，需要有人保护，所以他们必须公认一领主为保护人，这样的话，他们就可以要求在法庭派代表的权利，例如在法兰克王国内可有一代辩者在裁判时进行抗辩，或者以领主的证人来代替氏族族人的证言提供帮助。他们对此须提供服务或纳贡，但其重要性，并不在于经济上的利用。他们只有在不失去自由人身份的条件下，才会为主人服务，尤其是军事上的服役。例如在罗马共和国末期，元老院的各家族就曾用上面的方法，召集大量的隶属者及隶属的佃农来对抗恺撒。

产生领主财产制的第四种形态，是庄园领主的土地拓殖。拥有许多人力和牲畜供使役的首领，自然与普通的农民不同，可进行大规模的开垦。但开垦的土地，根本上还是属于开垦者的，只要其愿意继续耕种。因此支配人的劳动力之分化，在其通行的地方，直接或间接在领主阶级的土地取得方面,造成了有利的结果。(这种较优的经济地位的利用,其实例可见于罗马贵族在行使"公地"方面的占有权。)

已经开辟的庄园领地,大都以租借法来使用。这种租借,可租给如手工业者等外国人——就在国王或酋长的保护之下——或者租给贫穷者。就贫穷者而言,尤其在游牧民族,还有家畜的租借。大多数情况是在纳贡和履行义务的条件下,使用居住在领主土地上的方式,即所谓的隶属佃农制。在东方、意大利,在高卢人以及日耳曼人中都可见到。货币及谷物的租借,亦多成为聚集人口及土地的手段,因此在隶属佃农和奴隶之外,尤其在古代的经济条件下,还有负债奴隶。

从氏族关系中所产生的各种隶属关系的形式,常与基于领主权力的隶属关系的形式相混合。从领主保护之下的无土地者或外来者方面来看,所谓的氏族所属关系已经不成问题。所以氏族中人、共同体中人、部落中人的区别,在一种单纯的封建隶属关系中消失了。

产生领主财产制的第五个根源,是巫术的职业。好多酋长并不是从军事指挥者中产生的,而是巫师出身。巫师对某种物象加上咒语,这样一来,该物象就成了神圣的禁忌,任何人不得冒犯。巫术的贵族即可因此而创立教士的财产制;当诸侯兼为教士时,尤其是在南太平洋诸岛上,他们就以此神圣的概念来保障其个人的所有。

使领主财产制得以产生的第六种可能,是商业。对外的商业,起初都在酋长的掌握中,开始时他必须为整个部落的人谋取利益。他征收税收,作为其个人收入的一种来源。这种税收原本是他对于其他部落的商人所给予保护的偿金,除关税收入外,他还可收取给予市场特许或保护市场交易的酬金。后来酋长往往自营商业,排挤村落、部落及氏族中人，将自营的商业变为他垄断的事业。借此，他可用租借的手段，将自己的部落中人变成负债奴隶，进而兼并他们的土地。

酋长的商业，可以用两种方法来经营：其一是商业统制，因此垄断地掌握在酋长一人之手；其二是酋长打造一片商业地区，大家一起居住。在后一种情况下，就有了城市的出现，其中有经营商业的贵族，其地位建立在交易盈利的财富积累上。前一种情况多见于黑人种族间，如喀麦隆（Kamerun）的商业情形。在古代的埃及，商业的垄断化典型地操控于个人之手，古代埃及国王的权力，大部分建立于他们个人商业垄断的基础之上。昔兰尼（Cyrene）的诸王时代以及其后中世纪的封建制度中，都可看到同样的状况。城市中领主阶级的出现，是古代及中世纪初期的特有类型。在热那亚（Genoa）及威尼斯（Venedig），只有居住在那里的豪门大户是完全的市民。他们自己不从事商业，而是以各种形式放贷给商人。其结果就是，其他的阶级，尤其是农民阶级，对城市的贵族都负有债务。这样，与军事诸侯的庄园一样，也产生了古代城市贵族的庄园。所以古代的特征，在于沿海岸的城市之集合及从事商业的大地主贵族，直到希腊时代，古代文化还是沿岸文化。这个时代的城市，无论哪一个，都建立在离海岸约有一日行程的内地，然而在内地，则有庄园的酋长与其臣属们一起过生活。

领主财产制，亦可以国家的租税与服役制作为其财政的根底，在这种情况下有两种可能性：首先，诸侯之集权的个人经营，行政经营手段与行政官吏分离，因此，诸侯以外，任何人都不能专有政治的权力；其次，行政的阶级组织，其家臣租用承办人或官吏的经营，与诸侯自己的经营并行，只是占据次要的地位而已。诸侯将其土地委让于这类人，即由其担负一切的行政费用，国家之政治的和社会的组织,即随之表现出不同的形态。至于何者能实现,则主要由经济关系所决定。关于这一点,东方和西方是完全不同的,东方(中国、小亚细亚、埃及)的经济,与水利有关的农业占优势,而通过开垦而拓殖的西方,森林文化则有着决定性的意义。

东方的水利文化,是从不使用家畜的原始耨耕文化直接产生的。与此并行的园圃文化则由大河流引水而成,如美索不达米亚(Mesopotamia)的幼发拉底河(Euphrates)及底格里斯河(Dijla)以及埃及的尼罗河(Nile)。水利及其管理,须以有组织的计划经济为前提,近东地区大规模的皇室经济,即由此计划经济产生,古代的底比斯(Thebes)可以作为其范例。古代亚述及巴比伦诸国王的战事——他们率领来源于男子集合所的从者——其主要目的,即在于获得开凿运河及开垦荒地的人力。当时,国王掌控水利,但是为了运行,就必须有一种有组织的官级制度。埃及与美索不达米亚的耕种及治水的官级政治,为世界上最古老的官职,其成立是出于经济的原因,不过是国王本人控制经营的一种附属物而已。官吏都是国王的奴隶或隶属者,士兵亦如此,而且为了防止其逃亡,往往

美索不达米亚金字塔

加上烙印。国王的租税经济是用物来交付，在埃及，国王就将纳税的自然物收集在仓廪内，以此来支付给官吏与劳动者。故自然物岁入，是官吏薪俸最古老的形态。此制度的结果，就大体上而言，遂使地方人口全都隶属于诸侯。此项隶属，使所有的臣民都有了徭役的义务，使村落对于被课赋的一切根由都有连带责任，最后更因此形成托勒密王朝时代的特殊原则。在这种原则中，农民不仅与其土地不能分离，而且与其村落亦不能分离。这种制度，不仅通行于埃及，即使美索不达米亚与日本，也曾通行过，日本在7世纪至10世纪之间，曾实行过人口分田制度。无论在何种状况下，当时的农民地位，与俄罗斯米尔的成员差不多。

由臣民的徭役义务，渐次产生了以诸侯为中心的货币经济。其发展的过程亦有种种。有诸侯自己生产和经商的个人经济，亦有诸侯将隶属于自己的劳动力，不仅为了自己的需要而用于生产，而且用于以贩卖为目的的生产。后者在埃及与巴比伦均可见到。商业以及为了市场的工业生产，在此变成大家族的副业，家族和盈利经营完全不分，此即洛贝尔图斯（Rodbertus）所称的"家族经济"的经济形态。

家族经济也可以是种种组织可能性的出发点：其一，是埃及的谷物汇兑银行制度的成立。埃及国王在全国都有谷仓，农民不仅将应纳贡的物品，而且将其所拥有的生产物都送到谷仓，收取一种支票，可以当成货币使用。其二，是诸侯的货币租税之建立。在此，自然货币制度必先已渗入全部私有经济之内，并已有相当发达的生产技术以及国内的商业市场作为前提。托勒密王朝的埃及就具备这所有的条件。由当时行政技术的发展情形来看，这种制度在预算的编制上必然产生许多困难。于是统治者大都把计算的危险，用下列三种方法来转嫁于他人：或使用投机者，或官吏承办租税征收之事，或把租税征收直接交给士兵，即用此租税来支付给养，有时也把租税征收交给庄园领主。租税征收交到私人之手，那是缺乏可资信赖的国家租税设施之结果，而设施之所以欠缺，又可推因于官吏道德上的不可信赖。

使投机者承办租税征收的制度，在印度亦已大规模地通行了。每一位这种投机者都有转变成庄园领主的倾向。同时，新兵的补充，亦委托于一种承办者，其必须缴纳特定的数额，这种数额自何处得来是不成问题的。所以其和前者一样，亦努力于变成大的土地所有者。他们与封建贵族相类似，他们对上对下，都是完全独立的，亦有补充新兵的义务，与华伦斯坦（Wallenstein）所拥有的地位相似。当使官吏专有租税征收权时，统治者必与他们事先商定其确定的总额，倘有盈余，即为该官吏所得，行政人员的费用亦由他们支付。中国旧时的官吏行政制度（后来在趋向于实行近代租税政策的过渡时期，统计显示，人口好像急剧地增加，那都是以前的官吏们故意把人口少填报的缘故）及古代东方的权臣制度，都是如此。以诸侯为中心的货币经济的第三种可能性，是将租税征收权委让于军队。此种制度，大概是在国家财政破产、诸侯不能发给军队给养时发生的。10世纪以来，土耳其佣兵支配下的伊斯兰教国家内情况的变动，就是由于施行此种制度所致的。因为中央政府不得不将租税让给军队，故佣兵变成了一种军事贵族。

将收取货币及补充新兵的政治职务委托于包办者、官吏及军队，这三种形式，是东方封建制度的根底，此种制度，因为国家技术上的腐败，无法用自己的官吏征税，因此使货币经济趋于衰颓。其结果就是，产生合理化的农业共产制，农民团体对于租税承办人、官吏或军队，负有连带责任，更是出现了农地共有制及对于土地的义务。东方与西方全然相反的地方，就是东方没有领地经济，不过代之以纳贡和强制征收。又因农民以实物纳税，故在兑换货币时，稍有一点障碍，倒向自然经济的愿望就会立刻表现出来。因此，东方的国家制度，乍一看虽似已臻高度发达的文化，但极容易倒向纯粹的自然经济状态。

诸侯岁入的收取，是第四种形式，即最后的形式是委之于酋长或庄园领主。因此诸侯可减省自己的行政设施。诸侯把租税额的供给，转嫁于具有私人性质的权力机关，往往连新兵补充的事亦如此。罗马帝政时代，沿岸文化输入内地，由主要的海港城市团结而成的帝国成为内地国家的时候，罗马的状况便是这样。那时内地只有自然经济的庄园，而不知货币的使用。后来这些领域内实行租税征收和新兵补充的方法了，于是土地的所有者，至查士丁尼时代，就成为支配的阶级了。土地的所有者可从其所支配的人民那里征收租税，同时皇帝的官僚政治的发展，并未与其国家版图的扩张相对应。由行政技术来观察此种状态，则其特征在于，自由城市与封建地区并存，庄园领主为封建地区的首领，租税及新兵补充由其对国家负责。西方的隶属佃农制就是从这种情形中发展而来的，但东方的隶属佃农制，则更加古老了。在戴克里先皇帝的统治之下，这个基本的原则大体上广及于全国，即个人须隶属于一个租税管区，不许任意脱离此区。管区的首领大都是庄园领主，大概因为文化及国家的中心点已由沿岸地区而逐渐进入内地。

前面的发展中特殊的一例，是殖民的领主财产制之建立。获得殖民的原来用意，本是纯粹财政性质的，即殖民的资本主义。征服者的目的在于金钱的榨取，这种目的是通过责成隶属的土人负责提供货币的租税出产物，尤其是殖民地的特产及香料等来实现的。在这种情况下，国家常委托商业公司实现对殖民地的榨取，例如英国东印度公司与荷兰东印度公司。因为酋长已成为连带责任的担当者，故他们便变为庄园领主，本来自由的农民则成为附着在他们的土地上的隶属者了。于是对于土地的义务、耕地共有制以及土地重新分割的权利义务，都一起出现了。殖民的领主财产制的发展还有一种形式，是将领主所有地分给个人。其中的典型，是西班牙占领南美洲时实行的制度。它是一种封建的授予，有使印第安人担负起强制的纳税或徭役之权。此种形态，直至19世纪初期，还继续存在。

在东方国家，根据收入和对于货币经济的关系，有将政治特权委托给个人的制度，但在西方（日本亦然），则有封建制度的生产经济，通过封地授予而产生领主财产制。封建制度的普遍目的，在于将土地所有权及领主权赐给那些愿意执行劳役的人，由此创设了骑士队。在此有两种形态：其一是将领主权力作为终身俸禄赐予之，其二是将领主权力作为封土赐予之。终身俸禄的封邑制度，可以作为典型的是土耳其的封邑制度。此项制度在原则上是个人所有的，只限于一代，不是永久的，而且视其战争时效劳的情形来赐予。封地的价值，视其出产的多寡而定，并且与被授者的地位、门第及军事上的功绩相称。封地既然不是世袭的，那么封邑拥有者的儿子，除非其有一定的军事功绩，否则不得继承。古代土耳其政府其实是一种最高的封领机关，规定一切大小事务，都与法兰克人的家族司事相同。日本原始的制度亦类于此。日本自10世纪以来，已由按人口的分田制度转为终身俸禄的封邑制度。天皇的臣属及大将军，令其幕府官厅，根据米的收获量来估量土地，作为终身俸禄赐封其诸侯，诸侯则进一步将之赐予其左右称为"武士"的官员。之后封邑的继承也渐渐实行，不过无论如何，因为存在诸侯与将军间主从关系的遗制，故将军对于诸侯的行政事务，仍然得以继续管辖，诸侯亦仍监督其臣下武士的行政事务。

俄罗斯的封邑制度与欧洲的相似。在俄罗斯方面，对于沙皇必须有一定的奉公义务，并负担租税的义务，才能获赐封地。封邑的所有者，必须有官吏或军官的职位，此种规定，至叶卡捷琳娜二世（Katharina Ⅱ）时才废止。彼得大帝变更了租税制度，由土地税变为人头税后，领地的所有者须按照定期的人口调查，确定居住于该土地上的人口数，来负担纳税义务。此种制度，对于农业制度所产生的结果已在上面述过。

不仅在日本，而且在中世纪的西方，最纯粹的封建制度得以发展。后期罗马帝国的状态以及庄园制度，早已呈现出半封建状态，为西方的封建制度开一先路。日耳曼的酋长权力，曾与此种封建制度相混合，凡开垦、征服——有功的家臣得以获封土地——以及多数人的投靠（变为无产者的人民以及战术发达后不得自行武装的农民，不得不投靠在经济上有能力的庇护者），都使庄园制度的范围迅速地扩大，其重要性也日益凸显。此外，委让给教会的土地亦逐渐增加。但阿拉伯人的入侵，以及成立法兰克马队来抵抗伊斯兰教徒骑兵的必要，确实具有决定性的意义。卡尔·马尔特尔（Karl Martell）曾将教会的资产大规模地没收，作为采地分封给接受训练的骑兵，他们必须自行装备成有强大武装的骑士。最后，除土地之外，还形成了以国家的官职与权力来分封的惯例。

第四节 庄园制度

领主财产制,特别是西方庄园制度的内部发展,最先是由政治及身份阶级的关系所决定的。领主权力包括三部分,即土地所有权(庄园领主的权力)、人身所有权(奴隶制)、专有的政治权力(通过篡夺或封予取得),第三种尤其是对于司法权的专有,它在西方的发展中是一种最重要的势力。

领主随时随地都想在国家权力方面获得不受制裁的"特免权"。诸侯的官员想踏入领主的管区,亦常常被禁止。即使经领主的许可入境,若想在其管区内行使官厅的权力(例如征收租税、招募士兵),亦须领主的帮助方可。此种特免权,除上述的消极方面之外,还有积极的方面。就是至少有一部分权力,不能由官吏来直接行使,必须让给拥有特免权的领主,成为其行使的特权。此种形态的特免权,不只见于法兰克王国,在巴比伦、古代埃及和罗马,亦曾存在。在这些地方,有极重要意义的为司法权专有的问题。庄园及奴隶的所有者,都想获得此种权力。司法权的专有在伊斯兰教国家内没有成功,在那些地方,公共政府的司法权力尚完整无缺。不过西方的庄园领主通过其努力获得了极大的成效。在西方,领主对于其所拥有的奴隶,原本有无限制的裁判权,但自由民只受公众法庭的裁判。隶属者方面,在刑事上的诉讼亦以公众法庭为最后的判决,不过领主的参与早已成为例行之事。自由民和不自由民之间的这种区别,经过一定时间后,由于领主权力对于奴隶渐弱、对于自由民渐强，因此就消失了。10世纪至13世纪，关于奴隶的事件，公众法庭屡次进行保护性的干涉。在刑事上，奴隶常受公众法庭的裁判。尤其是10世纪至12世纪，一般来说，奴隶的地位其实在不断地提高。自大征服时期结束以后，奴隶买卖亦日渐减少，奴隶市场亦不易支撑。但同时，开发森林的工作，使得奴隶的需求大大增加。因此，庄园领主为了获得和保有奴隶，必须不断地改善奴隶的生活。而且庄园领主与古代罗马的所有者不同，他们原来是战士而非农业经营者，故感觉监督奴隶非常困难，奴隶的地位亦因此而改善。另外，领主对于自由民的权力，因战争技术的提高而日益强大，本来领主的权力只限于家族之内，后来竟扩张到庄园的全管区。

与自由民和不自由民之间的区别相当的，为自由的与不自由的借贷关系之间的区别。属于这类的为租佃与封授。

租佃是各身份阶级的自由民以请愿书的形式建立的借贷关系。这种关系，原本是随时可解约的，不过不久后就变为每五年可以更改一次，而事实上，却成了终生的契约，甚至大部分成了世袭的契约。封授本是对于任意性质的效劳之借贷关系，但在某种情况下，是对于贡税的借贷关系。后来就分化为两种：一种是有封地效劳义务的自由臣属的封授，另一种是担任领地圃舍劳役的自由民的封授。除这种自由的借贷关系外，还有一种土地移民的借贷。在此，领主征收一定的租金，将土地让别人来耕种，或者当作世袭的所有地来授予别人，即所谓的免役税。之后城市中亦输入了此种制度。

这三种借贷形式，均针对的是村落自治体以外的土地。与此不同的有庄园田产及其所属土地，查理曼大帝的维利斯庄园就是实例。在庄园田产的内部，领主的土地——其中有直接由领主的臣属来经营的土地以及自由村落中领主囷舍的土地——与农民的所有地有所区别。农民的所有地又分为两种,即附有无限制的劳役之奴隶份地以及有限制的劳役之自由份地,其分别在于用手或家畜的劳役须全年供给,或只在收获及农地耕种时供给。国王领地纳贡的自然物与所有进贡物——若是国王领地,则其领地名为国库——均贮藏于仓廪内,先供以军用及宫廷之用,多余的可以进行贩卖。

自由民和不自由民之间关系的显著转变,是庄园领主与法官各自形成独立的权力范围所导致的。最初这种状况的障碍,是庄园的分散状态,例如富尔达(Fulda)的修道院,曾有一千个分散在各处的囷舍。掌握司法和所有权的人,自中世纪初期,就致力于巩固其管辖的区域。其中有一部分是基于所谓实质的隶属关系之牢固,

德国福尔达的修道院

若租借户不服从宗主关系，那么领主就不肯将土地租借给他们。另外，因为在权力范围及领主的囿舍之内，自由民和不自由民都有，所以所谓的庄园法就发展起来了，到13世纪时，庄园法的发展到了极其完善的地步。领主本来只能对其家族中不自由的家族中人行使裁判权，在家族之外，必须得到国王的许可，才能在其"特免权"所及之处行使司法权。不过在其庄园内，则有各种身份的人，这些人所服的劳役差不多。在这种情况下，自由民能强使领主与其臣属组成庄园法庭，其隶属的人民在法庭中担任陪审裁判员之职，于是，领主就丧失了对其臣民绝对的处分权，而且此种情形逐渐变得传统化（此与德意志发生革命时，为士兵设置士兵顾问，以对抗士官相类似）。此外，10世纪至12世纪，产生了这样一种原则，在土地的给予方面，法律上接受土地者就须受领主司法权力的支配。

这种发展的结果，一方面，臣民不自由的程度降低，另一方面，其自由的程度也降低。所谓自由程度的降低，在政治上是由于领主的司法权力及与经济相关联的自由民武装能力的丧失；至于不自由程度的降低，则是因为开发森林极其需要农民，以及（在德意志方面）向东方殖民所致。两者对于不自由民，均有使其脱离领主权力的束缚之可能，而且使领主自行竞争给予不自由民以较为有利的生活条件。再加上奴隶买卖被禁止以后，奴隶无从购买，故不能不对已有的不自由民真诚相待。臣民地位的提高，也是领主政治要求所促进的。领主是职业的战士，而不是农业经营者，故本身不能有效率地经营农业。他们既然不能用增减无常的收入来编制预算，就不能不转向其臣民在收入额问题上达成某种共识，于是不得不使臣民处于契约的基础之上。

那么，中世纪的农民阶级，经过了领主权力和庄园法相结合，同时其内部也起了显然的分化。除这些隶属的阶级，还有在领主土地村落自治体之外，占有自由的世袭租借地的自由农民，后来就成为自由的所有者，他们只需缴纳免役税，领主对他们亦无司法的权力。他们从来没有完全消失，但就大量的聚集而言，也不过偶见于若干地方而已。例如封建主义从未发达过的挪威，他们被称为"自由农民"，以区别于没有土地、没有自由及隶属于自由民的农民。北海的沼泽地段，弗里斯兰（Friesland）、迪特马什（Ditmarsch）、阿尔卑斯山（Alps）的部分地方，蒂罗尔（Tyrol），瑞士以及英国，亦均有之。此外，还有俄罗斯的许多地方有屯田农兵，他们是田地的所有者；除他们之外，再加上拥有小农地位的农兵阶级，就是所谓的个体经营者。

封邑制度发展的结果，使国王在实行租税征收制度时，贵族们可免除租税，而无拳无勇的农民，则有缴纳租贡的义务。为了提高国家的武装力量，法国的封建法律规定了"没有领主的土地"原则。此原则的用意，在于增加可资分封的封地，以保障军事的力量；德意志的国王，每次将土地分封时，必须重新强制规定封建关系的原因和上面是一样的。贡税义务上的此种分化，以国王保持农民土地为出发点。国王不希望农民的土地被夺取，因为这样一来，课税地将因此而逐渐减少。所以国王进一步施行保护农民的制度，禁止贵族们夺取农民的土地。在经济上，就产生了如下的结果：（1）庄园领主的大家族和农民的小家庭同时存在。农民的负担，本来完全为了满足领主自身的需要，因此就为传统所固定。故农民除自身的生计与纳税义务之外，绝不想从土地上多得些收益，超出其必需之上。而在庄园领主方面，他们既然不是为了市场贩卖而生产，故也不想增加租贡。庄园领主的生活方式与农民的生活方式，其实也就没了多大的差别。所以马克思说："领主的胃口，是对于农民榨取的限度。"至于农民在传统上被强制的贡献，则受到庄园法和利益的一致保护。（2）国家因为租税征收上的利害关系而维护农民后，法学家，尤其是法国的法学家，也起而加以干涉了。罗马法并不像普通人所想的那样，使古代日耳曼的农民法律趋于崩溃，事实上恰好相反，正是利于农民而反对贵族的。（3）农民对于土地，有不可分离的义务。其中有因个人的效忠而起的，也有因领主领对农民的租税负责所致的。但此种义务，逐渐被贵族们所利用。农民如果想脱离自治体，他们就必须放弃其所拥有的土地，并且找到他们的替代者。（4）农民对于土地所拥有的权利，变得非常分化。对于不自由的农民来说，当其死亡时，领主一般有收回其土地的权利。倘若没有多余的农民，因此不能利用其所收回的土地时，领主就要征收死亡税和遗产税等。自由民亦有两种：或是佃农，随时可将契约解除；或是世袭的租借民，则不得任意解除契约。两者的法律关系，亦均清楚明白；不过国家的权力屡加干涉，而且发布禁止解除的通告（所谓租佃权）。本来是自由民，之后成为领主的从属者，自然为领主所束缚，反过来说，领主亦与从属者相关联。领主不得将自由农民简单地解约，早自《萨克森法典》（*Sachsenspiegel*）制定以来，领主对于自由农民，就必须用金钱支付小注的资本。（5）领主往往把马尔克及牧场都兼并为自己的产业。开始时，酋长本来是马尔克的首领。经过中世纪，领主的统治权逐渐发展出对于马尔克牧场和村落牧场的封建专有权。16世纪时的日耳曼农民战争，主要反对的是此种夺取，而不是租贡高导致的。农民要求得到自由草地及自由森林，但因为土地已过少而不能给予，结果就有了危害不浅的滥伐森林行为，例如在西西里。（6）庄园领主攫取了许多的特权，例如磨粉特权、酿酒特权、面包制造特权等。这类垄断权，最初并不是强制获得的，大概因为当时只有庄园领主，才有能力置办磨臼和其他的设备。到了后来，在其使用上，才开始渐渐实行压迫性的强制。此外，关于渔猎和运送业务等，领主亦有许多特权。这类权利，产生于对酋长（之后对裁判领主）的义务，用于经济上的目的。

领主利用隶属的农民之方式，并非将农民当作劳动力，而是将其当作地租支付者，此曾遍行于全世界，不过亦有两个例外。这两个例外，当于后面第六节"庄园内部资本主义的发展"中进行讨论。这种利用方法的理由有种种：第一，是领主的传统主义。即把农民当作劳动力来使用时，必须先建立自己的经济大本营，但领主没有这样的魄力。第二，当骑兵为军队的中心时，领主因为主从的义务关系而不得不受到拘束，农民亦不能避开战争，且领主没有自己的流动资本，宁可将实际经营的损失风险转嫁于农民身上。此外还有一个理由，即在欧洲，领主因庄园法而受到拘束。但在亚洲，领主为了市场贩卖而生产时，农民已不能期望得到充分的保护，因为那里根本没有类似于罗马法的法则，在亚洲，也未曾发展过服役农场。

领主可用下列的方法获得地租：一是纳贡，即自由民出资财，奴隶出人力；二是所有权变更时收取的费用，即领主在农民财产进行买卖时所取；三是继承税及结婚许可费，即领主将土地遗产移交给农民的继承人时，或者许可农民的女儿嫁给其他司法区或农奴管区外的人时，就可征收此项费用；四是领主的特权，以森林税、地税等来征收，例如森林中猪的饲料之捐税；五是将运输费及道路桥梁的建筑费转嫁于农民，此为间接的方法。此等捐税与负担，本是庄园制度下所有的，在西德、南德及法国，实为庄园制度的典范，而且可说是一般庄园制度中最古老的形态。但这种制度，是以分散的庄园制度为前提的。也就是说，领主分散在各处的所有地，各设庄司一人，此庄司对于居住在其邻近隶属于领主的农民，征收实物捐税及货币捐税，且监督农民并令其尽到义务。

第五节　资本主义侵入以前欧洲各国的农民状况

【法兰西】开始时，奴隶和半自由民并存，奴隶中有军队中的农奴（Serfs de Corps），这种奴隶有无限制的劳役义务，除被杀害以外，其他的一切权力都在领主的掌握之中。又有所谓的永业农奴，其劳役义务是有限制的，有退出的权利。但领主可在奴隶死亡或土地移转时，收回该项土地。半自由农民有土地转让权，只提供一定的劳役或租贡，这表示过去他们原是自由的。这种关系，因为下面两种情形而起了显著的变化：第一，原有的农奴早在12、13世纪时曾大批地被解放出来，故农奴人数已显然减少。此种解放与货币经济的发展同时发生，且与之有关。领主的利己心亦要求此种解放，大概因为自由的农民可以扛起更沉重的负担吧。第二，是农民团体的出现。村落自治体已成为对于领主地租负连带责任的团体，其所付出的代价是领主将完全的自治权交给村落自治体，而这种自治权亦受到国王的保护。此对于双方均有好处：在领主方面，以后其可以只与一个债户谈判了；在农民方面，他们的力量因此增强了许多，农民的组织可以参加三级会议。贵族尤其欢迎此种变革，而且与当时普鲁士的农村贵族不同，他们愈成为宫廷贵族时，即成为远离土地的食利者时，愈是如此，他们与劳动组织亦无什么关系了。因此，仅仅一夜的革命，已可将其推到国家的经济组织之外。

【意大利】原始的农业制度，因为城市市民购买土地，或者趁政治上的纷乱而夺取土地所有者的专有，故早已完全改变。意大利的城市很早就废止了个人的奴役，限定农民的劳役及租贡，且曾采用分益耕种，不过开始时并非出于资本主义的意图，而是为了自己的需要。所谓的分益佃农者，即各人有提供种类不同的生产物之义务，以适应城市贵族之消费的需要。流动资本经常由市民所供给，但他们并不想用他们的财富进行资本主义农业的经营。分益佃农制度其实是意大利及法国南部与其他的欧洲诸国所不同之处。

【德意志】德意志的西南部、西北部及法国北部的邻境方面，在前一节已经说过，曾为庄园制度的重要区域。以此作为起点，西南部和西北部的农业制度，即向完全不同的方向发展。在德意志的西南部，庄园制度趋于崩坏，领主对于土地及要求农民效忠本人的权力，即变为单纯的地租权，只于农民继承土地的状况下，有相对较少的徭役和租贡存在，可视为旧制的遗物。因此，莱茵地区或德意志西南部的农民，事实上有处分的自由，可以买卖及传袭其土地财产。之所以能如此，大概因为在这种地方，庄园法已发展为最大的权力，而且庄园散处各地。一个村落中，往往有许多领主。庄园支配、农奴支配和家臣关系都不在一个人的掌握中，因此农民可巧妙地操纵，联此排彼。庄园领主在德意志西部及西南部所拥有的唯一成就，是把共同马尔克的大部以及一小部分的牧地兼并为己有。在德意志西北部，庄园制度已被庄园领主破坏无遗。领主们看到生产物可贩卖后，对于收入的增加及保障适合市场生产的农民财产，就非常重视。故在《萨克森法典》的时代甚至以前，已有过大批佃奴的解放。逐渐成为可自由支配的土地，多按年期租给自由的佃农，其所有地获得国家权力之助，变成可以继承的土地，国家权力对于他们予以特别的保护，不许有意外的租金增加。当庄园领主想与佃农解约时，国家就强制领主找到另一位替代的农民，使得

欧洲的古堡庄园

国家租税收入不至于减少。庄园领主深知大规模的庄园经营较为有利，其结果就是，领主强制一个继承人来继承，规定不分割的继承权。佃农所交纳的租税，大部分是实物租税。徭役的义务，通常都代以金钱的租税。在威斯特伐利亚的若干地方，农奴支配虽然仍存在，但只能在其死亡时，庄园领主才接受其遗产的一部分。在东南方面如巴伐利亚、上帕拉提内特及符腾堡南部，农民的所有权大多仍不固定。世袭的所有权与只限于一代的所有权之间，受保护的租地与无限制的租地之间，是有差别的。后者只限于一代，允许领主在领民死亡后，增加租税或将其土地租给别人，故领主多要求不分割继承权。租税为什一税及所有权变更时的纳税，其多寡视土地是否可继承而定。徭役是非常少的。农奴制度直到18世纪时，虽然照常通行，但不过是对于农奴领主稍有纳贡义务而已，而且农奴领主与庄园领主大多不是同一人。在德意志东部，直到16世纪时，农民在法律上的地位还是一种极理想的状态。农民仅纳免役税，不承担任何徭役，而且有人格的自由。大量的土地，为贵族阶级所占领，他们开始就拥有大块的所有地，在一村之内，他们往往拥有三四块或更多的大块土地。司法权和庄园支配权多为同一人所有。此种特质，使后来强制农民担负徭役以及由贵族自己来经营大块所有地，成为容易的事了。

【英国】英国有佃奴性质的粗农及在技术上占优势的细农两种。他们虽然都与土地关联密切，但也是公众法庭的成员。他们有强有力的庄园法，故领主想压迫农民或增加纳贡，都十分困难。庄园支配权和裁判支配权相一致，当被诺曼人征服时，好多兼有两种支配权的管区，都封给其臣下。但与庄园领主相对立的是强大的国家权力，而且英国国王让皇家裁判所及有学识的法学家拥有强大的权力，故能在庄园领主之上，从而保护农民。

第六节　庄园内部资本主义的发展

庄园制度原本是出于军事考量而产生的，开始时，其目的在于利用隶属的土地及劳动力，使领主能够存在，但其中已萌动着向资本主义发展的有力趋势。此种趋势在大规模耕作地制度及地产经济这两种形态中表现出来。

一、大规模耕作地制度

大规模耕作地制度是以强制劳动来经营的，此种经营，专为贩卖而劳动，所生产的是园圃生产物。大凡在被征服的地方，征服者则成为领主阶级，同时有精耕存在的地方，都可能产生此种经济形态，它是殖民地的一种特征。其近代的生产物为甘蔗、烟草、咖啡、棉花等，古代则为葡萄酒及油。其发展的过程，最初大多为半栽耕作地制度。在这种状况下，贩卖集中于一人之手。生产则以强制劳动的方式，委于各个不自由的劳动者，由村落自治体对于殖民公司，即半耕作地的所有者，负有连带责任，而且有对于土地的义务及租贡的义务。这种状态，在南美洲一直延至19世纪初期革命开始时，在新英格兰诸州，延至脱离祖国时。

完全耕作地制度，世界上各处皆有。有代表性的古典形态则有两种：其一是古代迦太基、罗马的耕作地；其二是19世纪时，美利坚合众国南部诸州之黑人的耕作地。完全的耕作地制度，是用已受训练的不自由劳动者来工作的。此与庄园经济不同，在庄园经济中，领地经营与农民各自的小经营并存；而在耕作地制度中，只有聚集在一处的农奴。此种经营法最大的困难在于劳动力的补充。劳动者没有家庭，所以自然没有产生后继者的可能。那么，耕作地制度不能不依赖于掠取奴隶，或者以战争的形式得到，或者从非洲那样的地方以奴隶买卖为目的，进行定期的掠夺。古代的耕作地制度，开创于迦太基，马戈（Mago）曾对那里的情形详加描述过，在罗马的文献中，加图（Cato）、瓦罗（Varro）、科隆麦拉（Columella）亦曾叙述过。此制度的先决条件，须随时都可在市场上买到奴隶。罗马耕作地的生产物是油和葡萄酒。在耕作地上，可以见到自由的小佃农与奴隶并存。小佃农使用领主所提供的各种用具耕种谷物农地，因此他们是一种劳动者阶级，但并非现代意义上的农民阶级。奴隶不许结婚，亦没有财产，一起被安置在一种有寝室、疗养所及拘留所的屯舍中，以防逃跑。他们早晚各有一次点名，出去劳动及回来时，须排成队伍行走，穿衣及脱衣都有固定的地方，可以说是在严格的军事化组织下劳动。其中有一个例外，即监工可有特别的待遇，可与奴隶结婚，而且可在领主的牧地上饲养一些家畜。在此，最困难的问题仍为后继者的补充。通过奴隶乱婚的自然增加是不够的，领主曾尝试准许奴隶生产三个小孩后，即给予其自由，用此方法来提高生育率。但因此获得自由的女子，前途只有卖淫一途，故这种方法终归于失败。居住在城市中的领主，因为不断需要奴隶，其困难自然日益增加。自帝政时代初期以来，大战停止，奴隶市场的供给已没有可能，于是奴隶屯舍陷入崩溃的边缘。那时奴隶市场的缩小，其影响其实与封锁煤矿业对近代工业的影响相同。罗马的耕作地变更性质，还有一个原因，即古代文化的重心此时已向内地推进了，而奴隶场所却必须是接近海岸、可与外方进行贸易的地方。在那里，文化的重心已移向内地，传统的庄园制度占有优势,具备与此相对应的运输关系,而且因为帝国所造就的和平,故必然会向另一种制度转移。至帝国没落时,原本是农田奴隶的人,变成了有家庭的人,也就是所谓的隶农;然而同时,隶农又被课以徭役,而不再是只付租金。故两种阶级逐渐融合了。有产阶级则完全支配了国家的经济和政治。货币经济和城市制度趋于衰落,其状态逐渐与自然经济的阶段相接近了。

美利坚合众国的南部诸州,亦产生了与上面类似的困难。美国自棉花的利用有了大发展以后,就已产生大规模耕作地制度。在18世纪后期,英国发明了棉纺机(1768年至1769年)及织布机(1785年),后来美国又发明了锯齿轧花机(1793年),后者使棉花的充分利用成为可能。棉花的大量贩卖遂日益发达,远远超过麻物及羊毛生产。此种因机械的使用而导致的棉织品的大量生产,在欧洲和美国产生了完全不同的影响。在欧洲,由于棉花生产的刺激,产生了自由的劳动力组织——最初的工厂,如英国的兰开夏郡(Lancashire);但在美国,其结果却是奴隶制度。

在16、17世纪,人们曾想利用印第安人进行大量的生产。但不久后就明白印第安人没有用处,于是转向黑人的输入。但因为他们没有家室,故不会生育后代,而在新英格兰诸州,又先后禁止奴隶买卖,因此经过一代后,到18世纪末,就出现了奴隶非常缺乏的情况。想通过耕作地来赚得当时颇贵的船费的贫穷移民,亦曾被利用过,但仍嫌不足。于是人们就实行繁殖黑奴的方法。此种黑奴繁殖法,在南部诸州经营得非常有组织,甚至可以分为黑奴繁殖州和黑奴消费州。又因为利用奴隶劳动需要土地,故也发生了一种斗争。利用奴隶劳动的先决条件,是土地的廉价以及常常可得到待开垦新地的可能性。大概因为劳动力既贵,则土地不能不低廉,而且黑人不会使用新的用具,只能用原始的用具来经营,故黑人的耕种,其

美国南方的棉花种植田

实是使地力耗竭的耕种方法。于是自由劳动的诸州和不自由劳动的诸州之间开始斗争。在此，出现了一种特异的现象，即补充的生产因素，就是奴隶增加了地租收益，但土地不产生地租收益。从政治上来说，此种斗争，是北部的资产阶级和南部的殖民贵族之间的斗争。站在前者一方的，是自由农民；站在殖民者一方的，是南方没有奴隶的白人，即所谓的"穷苦白人"，因为此种穷苦白人，深恐黑人解放后，他们会丧失身份地位，而且在经济上形成竞争。

对于奴隶，只有用最严厉的纪律来管束，毫无顾惜地虐使，才能有所收益。其他的条件，则是奴隶价格及其给养的低廉，以及耗竭地力的耕种法（此种耕种法，自然需要有大量的土地才行）等。等到奴隶的价格高了，禁止婚配的办法不能持久了，古代的耕作地制度就会崩坏，奴隶制度亦随之崩溃。一般人并未将这一点归功于基督教的影响，倒是受到斯多葛学派（Stoische）哲学观念影响的诸皇帝或国王，早就开始保护家庭，在奴隶间实行婚姻制度。在北美方面，贵格会会员对于奴隶制度的废止，亦曾积极活动。然而奴隶制度走向灭亡的命运被注定，其实是在1787年国会决议自1808年开始禁止奴隶输入时，而且那个时候可以利用的土地亦渐渐稀少了。实际上奴隶制度变为分益佃农制，纵使没有独立战争，也会实现；美国独立战争是因为南部诸州脱离联邦而爆发的。北方的胜利者给予黑人特权，其实是一种失策，结果在军队撤退后，黑人的投票权即被剥夺；而且在黑人和白人之间，出现了显著的阶级差别。黑人变成负有债务的分益佃农。铁路既然有赖于白人的大地主，那么依然对黑人实施交通封锁，将他们排除在商业竞争以外，因此他们的行动自由就成了一纸空文。于是，核心要素"土地"被使用净尽后，黑人解放所带来的混乱状态，肯定会自然而然地、逐渐地产生了。

二、地产经济

所谓的地产经济，是指以贩卖为目的的资本主义经营，此种经营，或全然建立于畜牧上，或全然建立于农耕上，抑或二者兼而有之。

倘若大规模的畜牧业成为主要部分，则可以像罗马大平原那样无资本地来经营。在大平原上，通行着大私有地的经济政策，其起源或许可追溯到教会国家的贵族执政时代。罗马的贵族阶级，即大平原的庄园领主，与他们相对立的是佃农，佃农的家畜多用于罗马乳制品的供给。然而，农民则被剥夺了土地而不得不迁徙。

用很少的投资进行大规模的畜牧，在南美洲的大草原及苏格兰都有。苏格兰的农民亦已失其所有。英国的政策（自1746年卡洛登战役苏格兰独立失败以后）将旧时的藩主当作地主看待，而将其所属者当作佃农看待。其结果就是，在18、19世纪时，承认地主是所有者，佃农渐渐被逐出而将土地改为猎场或牧地。

资本充足的牧地经济，在英国因为羊毛工业的发达及14世纪以来英国诸王的奖励政策，故很早就产生了。14世纪以后的国王，其目的在于征收租税，因此先奖励原料羊毛的输出，之后考虑开设羊毛制品工厂，以增大国内消费上的供给。于是自命为牧地首领的庄园领主，开始将牧地变为牧羊地（即所谓的圈地运动）。不仅如此，他们更大批地收买农民或与农民订立契约，因此成为大农，而转向牧地经济。15世纪至17世纪之间完成了这一转变（对于这个过程，在18世纪时，社会评论家和民众间还曾发生过争论），其结果出现了资本主义的大佃农阶级，他们用最少的劳动力来耕种土地，而大部分劳动力则用于羊毛工业的经营上。

地产经济的另外一种形态，是将谷物生产作为重心，罗伯特·皮尔（Robert Peel）撤销谷物关税以前一百五十年间的英国，就是例证。当时在谷物保护及输出奖励制度下，为了利用佃农而进行合理的经营，故由小农大规模地夺取土地，从而进行更有效率的经营。那时，牧地耕作经济和谷物经济有各不相同的经营者，也有共同的经营者。这种状态，直到清教徒与英国劳工阶级发生骚乱后废除谷物关税方止。因此谷物耕种已不划算了，谷物经济的劳动力亦可以移作他用。英国的平原上，人口就大量减少，同时，在爱尔兰，小佃农经济亦被大地主所兼并。

与英国完全不相同的是俄罗斯。16世纪时，俄罗斯虽然有所谓的奴隶，但大多数农民为自由的分益佃农，他们将其收获的半数献给地主。地主享有每年可解约之权，实际上行使权力的机会却甚少。由于领主认为确定的金钱租额比增减无常的实物租额更有利，因此他们要求农民交纳固定的租金。此外，徭役原本只是奴隶所应尽的义务，地主也极力地将其推给自由佃农，这种办法，最初为细心经营的修道院庄园所实行。货币经济的发展使农民负担了许多债务。假如一度歉收,那么农民要完全负债,因此农民就失去了迁移的自由。自16世纪末以来,沙皇完全依靠贵族的拥护来维持其权力及国家的行政组织。不过贵族的生存也受到特别的威胁,因为大庄园领主可给予农民有利的租佃条件,故小贵族就会患民之不足。沙皇的政策就是想保护小贵族,以抵制大庄园领主。1597年沙皇鲍里斯·戈杜诺夫(Boris Godunow)的敕令就含有此种目的。敕令中宣称租佃契约不得随意解除,因此,事实上农民与土地相互关联,登记在租税簿上,这样一来,又是一种针对领主而保护农民的政策。彼得大帝的人头税推行以后,之前自由农民和奴隶之间的区别就没有了。农民都与土地相关联,领主对他们都有无限的权力。因此农民就与罗马的奴隶一样,毫无权利可言。1713年时,领主拥有了施行笞刑之权。领地的管理者可以任意婚配农民。租税的多寡根据领主的意思来确定,补充者的征发亦如此。领主有权将不顺从的农民放逐于西伯利亚,可以随时没收农民的财产,虽然也有些农民潜藏其财产而积累成巨富的。为农民主持公道的法庭是没有的。农民是地租之源或劳动力;俄罗斯的中部,将农民当作前一种用法;后者多在有输出可能性的西部。俄罗斯的农民就在此状态下,直到19世纪。

在德意志,租地制度仍存在的西部,与庄园经济所通行的东部及奥地利之间,有着显著的差别。开始时农民的状态,无论在何处,差不多都是一样的,只不过在东部还更加有利些。东部开始时并没有农奴制度,而且有德意志最好的土地法,农民居住在大的所有地(与古代国王的领地相似)上,农民土地的没收,自普鲁士的腓特烈一世及玛丽娅·特蕾莎(Maria Theresia)以来,因为农民是租税负担者及兵役服务者,已经被国家权力所禁止。就是在汉诺威(Hannover)和威斯特伐利亚也禁止没收农民的土地,但是在莱茵地区以及德意志西南部是得到许可的。不过东部农民土地的没收，曾行诸广大的范围内，西部及南部方面则不是如此。其理由有种种。在西部，自三十年战争后，农民的所有地已重新分配过，而在东部，则被合并成大规模的地产了。在西部及南部，通行混合所有地，在东部则有贵族连在一起的大农场。在西部与南部，虽然也有贵族连在一起的大农场，但还没有大规模的领地经营。因为在这种地方，庄园支配、农奴支配及司法支配各自分离，故农民可借一方之力来对付另一方。而在东部，此三者集于一人之手，故成为统一的受封领地。在这种状况下，没收农民土地或强迫农民接受强制性劳役成为易事。虽然这种权力本来只限于裁判领主，但庄园领主也有此权力了。另外，东部比西部有较少的教会土地，而教会传统比世俗庄园领主对于农民的待遇要好些。东部的土地即使在教会的手中——如澳大利亚的土地是在修道院手中——其经营也比世俗的所有者要合理些，但并不是以贩卖为目的的经营。因此，市场的关系对于东部和西部之间的对立，确实有决定性的作用。凡地方市场不能容纳谷物生产的分量时，就不得不向远方输出，于是产生了地产经济。然而一位汉堡的商人，既然不能与马尔克或西里西亚（Schlesien）的农民进行个别的交易，就自然而然地向地产农业过渡了。不过，南部及西部的农民因为近处有城镇，因此可在该处贩卖自己的产品，在这些地方，地主得以利用农民作为其地租的源泉，但在东部仅能利用农民的劳动力。地图上城市的分布密度渐减时，地产出现的密度反而渐增。此外，西部、南部的庄园法及与此相关的力量，也帮助原有的农民继续存在下去。甚至有人说南德及西德的农民战争也与此种发展过程有关，战争虽然因为农民的失败而终结了，但其带来的影响与一次失败的总罢工一样，对于领主而言不是很好的预兆。英国在14世纪时也有过农民战争，农民仍然被剥夺了土地。至于波兰及德国东部不发生农民暴动，则是因为农民暴动与其他一切革命相同，并不是在情形最恶劣的地方爆发的，而是发生在革命者已有相当程度的自觉意识的地方。

庄园领主与农民之间的关系，用术语来说，在东部并非地主和农奴的关系，而是世袭的臣属关系。农民是地产的附属物，随同地产而被买卖。在德国易北河以东，除诸侯领地的农民之外——诸侯的领地极为广大，例如在梅克伦堡（Mecklenburg），占土地总面积的一半——还有私人庄园领主的农民。其所有权也各自不同。本来德国的农民有非常有利的所有权，对于土地也只纳免役税。然而斯拉夫农民的所有权则很不稳固，凡是斯拉夫人占大多数的地方，德国人的所有权亦因此而恶化。所以，东部大多数的农民于18世纪时仍生活在佃奴法之下，农民成为地产的附属品。农民没有继承权，即使只限于一代的所有权亦大多不能保持，虽然他们和土地是捆绑在一起的。他们要离开领地时，须经领主准许，而且须有替代的人。农民亦有担任仆人的义务，即不仅自己须服役，其子女也须在领主的家中做仆婢，领主是国王领地的承租人时亦如此。领主可以强制任何佃奴接受一块农地。领主还有任意增加徭役、放逐农民之权。不过在这里，却有国王的权力与领主相对立。德国东部的国王，曾制定对农民的保护政策。在普鲁士及奥地利，禁止剥夺已有的农民地位，这并不是爱护农民自身，而是想保证农民的地位，因为农民是新兵的补充者，而且是租税的负担者。当然，保护农民的政策，只限于有强大的国家权力之处。因此，在梅克伦堡、瑞典属波美拉尼亚及霍尔斯坦州，才能发展起来统一的大地产经济。

1890年前后，易北河以东区域的地产是一种季节性的经营。在一年之中，农业劳动的分配并不均匀，冬天时农民主要经营副业。后来副业的衰落是劳动者生活困难的主要原因之一。领地上的田地工作，通年由仆役或婢女担任。此外，还有第二类农业劳动者，即住宿劳动者。他们是结了婚有自己家庭的人，然而在西里西亚则使其集中居住在屯舍。他们根据长年合约工作，任何一方均可终止合约。薪酬的支付，除有一定的实物之外，还有少量的金钱，也有全用实物的，包括庄稼收成与来自磨坊的收入。打谷是用手进行的，而且冬天不停，通常会把谷物的六分之一或者十分之一分给住宿劳动者。他们对于这种工作是有垄断权的，领主不得将这份工作委让给他人。当实行三圃农法时，领主在每圃内都替他们预备有耕作地，而且还有种植马铃薯的园圃地。他们虽然没有货币的工资，但可养猪用于贩卖，而且可出卖他们分内的剩余谷物。因此他们对于猪及谷物价格的上涨感兴趣，他们与领主有相同的经济利益。至于领取货币工资的农业无产阶级，则希望这些物品的价格下降。大的农业用具由领主提供，不过像连枷及镰刀须他们自行购置。在收获的季节，领主还须雇用外来的劳动者，即流动的劳动者，或从村民中雇用工人。此外，住宿劳动者倘若不想减少其工资，那么在夏天至少须有一个人帮忙，到收获季节时更须有两个人帮忙。来帮忙的，大多是自己的妻子或子女，于是整个家庭就与领主建立了劳动合作关系。工业意义上的那种契约自由，只限于流动的劳动者及地位不得自由变动的附属地主所雇用的住宿劳动者。不过，自世袭的佃奴制度时代以来，他们已经有了根本上的变化，由于当时的领主没有自己的资本，必须依赖于农民的帮助及合作，因此当时还没有发生劳动者与劳动手段的分离。

  波兰及白俄罗斯也有与此相似的领地经营。这类输出国利用维克塞尔河（Weichsel）及梅梅尔河（Memel）的船运，将其谷物输送至世界市场，但在俄罗斯内地，领主多愿意把土地租给农民，因此，农民可将劳动力保留在自己手中。

领主与农民之间复杂的依存关系，前者使用后者作为收益和劳动力的源泉，最终又通过这两种剥削将农民束缚在土地之上，进而导致了庄园农业制度的瓦解。这种变化表明，农民及农业劳动者获得了人身解放和迁移自由，土地也从农民的耕地共同团体及领主的权力束缚中解放了，在另一方面，领主土地亦从保护农民而来的农民权利中获得解放。瓦解的形式，或者是农民失去其所有，即农民虽然获得了自由，但失去了土地所有权（例如英国、梅克伦堡、波美拉尼亚及西里西亚等地）；或者是领主失去其土地，农民则有土地而自由了（如法国、德国西南部及其他地租庄园制度存在的地方，都是如此；又如俄罗斯入侵入后的波兰之大部分地方亦如此）；此外，亦可由于妥协，农民仅获得土地的一部分而自由。最后这种形式发生于劳动组织已成立、不能遽然以其他形式来代替庄园农业制度的地方。例如普鲁士非常贫穷，不能用工薪制职员来代替领主，因此不得不依赖他们。庄园农业制度的崩坏，也使得领主的家长裁判权及领主的特权被废止。此外，领地在政治上及宗教上的土地束缚亦被废止。在宗教上的土地束缚被废止，可有下面的意义，即适用于教会所有地（例如在巴伐利亚）的清理法，世袭财产制的废止或限制，以及领主所有地的财政特权、免税权及其他政治权力的废止，如19世纪60年代普鲁士经租税立法后所实行的。在此可产生种种问题：领主与农民，究竟谁被剥夺其所有，倘使是后者，则是否有土地。庄园制度崩坏的根源在庄园制度的内部，主要是经济性质的。直接的原因是领主与农民的贩卖机会及对贩卖的关心，以及由于货币经济的农产品市场不断扩大。但仅有这些原因，未必会使庄园制度崩坏，而且即使崩坏，亦会给领主带来好处。领主可夺去农民的所有，并利用没收的土地来进行大规模经营。因此必有其他的利害关系从外部加入，即新产生的城市市民阶级的市场利害关系。市民阶级希望看到庄园制度的衰退及崩坏，因为庄园制度限制了他们发展市场的机会。城市及城市经济政策与庄园制度的对立，并不在于一方是自然经济，另一方则为货币经济。庄园制度很大程度上也是为了市场而生产，倘使市场的贩卖可能性失去，则领主也将无法向农民征收货币租金。不过庄园制度，仅从农民的服务及纳贡的事实而言，已成为农村人口购买力的一种障碍，因为庄园制度使农民不能将其全部的劳动力贡献于市场的生产，所以妨碍了购买力的增进。因此，城市市民阶级的利益与领地支配者的利益形成了敌对的状态。此外，再加上正在发展的资本需要自由劳动市场，最初的纯资本主义的实业，既然想避开同业组织，就不能不利用农村的劳动力，可是庄园制度却将农民束缚在土地上，成为利用的障碍。新的资本家取得土地的野心，亦使其与庄园制度相对立，因为资产阶级愿意将新获得的资产投资于土地，以成为土地所有者在身份上的特权阶级，故要求将土地从封领团体中解放出来。最后，国家因为财政上的利害关系，亦希望庄园制度崩坏，这样可以增进乡村方面的租税负担能力。

以上是庄园制度崩坏的种种可能性。但若分开来看，则庄园制度的崩坏有多种形式。

中国在公元前3世纪时，封建制度已被废止，且已实行土地私有制。秦始皇的权力并不是建立在封领地的军队上，而是建立在以臣民的纳贡来维持的祖传的军队之上。后世孔子学派的先驱，即中国的人本主义者，都站在帝制一方，有过与欧洲方面相同的提供理论根据的作用。此后中国财政政策的变化次数多到不胜枚举。这些变化在两个极端间摇摆不定，就是对于租税国家与徭役国家之间的选择不同。前者对于军队或公务人员，由租税支付其俸给，而将臣民作为此租税的源泉；后者则将臣民作为徭役的源泉，使特定的阶级承担实物纳贡的义务，以满足其需要。如戴克里先时代的罗马，因为要达到其目的，特意组织强制的共同团体，就是后者之例。一种政策在于使臣民有形式上的自由，另一种政策在于使人民成为国家的奴隶。中国的统治者使用其奴隶，正和欧洲的庄园领主将其所属者当作劳动力而不当作收益的源泉时情况类似。在第二种情形下，私有财产制是没有的，产生了对于土地的义务、土地的束缚以及重新分配的问题。在中国，这种发展过程的最终结果，是18世纪初以来国家的徭役原则之废止，成为租税国家，以取纳贡为主，不过还存有一些不大重要的公用徭役之痕迹。这种纳贡多被官吏中饱私囊，因为他们进贡给朝廷的数额是确定的，对于农民却进行无休止的强制征收。不过，中国官吏不能不获得农民的同意，因为氏族的力量是极大的，其结果就使农民有了显著的自由。佃农也是有的，但他们在人格上较为自由，仅支付适量的租金而已。

印度至今还有庄园制度存在，这是从财政的租税承办制度中附带产生的。英国立法规定，对于以前没有权利的农民，保护其所拥有的土地，对传统的纳贡亦不任意提高，像格莱斯顿（Gladstone）立法来保护爱尔兰的农民一样。不过已存在的秩序亦没有从根本上被破坏。

在近东，庄园制度也依然存在，然而因为从前的封建军队已消失，故形式上有所改变。在波斯及其他国家，所谓根本上的改革，仅是一纸空文而已。在土耳其，有瓦库夫制度，直至今日仍为土地所有关系上近代化的障碍。

在日本，中世纪的状况一直持续到1861年。在这一年，因为贵族支配权的倾覆，庄园制度随同庄园领主权一起瓦解。"武士"作为封建制度之担当者，因为生活陷入贫乏而投身于盈利经营中。日本的资本主义者就是从这类"武士"中发展而来的。

古代时，在地中海，庄园制度仅在大城市（罗马或雅典）的直接权力所及的范围内是被废止的。城市的市民阶级对抗土著的贵族。此外，还有城市的债权者与地方的债务者之间的对立。这种情形与得到多数农民服军役的必要相关联，造成了希腊为甲士谋自由土地之事。这也是梭伦立法之类的专制立法之企图，因此，骑士阶级不得不加入农民团体。克里斯提尼（Cleisthenes）立法（公元前500年左右）中所谓的民主政治，其情形就是：凡想享受市民权利的雅典人，都必须属于一个村落，就好像中世纪时意大利的民主政治，让贵族强制加入行会那样。这种制度，对领地分散的庄园制度以及向来在村落外支配此的贵族权力是一大打击。于是骑士与农民，其发言权及担任官职的机会就相同了。同时，各处的混合所有地也都被废止了。在罗马，阶级斗争对于农业制度亦曾有与此相同的结果。在那里，耕地被分割成每块二百亩的四方形。每块土地上有一片草地，是不允许犁耕的。其边界就是公共道路，为了保证其通行，亦不允许侵占。土地的转让极为容易，这种土地制度法当始于十二铜表法时期，而且铸定于此时。这是代表城市市民阶级利益的，故将贵族的土地与城市建筑投机家的土地同样看待，且其大致的倾向在于取消土地和动产之间的区别。但在城市以外的地方，古代的庄园制度依然如故。古代文化（在东方直至亚历山大大帝，在西方则到奥古斯都）是沿岸文化，故庄园制度仍在内地存在，后来由此发展到整个罗马帝国，故在中世纪前半期，遂成为主要的制度。意大利城市商人的共和国成立，以佛罗伦萨为中心，然后再考虑农民解放的方案。不过开始时，商人共和国代表了城市执政者、议员、自由职业、商业行会等的利益，而夺去了农民在政治上的权利。之后领主为了对抗城市人民，再次利用农民作为其助力。不过同时城市也已解放了农民，使其可购买已占用土地，脱离武士阶级的控制。

在英国，法律上的农民解放还不曾有过。在形式上，中世纪时的权利至今尚存，不过在查理二世时，农奴制度已被废止，而且封赐的土地已变为私人的财产，只有"佃册地"是明显的例外。这些土地本为非自由农民所有，所有者没有与此有关的正式合约，仅有记载于庄园记录中的抄本。在英国，市场之存在这一事实，使庄园制度崩坏了，而且是起于内部。与此相对应的，是有利于领主的农民所有地的丧失。农民虽然获得了解放，但没有了土地。

在法国，此项发展与上述正好相反。在这里，1789年8月4日夜间的革命，一举终结了封建制度。不过当时所做出的决议，尚有释明的必要。国民议会的立法宣称，凡有利于庄园领主的农民所有地的负担，均有封建性质，应无赔偿地取消。此外，国家没收了很多革命后逃往外国的贵族及教会的土地，将它们分给市民及农民。然而在封建的负担被废止以前，平等的继承权及实物分配存在已久，故其结果使得法国与英国相反，成为中小农民的国家。领主的土地专有之丧失，成就了有利于农民的土地专有。之所以有此可能，是因为法国的庄园领主是宫廷贵族，而不是农业经营者，他们的家族很容易获得军职或官职，对于终身俸禄也有垄断的要求权。因此，革命并没有破坏生产组织，只是把地租关系颠覆了而已。

德国南部及西部的发展过程，比较缺少革命性，也曾经过各个阶段，但大体上与上述的情况相同。在巴登方面，1780年时，农民的解放已由受重农学派影响的腓特烈四世开始了。德国南部诸州在解放运动后实行了成文宪法的制度，这是具有决定意义的。在立宪国家内，具有农奴制度性质的状态最终不能存在，因此无限制的徭役、纳贡以及含有农奴性质的服务，在巴伐利亚，已在蒙特格拉斯（Montgelas）之时于1808年被废止了（规定在1818年的宪法中）。

农民的转让自由亦不久后确定，最后又规定了有利的所有权。这是整个德国南部和西部，于19世纪二三十年代所实行的，不过在巴伐利亚，实际上直至1848年时才实现。至1848年时，各处农民负担的最后遗迹，亦通过国家信用机关之力，用货币赎还法来废止。例如在巴伐利亚，所有人的纳贡，均无赔偿地被废止，其他的则改为货币的纳贡，而且是可赎还的。同时，封建的关系可以无条件地解除。因此，在德国南部及西部，领主失去其专有领地，土地归农民所有。所以发展的情形与法国相同，不过较缓而已，而且以法律的手段来实行。

在东部，即奥地利、普鲁士的东部诸省、俄国以及波兰等地，其经过与此不同。倘若在这些地方用法国的方式，则仅能破坏已存的农业制度，徒然陷入混乱状态而已。或许可像丹麦那样，引起庄园向农民所有地的演变，不过要废除所有封建的负担，是不可能的事。东部的领地领主，既没有农具，也没有可以工作的牲畜。没有农民无产阶级，只有负有劳役及手工义务的小有产者。领主就依靠这类小有产者的劳动，来耕作自己的土地，故此种农村劳动体制不能遽然废止。还有一层困难，即农村地方的行政，并没有官吏来担任，而是委托于有名声的领地贵族。因此，这里只能像英国那样，而像法国那样依靠懂法的官吏实行严格的制度，则是行不通的。

如果农业立法的本来目的在于保护及维持农民，则奥地利的农业立法，对于赎还这一点，可以说有了理想的成就。无论如何，总要胜过普鲁士所实行的方法，因为奥地利的统治者，特别是查理六世及玛丽亚·特蕾莎，更清楚自己在做什么。（至于腓特烈大帝，他的父亲曾说他不懂得怎样去解除租契和惩罚佃户。）

在奥地利，除了自由农民占多数的蒂罗尔以外，世袭的臣属关系与地主贵族并存。将农民当作劳动力使用的领地经营，遍布于波美拉尼亚、西里西亚、摩拉维亚及下奥地利地区，其他地方多实行地租庄园制度。在匈牙利，租佃关系与徭役经营是混合的。人格上的不自由，以加利西亚与匈牙利为最。"乡农"与"自营地农"之间有所区别：前者有纳贡的义务，被登记在地籍簿上；后者居住在领主的圃舍地，但没有纳贡的义务。"乡农"的地位，一部分较为有利，他们与"自营地农"相同，亦可分为可代替的与不可代替的两种。不可代替的"乡农"之所有地，是可以取消的，相反，可代替的"乡农"则有继承权。自17世纪后期以来，资本主义就开始入侵这种农业制度，故在利奥波德一世时，国家开始干涉，先以土地强制性登记的形式进行纯财政上的干涉，这种强制性登记的作用，在于确定可征税的土地究竟有多少。这个方案既然没有收到什么效果，当局于是实行"特许徭役"制度（1680年至1738年），其目的在于保护劳动者，规定一个农民所能承受的最大工作量。不过农民土地被没收还是有可能的，于是玛丽亚·特蕾莎女王实行了租税"修正"制度，使得领主对于被没收土地的农民的租税负责。这种办法仍然没有取得什么效果，因此在1750年女王直接干涉夺取农民土地的行为，可是依旧没有任何关键性的成果。1770年至1771年，女王颁布了土地全面登记制度，强制庄园建立土地账簿，以书面形式最终对农民的所有地及其所承担的义务进行了规定。同时，准许农民拥有折偿义务的权利，因而获得了世袭的占有权。这种方案，在匈牙利虽然不久后就失败了，但在奥地利却收到了显著的效果，它代表着维持现有农民人数的努力，在农业资本主义扩张的背景下保护农民，不是为了破坏传统的农业制度。农民虽然应当受到保护，但贵族的地位亦需要维持。在约瑟夫二世时，立法开始带有革命性质。他首先废除了农奴制度，并保证此方案中，应当包含迁徙自由、职业选择自由、结婚自由以及取消仆婢强制服役制。他对于农民，原则上认为其土地私有，1789年的租税及土地隶属关系整理法，更断然实行新的制度。赋役及纳贡均改用确定的货币支付，使庄园制度中向来所通行的赋役经济及自然经济告终。以后领主对于国家，亦须用金钱纳贡。但这种想要一举成为租税国家的企图，仍然失败了。农民无法从农业生产中获得足够多的收益来支付金钱上的纳贡，而领主的经济从根本上被搅乱了，于是引发骚动，使皇帝不得不撤回其大部分的改革方案。直到1848年革命之后，农民的全部负担才被废除，一部分是以有偿的方式赎买，另一部分则无须任何补偿。就有偿部分的赎买而言，奥地利曾实行过极轻的服役课税，之后又创设信用机关，以保证赔偿方面的履行。这种立法，可以说是玛丽亚·特蕾莎及约瑟夫二世努力的成果。

玛丽亚·特蕾莎女王

在普鲁士，国王领地的农民与私人领地的农民之间，一向有着极显著的差异。腓特烈大帝对国王领地的农民，曾有过完全的保护法。他首先废除了仆婢强制服役制，后于1777年宣布农民的所有地可以继承。威廉·腓特烈三世又于1799年在原则上宣布免除徭役服务，凡国王领地的新佃农，在缔结租佃契约时，必须明白地拒绝徭役服务。因此，在国王的领地上，近代的农业制度已渐渐建立起来了。此外，也允许农民出不甚高的赔偿金来购买私有财产。对于此点，官吏们大都表示同意，不仅因为赔偿金可以使国家有所收益，而且在获得自由财产后，国王领地的农民对于国家要求的权利亦减少了，故可免去许多行政上的麻烦。对于私人领地的农民，问题更难以解决。腓特烈大帝想废除农奴制度，反对派却说普鲁士没有农奴制度，只有世袭的臣属关系而已（从形式上来讲，这是对的）。国王对于贵族及贵族出身的公务人员，无法施行任何方案。直到耶拿（Jena）及提尔西特（Tilsiter）的事变发生后，才有转机。1807年，世袭的臣属关系被废止了，但问题是农民之租佃不自由的所有地，究竟该如何处置。普鲁士的官吏之间，对此也有很大的意见分歧。一派主张应通过一定的土地面积来获得最大限度的生产物，如此则可采用当时精耕程度最高的英国之农业制度，但不得不减少平原上农村的人口。这是舒恩（Schoen）大总管及其一派人的主张。另外一派的主张，则注重于最大限度保持农民人数，如此不得不放弃英国的前例及其精耕法。经过长时间的商议讨论之后，终于发布了1816年的统整法令。这是政府行政政策与保护农民之间的折中方案。拥有牛或马等牲畜的农民首先被列于可整理范围内，不过小型耕种者被排除在外，因为领主说他们不能没有帮手。即使有牲畜的农民，也只有所占有的土地已经登记过且自1763年以来始终占有，才被包含在其中。选取这一年（七年战争的最后一年）为分界点，是为了使最低限度的农民所有地包含在法令当中。该法令须经申请才可生效。农民获得私有地的财产权后，不再提供劳役及纳贡，但同时也失去了对于所有地的权利。换言之，可以向领主要求的紧急扶助、建筑物修理时的补助、草地及森林的使用以及缴纳租税时从领主那里获得的预支，也都被取消了。特别是农民须将世袭财产的三分之一、非世袭财产的一半让给领主。故此种法令，对于领主非常有利。领主虽须自备农具及家畜,但仍可保留小屋民①作帮手,而且农民的草地使用权亦被取消,同时,农民土地的没收亦不再被禁止,故可将其所有地圈围起来。不适用于本法而有手工义务的农民,就可将其所拥有的土地夺去。在西里西亚,贵族特别有势力,还可为自己的利益而保持例外,但在波兰领主所居住的波森(Posen)地区,则全部农民都适用于此项法令。

在普鲁士,直到1848年,才采取了最后的步骤。1850年时,政府宣布取消农民的全部负担。除按日计酬的工人之外,所有农民都被置于法令的管制之下,甚至与此无关的农民负担,如世袭的租借、世袭的赁金等均成为可赎免的。不过小型农户的土地,在很久以前就被领主没收了。

普鲁士方面,其发展的最终结果,是农民人数与土地面积一同减少。自1850年以来,农业劳动者的无产化继续进行,导致这种结果的原因是地价的抬升。从前将土地租给居住劳动者的办法,已经不划算了。他们所得的打谷份额及磨面份额,现在均改用货币来支付。由于引入了甜菜的种植,农业经济遂成为季节性的经营,因此须用所谓的"萨克森行帮"提供的流动劳动者来帮忙,这种人一开始来自东部的波兰诸省,之后多来自俄属波兰及加利西亚。对于他们来说,不需要为其另建劳动者住所,亦不需要给予土地。他们可聚居于屯舍内,其生活方式是任何德国劳动者所不堪忍受的。因此,原来与土地相结合的农民,以及后来因与领主在经济上利害相同而忠于土地的土著劳动者,逐渐被流动劳动者所代替。

在俄罗斯,亚历山大一世虽然曾致力于农民的解放,但其所取

---

① 小屋民:中世纪西欧主要靠做佣工维持生计的农民。缺乏生产工具,多有小块园地,家居仅一两间小屋,故名。——编者注

得的成就与尼古拉斯一世同样少。俄罗斯在克里米亚战争中的失败，使得问题到了非解决不可的地步。亚历山大二世因为害怕革命，于1861年经深思熟虑之后，颁发了解放农民的大诏书。

土地分配的问题是如此解决的：

对于帝国的各个省，确定每个人的土地所有额之最小限度及最大限度。其大小约从三公顷到七公顷。庄园领主如果将规定的最小额的四分之一无偿赠予农民，则可不受本法律的约束。因此领主事实上可获得依赖其领地的无产农民整个家族的劳动力。要不然，农民必须拿出赔偿金，方可得到土地的分配。立法者曾以良好的土地有更大的收益为根据，故土地额愈少，则赔偿金的比率愈高。而且农民的赋役在某些过渡时期照旧存在着，领主的意见决定农民赋税的折算。这是农民对于领主继续负债的原因。赔偿金的数额相对来说极高，百分之六的数目，为期共四十八年，1905年到1907年的革命爆发后，还须继续缴纳。诸侯领地的农民及国王领地的农民，拥有完全的土地所有权，故其地位较为有利。无论如何，俄罗斯的农民解放仅为单方面的事，因为农民虽已从领主那里解放了出来，但对于村落共同体的连带责任，仍未被解放。就此而言，农奴制度依旧存在。农民仍没有迁徙自由，因为凡是出身村落者，米尔都可召唤他们回去。此种权力之所以继续存在，其实是因为统治者想于所谓的农业共产制度中，留有保守的要素，以对付自由主义的抬头，从而保护俄国沙皇的专制主义。

俄罗斯政府因为政治上的原因，在西部地区，特别是在被拿破仑法典废止了农奴制度的波兰，施行的政策并不相同，不过农民迁移时，土地就归领主所有。这种政策导致了许多农民土地被没收，至1846年才被废止。之后直到1864年，俄罗斯人为了对付1863年时革命的发动者，即波兰的贵族，想将农民与俄罗斯政策联系在一起，故解放了波兰的农民。因此，在确定土地的归属方面，唯农民之言是听。这样，解放的结果，事实上是以各种形态来掠夺波兰的贵族。农民的许多森林使用权及牧地使用权，都是从这个时候开始的。

封建的土地制度崩坏的结果，成就了今日的农业制度。有些地方，是农民从土地上解放了出来，亦是土地从农民手里解放了出来（英国）；有些地方，是农民从庄园领主那里解放了出来（法国）；还有些地方，则为两者的混合（如欧洲的其他地方，不过东部比较接近于英国的状态）。

对于结果的形态之性质，继承权有着极重要的影响。在这方面，英、法之间的对立要算最显著的。在英国，长子的封建继承权是对于全部土地的总继承权，不论其是农民，还是庄园领主，最年长者单独继承全部的土地。在法国，土地的均分在古代制度中已成为原则，新民法不过使之成为义务而已。在德国，则有着显著的不同。单独继承权存在的地方，亦不是英国意义上的长子继承，而是一子继承权，继承者接受土地时，对于其他的继承人须进行补偿。一子继承权的来源，一部分是由于技术上的原因，例如在大块领地或黑森林的广大圃舍，自然的分割在这些地方是不可能的。另外，从历史的来源上说，它是从封建制度时代传下来的，因为庄园地主的利益在于土地提供服务的能力，故不欲加以分割。在俄罗斯，直到1907年斯托雷平进行改革，还存有农业共产制度；农民并不是从双亲那里获得土地，而是从村落自治体获得。

近代的立法，已完全废止了封建制度。在有些地方，封建制度已由世袭的财产制度代替。这种制度，自12世纪以来，在东罗马帝国内曾以某种特殊的捐赠形式存在过，就是为了抵制皇帝的掠夺，把土地转让给教会，可获得宗教上神圣的性质。不过教会将之应用于何种目的,有着严格的规定,例如维持若干教士的生计,剩余的十分之九的地租则保留给捐赠者。由此,伊斯兰教国家内产生了瓦库夫制度。这种捐赠制度,初看似乎是为伊斯兰教清真寺或其他敬神的目的所用的,但实际上,是为了避免国王对于土地的课税,使家族得以确保其地租。阿拉伯人将这种世袭财产制度传入西班牙,再传入英国及德国。在英国,这种制度曾遭到了抵制,不过法学家设计出"限定嗣继"的制度来代替。这就是:土地从一代传到另一代时,其不可分割及不可出卖,经契约的确定,因此变更成为不可能的事了。这样,英国大部分的土地便集中到少数家族的手中。但在普鲁士,直到最近,十六分之一的土地仍是世袭的财产。其结果就是,在苏格兰及爱尔兰,出现了被世袭财产束缚的大块所有地。另外,西里西亚的一部分及前奥匈帝国、德国的若干地方(1918年以前)亦均有之,不过规模较小,因为在德国还以中等的大土地所有为重心。

　　农业制度的发展及封建组织的崩坏,其影响的范围殊广,不仅关系到农村的变迁,而且关系到一般政治关系的发展,尤其关系到一国是否有地主贵族的存在,以及它将采取何种形式。从社会学意义上来说,贵族是因经济地位而能自由从事政治活动的人,他们虽然不必靠政治来生活,但须参与政治生活,因此,他们是有固定收入的食利者。这个条件,对于必须为自己的生计及家族的生计而劳动和从事职业活动的阶级来说,例如企业者或劳动者,是不能适应的。在农业社会中,完全的贵族是靠地租来生活的。存在这种贵族的国家,在欧洲只有英国了,过去的奥地利亦有规模较小的贵族。然而在法国,褫夺庄园领主之专有的结果,成了政治的城市化,只有城市的财主,而非农村的贵族,才能在经济上自由地从事政治活动。德国的农业发展使得能自由从事政治活动的土地食利者,数目不多了。不过农民之专有丧失最严重的普鲁士东部诸州内，则还有很多。但是普鲁士的多数地主不像英国的地主那样，形成了贵族的社会阶层，他们是带有封建特质的农村中产阶级，这种特质，来自过去的历史，故他们也是农业经营者，只是卷入市场利益的日常经济斗争中了。1870年以来的谷价回落以及生活成本的提高，已判定了他们的命运。因为平均四百至五百亩面积的骑士领地，已不能支撑一个贵族领主的生活。他们曾有及现有的利害斗争究竟如何激烈，由此就可以知晓，他们在政治生活上的地位亦不难明了了。

由于圈围及分割等，庄园制度崩坏了，因此古代耕地共有制度的遗迹亦遭破坏，土地个人私有的制度乃完全确立。同时，数世纪以来，社会的上层结构亦沿着上述的方向转变了，家族共同体遂变成极小的，到今日只有家长及其妻子儿女是个人私有财产的单位，这是以前在技术上不可能的事情。而且，家族共同体的内部亦起了种种变化，其方向有二：一是它的职能变成限于消费的领域，二是它的管理逐渐以账目结算为基础。原始的完全共产制度既然被继承权代替，男子及女子的私有财产以及份额的计算遂更加分离。这两个方面的变化，与工商业的发展有着密不可分的关系。

第二章
资本主义发展开始以前的工业及矿业

工厂中实行纪律劳动,加上技术专门化、劳动组织化及使用人类以外的动力,近代工厂之建立即显现于我们眼前了。推进此项发展者,为最先使用水力作为动力源的采矿业,它贯穿了资本主义的发展过程。

第一节　工业经济组织的主要形态

在技术的意义上,所谓工业乃改变原料之意,因此,开发的经营以及矿业均不在工业这一概念之中。不过本章拟连矿业一并论述之,故"工业"这一词包含一切不能视作农业、商业或运输行为的经济行为。

自经济方面言之,凡改变原料之工业,均以满足家族共同体之本身需要的劳动表现出来。就这一方面论,它是一种副业,只在它的生产超过家族需要时,才引起我们的注意。此种工作,可为满足他人之家族者,其最著者,是庄园领主之隶属者为其领主之家族而劳动。在这里,一个家族的需要,由另一个农民家族所纳贡之生产物来满足。但副业性质的工业劳动,亦有为一村落而从事者,例如印度的情形。印度村落中的手工业者为小农,他们如果单靠其收获,并不能满足生活需要。他们附着于村落,凡需要工业劳动者,均可加以雇用,他们本质上为村落之隶农,从村落领受实物报酬或货币报酬。我们称此为公用劳动。

不为家族共同体之本身需要而从事的改变原料、其第二方式为盈利的生产,即手工业。所谓手工业是指某种范围内所从事的熟练工业劳动,或因职业分化或技术专门化而生,不问其为自由或不自由工人,亦不问其为领主而劳动,为共同体而劳动,或为其自己的需要而劳动。

我们知道,满足本身需要的工业劳动,最初发生于自足的家族经济之内部。一般来说，专门化的最古老形式，常发生于男女间之严格的分工。最初时，农地耕作完全为女性之任务，故女性为最古老的农业者。从事耕作的女性，并不像塔西佗凭想象叙述的如日耳曼人中那样，有极高的地位。例如在古代英国，诱奸妇女只视同毁损财物一样，可用金钱赔偿之。女性是耕作奴婢，一切农地耕作以及利用植于耕地上的作物之事，均委之于女性。碗碟制造以及各种织物工作（织席、纺织），亦由女性担任。唯在织布业方面则有显著的例外。如希罗多德（Herodotus）所注意的，在埃及，男子（不自由者）坐于织机上织布。此类发展，由于织机非常沉重难以处理或男子免除兵役之处为常有之事。其他方面，凡与战事、狩猎、饲养家畜等有关之一切工作，皆为男子之任务。因此，金属品制作、皮革以及肉类之调制等，亦均由男子担任。肉类之调制，视为一种仪礼。肉原来只于狂欢宴饮中食用，宴会中通常只允许男子参加，女子只能得些剩馔残羹而已。

以共同形式参与工业劳动，在某些工作中，特别在建筑家屋中表现出来。因为此种劳动是非常艰难的，由各个家族、各个人单独进行，不易竣事。因此此项劳动作为村落间互助的劳动来从事之。互助劳动，通常均飨以饮食，今日在波兰人中尚可见之。此外在古代，有因酋长之需要而从事此种劳动者，亦有由自由团结的共同体，因建造船舶而从事此种劳动者（那样的话，就有了从事投资活动之机会）。除此而外，尚有许多自由人联合起来，为获得金属而从事此种劳动（铁之冶炼，是后来出现的。起初，家屋并不用金属钉来建筑，阿尔卑斯山上的家屋，虽有积雪压于其上，但仍作平顶屋者，就是没有作倾斜屋脊用的金属钉之故）。

由互助劳动之扩张，可知最古老的技术专门化虽已发生，但尚未有熟练的职业。在古代，巫术的观念，对于熟练职业有重大的意义。起初的观念是，个人只能用巫术的方法，成就所需的事物。对于医业更是如此，所谓药师是最古老的需要技术的职业。任何极熟练的工业，开始时都被视为受巫术的影响。特别是冶工，在各处都具有神秘的特质，因为他们的一部分技术似乎很神秘，而他们自己又故作神秘。熟练职业在酋长或庄园领主之大家族内发展起来。大家族能使其隶属者，受某一特定方面的训练及学习，且亦有需要熟练劳动之处。但熟练职业，亦可因交换机会而产生。一个重要的问题便是工业能否与市场接触，最终的生产物经过各生产者之手后，由何人销售？这些问题，与行会之斗争和崩坏，也有重要的关系。一位专门化的熟练劳动者，可自由为供给市场而劳动。他可以是小企业者，以其劳动生产物来供给市场。我们可称其极端的事例为价格工作；其前提是他有处分原料及工具之权，还有一种可能性，即原料或劳动手段由某个组织供给他。因此中世纪时之行会，为了保持同业者之平等，颇广泛地共同购入并共同分配原料（如铁及羊毛等）。与此相反的是手工业者为别人服役成了工资劳动者。如他没有原料及劳动工具，只以其劳动力而不以其劳动之生产物供给市场，就属于这种情况。在两极端之间，尚有手工业者应他人的定制要求，成为原料及劳动手段之所有者。如是，即有下面的两种可能。第一种可能是手工业者贩卖消费者（他也许是一位订货的商人），我们可称此为自由的顾客生产。或者手工业者为垄断他的劳动力之企业主而生产，这种方式大多由对企业主之债务所致，或者如中世纪之输出工业，因事实上无法挤入市场而被迫采取此种办法。普遍称此为家庭工厂制度，或更加明确地称为批发制度或工厂制度；手工业者是"批发的价格工作者"。第二种可能是原料及工具或其中之一，系由消费者的定制人所供给，我们即可呼之为"顾客工资工作"。此外，亦有为盈利而定制者，企业主为定制人。此即家族工厂工业。于是一方面为购入原料且设置劳动工具（虽未必常常如此）的商人企业者，另一方面为没有原料或工具、不能将自己的生产物列于市场的在家中生产订单的工钱劳动者。

按劳动者与劳动场所的关系，我们可作如下的区别：其一，是在自己住处工作的。他也许是由自己规定生产物价格的价格工作者；也许是为家庭工作的挣工资者，即应消费者之定制而工作的；再或者为家庭劳动者，为企业主做工。其二，工作亦可在家庭外进行。或者在消费者的家中工作，比如今日尚可见到的补缀女工。这种工作最初是由流动的劳动者所担任的，或者因为工作性质而不能在自己家中进行的，如涂刷之类的工作即是如此。此外，工作地方亦可为一工厂，既然如此，就与劳动者的住所相分离。工厂不一定是工厂，也许是前店后厂的作坊，它或者为许多劳动者所共同租用，或者属于一位企业主。他使其奴隶工作于此，生产物或者由他自己贩卖，或者确定分成后让奴隶去贩卖。工厂的特征最纯粹地表现于近代的企业中，在这里，劳动者在企业家所预定的劳动条件下，由企业家支付工资而为他劳动。

固定资本之专有，包括劳动场所及劳动手段之专有（劳动手段不包含于工具这一概念当中），亦可用种种方法来实施。首先，也许并不需要某种固定的投资，如中世纪的行会经济，则为纯粹的手工业。设备的缺乏为中世纪行会经济的特质，一待固定资本出现时，行会经济即有崩溃的危险。假使有了固定的投资，它也许是由一个（村落、城市或手工业）团体所设置的经营者。此种情形较为常见，特别在中世纪时，行会多自身提供资本。此外，有准手工业者付赔偿金后即能加以利用的领主设备。例如修道院所设置的漂布场，准自由劳动者使用之。而且此项设备所有者不仅准许自由劳动者使用它，还可强制手工业者在此生产其所欲出卖之生产物。这就是所谓的古埃及国王所创建的村落手工业,其后于中世纪时,在诸侯、庄园领主、修道院的经营中见之,不过形式有种种改变。在村落手工业之下,家族与企业经营之间没有什么区别,后者仅为企业家之副业。但在企业家资本设备中,这一切都改变了。于此,须用企业家所提供的劳动手段来劳动,因此必须适应于工厂的纪律。企业家的工厂设备作为固定资本,在企业的运营上有重要的意义。这种资本存于个人之手,实为使行会制度崩溃之原因。

第二节　工业及矿业之发展阶段

　　此发展的出发点,系为生产小家族或大家族需要的家庭工业。由此出发,可发展为部落工业,因为部落可垄断一定的原料或技能。部落工业开始被视为可喜的副收入,其后逐渐推广为纯粹盈利的经营。其意义(在此发展中的任何阶段内)是以家族共同体的工具及原料生产出来的家族工作之生产物,拿到市场上去出卖,因而在自足的家族经济以外,开通了市场之门。因为某种石材、金属及纤维材料(最多者为盐、金属、黏土)只存于部落的一定地域内,故出现了原料垄断。采掘此等材料的结果有:第一,可成立流动的商业。它可以为该工业经营者所自营,如许多巴西部落或俄国手工业者,他们在某季节为农民生产农作物,在另一季节则为商人贩卖其生产物。但亦有因为保有营业秘密或不易一时转移的技巧而垄断劳动技术的手艺人(在带有工艺资质的羊毛工业方面常见之)。这种情形牵涉计件工作所特有的一种形式,于此,因土地所有而垄断了手工业,并因相袭的传授而附着于部落或氏族。在不同种族的团体之间,也出现了生产的专门化,如非洲那样仅限于与地理上相邻地域进行生产物的交换,但有更进一步的发展者。其中的一种可能是趋向于印度那样的种姓阶级之构成。起初本为平行的个别部落的工业,至此因各部落之联合,在其支配之下成为垂直的上下层了,不同部落间的分工,现在于同一支配下的居民中可以看出。不同部落间的相排性的原有关系,表现在种姓阶级制度之中,不同阶级的人不共同吃饭、不通婚姻，相互间只有某种特定的劳役。印度的种姓秩序，因固着在仪式上，融入宗教制度之中，所以对于整个社会秩序有巨大的影响。它将一切手工业嵌入一定的模式中，因而使具有资本主义基础的产业无法建立，新发明亦不能被采用，若采用某种技术的发明时，将被视为一个新的种姓，被列入原有各种姓阶级的最末级。《共产党宣言》中所谓"无产者将获得全世界，除锁链之外无可损失"一句，亦可适用于印度人，唯印度人认为今世必须履行种姓阶级的义务后，来世方可脱离束缚。印度的每一种姓阶级，均有其传统的、固定的生产程序，凡放弃其种姓所传下来的生产过程者，不仅会被放逐出种姓阶层而成为流浪无依之人，而且会失去其到达彼岸的机会，即失去其轮回至更高种姓的希望。因此，印度的种姓阶级秩序，成了最保守的制度。在英国的统治之下，它才逐渐崩溃，但即使在今日，资本主义的发展亦迟缓。

不同种族团体间的交易发生的第二种可能是向市场专门化的发展。职业的地方分布虽已不限于部落间的分工，但尚未与市场发生关系，由村落或领主用手工工人（大抵为其他部落之人），强迫他们担负起为村落工作的义务，如印度的村落工业即属此类。德国在14世纪时，领主尚有供给村落一批手工工人的义务。于此已有了为自治生产的地方专门化，而这种现象大抵与劳动场所之世袭的专有相结合。

地方的专门化继续发展成为面向市场的专门化。其前期阶段为村落及庄园工业的专门化。在村落内，一方为农民，一方为领主，领主为其需要，以代价（收获物的一部分等）来使人劳动，雇用手工业者定居于村落内。因缺乏交换，故此与市场的专门化不同。而且它带有不同种族间专门化的遗迹，可能手工业者多为外来之人；但也可能包括落魄的农民，他们因土地不足，无法维持自己的生存。

在诸侯或领主这样的大家族内的专门化生产中，其使用手工业者就与此不同，这类大家族内的工业，可以为私人目的也可以为政治目的。这里也没有为交换而进行的专门化生产。为领主的支配而供给他以某种服役的义务，是由个别的手工业者或全部手工业者来承担的。古代时，曾广行此种方式：除管事（大家族的职员，如账房处，通常由奴隶来充当）外，还有工匠。工匠大抵由奴隶组成并包括为大领地自己的需要而工作的佃户家庭内的某种手工业者，如冶匠、制铁劳动者、建筑劳动者、车匠、纺织工人，特别是妇女住处的女工人、水车工、面包师、厨师等。他们也出现在拥有众多奴隶的高级贵族的城市家族中。在奥古斯都的皇后利维亚（Livia）的资财目录中，包含供应皇后的衣裳及其他个人需要的裁缝匠、木匠、建筑师等多种手工业工人。在印度及中国的诸侯宫廷中亦有类似的情形，在中世纪的庄园领主或修道院的庄园中亦可见之。

除为领主的个人需要而从事的手工业者外，还有为其政治目的而服务者。希克索斯（Hyksos）王朝被放逐后，埃及新王朝的皇室行政，就是一个例证。在新国家中，有以臣民之实物纳贡而成的仓廪制度。此外，还有为供应国王的宫廷及政治需要的手工业。宫廷官员等从仓库领取实物作为报酬，接受一定的实物所得，此实物报酬的证券可以流通，就如同今日的国债证券。此项证券，一部分以农民的工作为基础，一部分以已专门化的田产工业为基础。在近东地区，如奢侈品手工业亦曾发展和受鼓励过。埃及与美索不达米亚的国王，让在他们的工厂中训练出来的工人制造古代东方的精美艺术品，通过他们使"村落"完成了文化史上的一次使命。

欲从此状态推移至顾客生产及市场生产，必须有具备一定购买力的消费者群体，即须交换经济发展至某种程度方可。这样的情况正与农业发展中所见的类似。诸侯、庄园、领主、奴隶所有者等可将已训练过的劳动者当作劳动力来使用，为市场而生产，或利用他们作为收益之源泉。若为第一种情形，则领主成为企业主，利用不自由者为劳动力，这在古代及中世纪均可见之，由领主雇人贩卖产品。所谓交易人即零售商人，他们成为诸侯或类似的家族之经理人。这类人作为劳动力的方式，种类颇多。领主可用之作为不自由的家族劳动者。他们住在自己的家中，须交付一定量的货物。他们用自己的原料或自领主处领来的原料生产货物。古代时曾广行此种制度。织物生产物及陶瓷器生产物均如此生产出来然后被拿到市场上去。这些物品大都在妇女住处生产。中世纪时西里西亚及波美拉尼亚的制麻工业，均系如此发生的。此处的领主可以说是手工业者的雇主。同时，领主亦可进而经营工作场。古代大地主的副业经营中，我们亦发现有制瓦业、砂石采掘业。此外，还有大的妇女住处，使用女奴隶来从事纺织。加洛林王朝的妇女住处亦然。中世纪修道院经营的工作场，如卡尔特教团及圣本笃修会的酿造所、漂布场、蒸馏所及其他的经营场所，均有特殊的发展。农业的副业之外，还有用不自由劳动者的城市工业。在农村经营方面，庄园领主通过其不自由劳动者的代理人而将生产物运到市场上去，但在城市中，则有以商业资本使用不自由劳动者而经营企业的商人。这种关系在古代是极普遍的。相传狄摩西尼（Demosthenes）曾继承其父亲的两个工厂，一为武器锻造工厂，一为寝床制作场（寝床在当时为奢侈品，并非一般的生活必需品）。原来他的父亲是进口刀柄及寝台上所用的象牙的商人，因其债务者不能偿债，就将其工厂及奴隶收为抵押，故这两项事业并在了一起。利西阿斯（Lysias）亦曾述及一个拥有一百个奴隶的制盾工厂。由此二者，我们发现一种为少数上层阶级享用而生产，另一种为战争而生产，两者均非近代意义上的"工厂"。此类工厂是否以不自由的共同劳动或合作的共同劳动来经营,须视个别情形而定。倘使它是用奴隶劳动应市场需求而进行大规模生产,则自其本质视之,应为劳动的累积,而非劳动的专门化及合作。许多工人一起工作,独立地生产出同一种类的产品。在此项劳动者之上有一个工头,他支付双重的个体税给领主,只关心产品品质如一。近代工厂的大规模经营,在此种情形下,是完全不成问题的,因为属于领主的工厂(虽然有如此者)并无固定的资本。奴隶蓄养的特质,使此种经营不能形成近代的工厂。可能因为人的资本如果遇到销路受阻时,就大受亏损,与固定的资本(机械)全然不同。奴隶特别容易发生变化,易出现危险;奴隶之死是一种损失,不像今日,其生存的危险可转嫁于自由劳动者。奴隶也能逃亡,在战时更是如此,战败时尤甚。雅典于伯罗奔尼撒一役战败时,工业上所使用的一切奴隶资本尽归溃灭。而且奴隶的价格因战争而起落极甚,而在古代,战争乃为常态。希腊的城市持续在战争中,因此缔结永久的和平条约成为一种罪恶。人们均像今日

种植园里的奴隶

缔结商业条约那样，缔结有期限的和平条约。在罗马，战争亦为日常的现象。只有在战争时奴隶价格很贱，和平时则非常昂贵。领主以非常高的价格购得的材料（奴隶），或使之合宿于营舍，或在家族内一同蓄养。另外，女子与男子做不同的工作，因此领主不能实现专门化经营，反而须在自己的村落内经营极多的部门。如果已经专门化，则一位奴隶的死往往会造成很大的灾祸。此外，奴隶对于工作毫无兴趣可言，领主只有用野蛮的训诫才能榨取一些劳动力，与今日自由劳动者在契约制度下的半息半作的劳动量相当。故用奴隶进行大规模经营实为稀有的例外。在整个历史上，此类经营能大规模进行的，只限于该部门为绝对的垄断时。由俄国的前例可知，用奴隶经营的工厂与其垄断的确立有密切的关系。垄断一旦崩坏，这类工厂与用自由劳动者的工厂发生竞争时，便会崩溃了。

古代组织常常呈现出不同的特点。领主不是企业者而是食利者，他们利用劳动力作为一种收利之源。他们先使奴隶学习手工业，当不将奴隶租与第三者时，就准许奴隶单独为市场而生产，或自由出租其劳动，或使奴隶自由经营其业务，但均需缴纳一种租金。这样就出现了经济上自由而人格上不自由的手工业工人。这样的奴隶亦有一定的资本，或由领主借给他，使其经营商业或小手工业。由此所唤起的奴隶的利己之心，依普林尼（Pliny）所云，结果就是领主甚至给予奴隶确立遗嘱的自由。古代时，领主们曾以此方法利用过许多奴隶。中世纪亦有同样的情况，在俄国也这样。

领主利用此种奴隶时，其是否由自己来经营，须依赖于地方市场的存在以及奴隶可以出卖其劳动生产物或其劳动力的一般性质的市场不同。古代及中世纪的劳动组织，虽然有同样的出发点，且最初很相似，但仍经过了完全不同的过程，是由于两种文明下的市场性质不同所导致的。古代时，奴隶还在领主的权力之下，但在中世纪时则已变得自由了。中世纪时，已有古代所未曾有的自由手工业者之广泛阶级。其理由有种种：（1）西方的消费需要与世界其他国家的消费需要有所不同。我们必须了解日本及希腊的家庭，它们需要些什么。日本人住在木材与纸建造的房屋中，家中的草席、木枕——寝床即由此等构成——及其他陶器等足以组成全家所需的家私了。我们从已被宣判的希腊贵族阿西比亚德（Alcibiades）的诉讼案卷中，发现了其拍卖记录，据此，其家私之少令人难以置信，其中美术品占了重要的部分。但是中世纪的贵族拥有的家具则远为丰富，且多为实用之物。此种差异，其实是由于气候的差异。在意大利，即使在今日，亦可不用暖炉，故在古时以寝床为奢侈品，一般人仅以斗篷裹身，席地而睡。然而在北欧，则一定要有火炉与寝床。我们所拥有的最古老的行会之文书，就是科隆地区的褥布织工的。希腊人只遮盖其身体的一部分，虽然不能谓之为裸体，但他们所需的衣服，实不能与中欧人所需的相比较。此外，因气候的关系，德国人的食欲较南部诸国人为大，故但丁曾有"大食国德意志"之语。只有这种需要有满足的可能，才能按今日所谓的"界限效用的法则"，即不能不产生较古代更为广泛的工业生产。这种发展发生在10世纪至12世纪时。（2）10世纪至12世纪时，北欧相对于古代诸国，已有了更大范围的购买者和工业产品。古代文化为沿岸文化；离海岸一日行程以上的地方就没有有名的城市。此狭小的海岸线以内的腹地，虽然亦已实行市场经济，但是因为仍处于自然经济阶段，故此等地带，购买力极其微弱。况且古代文化又以奴隶为基础。当此种文化侵入内地、开始形成内地文化时，奴隶的输入即已停止，故领主打算离市场而独立，以自己的劳动力来满足其需要，洛贝尔图斯认为这种具有整个古代世界特征的村落自治，实际上是后期古代的一种现象，至加洛林王朝时代达到顶点。其影响先及于市场的缩小,之后及于财政的设施。此全部过程是逐渐回到自然经济的过程。然而中世纪自10世纪以来,因农民的购买力渐次提高,市场就开始次第扩大。在农民的依存关系中,压迫性逐渐减少,领主的裁制令已因农业精耕的极大进步而失其效力。另外,领主因参与军事,不能由此进步而获得利益,故一切土地所增加的收益均归诸农民。这个事实使手工业的初次大发展成为可能,它产生了市场特许及城市建设的时代,至12、13世纪时,复向东方发展。由经济的观点观之,城镇实为诸侯之投机的产物;诸侯因欲获得有负担租税力的臣民,乃建设买卖者所集合的城市及市场。此种投机,并不一定如愿成功。譬如因排斥犹太人的运动增多,犹太人多被驱至东方时,波兰的贵族乃欲利用此机会来建设城市,但是他们的投机大抵均遭失败。(3)奴隶制度作为一种劳动制度是不利的,因为只有在能以贱价养育奴隶时,奴隶制度才合算。在北方因不能贱价养育奴隶,故此处的奴隶多用作收益之源。(4)北方的奴隶关系有完全特殊的动摇性。逃亡的奴隶多避难于北方各处,因为没有监管组织,故领主们多互相诱惑对方的奴隶。逃亡者于是亦无多大的危险,因为他们可在其他领主的领地或城市中找到避难之所。(5)城镇的干涉。特别因为皇帝给予城市特权,由此特权而产生"城市的空气使一切自由"的原则。依此原则,凡定居于城市者,无论其从何方来,处于何等地位,皆成为城市之所属者。城市的一部分市民阶级,即由此等新加入者所构成。有一部分为贵族或商人,一部分为隶属者,即熟练的手工业者。

因国家的权力渐次微弱及由此而促进的城市之独立自治主义,更助成此种发展。这些城市既然获得了权力,就可以藐视庄园领主。不过"城市的空气使一切自由"一语,并非畅行无阻。一方面,皇帝被迫对诸侯保证,不许城市有超越一般的特权;但另一方面，因为皇帝需要货币，不得不给予城市更多特权。此为一种权力的斗争，在此斗争中的结果以及与城市有利害关系的诸侯之政治权力，比保持奴隶的庄园领主之经济权力更加强大了。

基于此项特权而定居的手工业者，其来历各不相同，几乎处于非常不同的地位上。他们中极少数是有完全免除赋课的土地之完全市民。他们中的一部分人为有支付租税之义务者，须对城市内部或外部的一个领主支付赁租。构成第三种范畴的为半自由人，他们在人格上虽然有自由，但仍须依托一完全市民，代他们在法庭上辩护，故半自由人对于完全市民，负有一定的劳役义务，作为受其保护的代价。

此外，城市中还有自有手工工人并有特别手工业工场的庄园，但我们不能轻率地相信，自由的城市手工业劳动的规制，是由庄园的手工业劳动规制所产生的。手工业者通常均隶属于各种奴隶主，此外还须受制于城市领主。因此，只有城市自身能成为手工业秩序的根源，而城市领主亦有不将城市权赋予隶属其场所中的手工业者的，因为他们不愿其手工工人获得城市的手工业者之自由地位。

自由的手工业者没有固定的资本，但他们有自己的工具。他们不以资本主义的计算为根据。他们几乎常为工资工作者，只提供劳动力，但不提供生产物与市场。他们常为应主顾定制而工作的顾客生产者。他们是否继续为工资工人，或变为价格工人，皆由市场上的情形而定。

工资工作普遍存在于为富裕阶级而劳动之处；价格工作则存在于为多数民众而劳动之处。民众只购买个别的制成品。故多数民众的购买力之提高，为以后资本主义成立之根底，即为价格工作成立之根底。我们不能对其作严格的区别，因为工资工作者与价格工作者可同时并存。只是在大体上，在中世纪之前期及古代，印度、中国及德国的工资工作者皆占优势。他们可为外出的工作者，也可为家庭工作者，此大概由材料的价格决定。金、银、绢、高价的布帛等，往往不让工人携往自己家中，以免盗窃隐匿，故使劳动者前来工厂工作。因此，外出的工作者广行于上层阶级的消费方面。而家庭劳动者因其手工业工具非常费钱或不易搬运，故不能不在家中劳动，如制面包者、织布者、葡萄榨制人、磨面人等；在这类职业中间，我们已发现有固定资本的萌芽。工资工作与价格工作之间，还有中介的阶段，由机会或传统所决定。在戴克里先条令中，亦趋向于工资税而不趋向于价格税。

第三节　手工业行会

行会是手工业者按照职业之种类而成立的专门化的组织，它的职能有两方面，即对内统一劳动制度，对外要求垄断。行会为达此目的，对于在该地从事手工业者，要求其必须参加，以使全体协力一致。

在中世纪后期的埃及、印度及中国，有不自由的行会组织。它们是照顾被国家强制纳贡的行业之组织。其成立的目的在于满足政治需要（不论其为诸侯的需要或一团体的需要），责之于各工业集团。为此目的，生产事业乃按职别而编制。有人以为印度的种姓阶级亦由此种行会而产生，其实它们是由不同的种族团体间的关系所产生的。实行实物财政的国家，早已利用现存的种姓阶级，对工业施行实物课税以满足其需要。而在上古时，对于事关军事上重要的工业方面，曾有过具有徭役纳贡义务的行会。罗马共和国的军队中，骑兵百人必有一工业工人队。末期的罗马帝国，为使城市居民服从统治，曾有输入谷物之必要。为此目的，曾创设船长组织，使之造船。罗马帝国的最后几个世纪中，因为财政需要，几乎将一切经济组织均置于徭役纳贡义务之上。

行会亦有成为仪式的组合者。印度的种姓阶级不全是行会，但好多确实是仪式的行会。有种姓阶级存在之处没有其他的行会，也无存之必要。因为种姓秩序的本质中已含有将各劳动方式指定于一定的种姓阶级之特质。

行会的第三种类是自由组合，它是中世纪时的特色。其起源或许在近古时代，至少在罗马化的末期希腊文明中，已见有初具行会特征的团体。流动的手工业者，至基督元年开始时才出现。要是没有他们，基督教的普及或将不可能。最初，基督教正是这种流动的手工业者的宗教，使徒保罗亦为流动的手工业者之一，他的所谓"不劳动者不得食"之语，代表他们的伦理观。

然而在古代，只有自由的行会之萌芽。一般据我们所知而言，古代手工业其实带有世袭祖传秘诀所决定的氏族工业（未结合于"村落"者）之特色。希腊、罗马时代的民主政治中，完全缺乏行会之思想，它与行会之民主思想正好相反。在雅典镇守神庙圆柱之下，雅典市民、客民与奴隶均一起工作。其没有行会思想的理由一部分为政治的，但主要为经济的性质。奴隶与自由民不能参与同样的礼拜。在已有种姓阶级制度的地方，行会已不存在，因为它已变得完全不必要。在中国那样实行氏族经济的地方，行会亦无重要意义。在中国，各个城市的手工业者，均属于村落。而城市都没有市民权，因此亦没有与城市制度不可分离的行会。

伊斯兰教徒间有行会的组织虽然不常见，但如布哈拉那样，曾发生过行会之革命。

西方中世纪时行会的精神，可一言以表明其特征：行会政策即生计政策。此为生计范围之缩小，虽然使竞争增加了，但仍保证行会内部各分子之有利的且合于市民的繁荣，使行会的各分子能维持和保障其传统的生计。这种传统的生计之观念，与现代的最低生活工资标准相类似。

行会以何种手段来达此目的呢？

行会的对内政策，在于用一切手段，使行会的一切分子能够机会均等。此与将耕地分为狭长小条而使农民得以机会均等相类似。

为了实现此均等,不能不阻止资本主义之发展,特别是压制各业主之资本的不平等增加,以及因此而发生的业主间的分化,其用意在于不使一业主超出其他业主之上。为了达此目的,乃统管整个劳动过程。任何业主不许用传统方式以外的工作方式,而且行会监督产品之品质,管理及规定徒弟及工人的数目。如果已成立了价格工作组织,则尽可能地控制共同的原料之获得。此外,行会或城市也购入原料,分配给各业主,然后向价格工作推移,手工业者做了小资本家,有充分资本来购入必要的原料时(14世纪以来),行会即要求财产之证明。无财产者,可作为工资劳动者而为他人所雇。当竞争加剧时,即闭锁行会,限制业主的数目(唯此种情形发现不多)。最后它统制手工工人间的关系。行会愿意增加手工工人的生产环节,劳动者将其劳动对象尽量长久地保持于其手中。因此,分工只是单纯地分开,而非技术的专门化。例如在制衣工业方面,自原料至制成衣服的生产过程,并非按照纺、织、染、制布等程序而分开的,行会尽可能强制最后的生产物之专门化,例如要求某劳动者专门生产长袜,某劳动者则生产衬衣,故在中世纪行会的目录中,我们发现有二百种行会,然而我们若从技术的角度来看,将需要二三千种。因为在生产过程的交错关系中,与市场最接近的手工业者将压迫其他手工业者,使之降低处于工资劳动者的地位,行会的这种焦虑是不难理解的。

  行会如上所示,实行其生计政策,但还须为其同业求取和保障机会的均等。为了达此目的,必须限制自由竞争。因此,行会规定下述诸项:第一,是工业的技术,它限制每一分子可用的工人人数,特别是学徒人数。倘将学徒用作贱价劳动力时,即限制学徒的数目,使每位主人只能有一人或二人。第二,是关于原料之品质。特别在合铸金属的工业中(如铸钟业),为保证制成品之品质,免除不义之竞争，合铸时要进行颇严密的监察。第三，是关乎经营技术与商品的制作技术，如制造麦芽、制革装饰、染色等工业。第四，是使用工具之品质的监督。各个行会，各自保有只能自己使用的工具之垄断权。工具的品质受传统所规定。第五，在将生产物送入市场之前，必须检查其品质。此外，行会也统制产业的经济关系。第一，防止行会的内部有某一企业特别发达，以致凌驾于其他业主之上，因而此种办法有限制资本之意味。为了达此目的，乃禁止行会中人与行会外的人协作。但此事实行的甚少。第二，禁止已承认为业主的会员为其他业主工作，否则他们将降为帮工。另外，为商人劳动时，将使商人采取批发制度，故亦禁止为商人劳动。当制成品出于为工资工作的行会中的劳动者时，须当作顾客的工资工作来交付之，自价格工作者视之，以将生产物作价格工作卖给自由市场为理想。第三，行会管理购入机会，禁止争买，即无论何种会员，均不许比其他会员更先地购入原料。又常可应用通融权，即会员之一遇不时之需时，可要求另一会员以原价让与原料。第四，行会亦禁止私卖。为了达此目的，它常实行市场强制，加强制止廉卖或用廉卖方式来争夺顾客的规定，这样的话，价格的竞争就被阻止了。第五，行会禁止贩卖非会员的生产物。如会员违反时，即认之为商人，将其逐出该行会。第六，行会为了保障传统的生活标准，用评定价格来统制贩卖。

行会的对外政策纯为垄断政策。第一，行会为了处理许多事情，常设置工业警察及工业法庭。不然，它就无法管理技术及经营，以确保会员间的平等。第二，行会大抵欲行且已实行强制会员制。此种强制，事实上虽然屡屡规避，但至少在名义上已做到。第三，行会多已获得行会地域权。它大都求此项权力，在德国已完全实行，英国则全未实行，法、意两国只实行一部分。行会的地域权，就是一地域的垄断权，在一行会占有绝对权力的地域内，除该行会外，不许其他人员经营任何工业。此方法在于对付已归衰退的流动工人及农村工业。在城市内部，行会一旦掌握权力，即取缔农村方面的竞争者。第四，一个行会的制品转至其他行会之手时，即须评定价格。此价格对内为最低价格，对外则为独立价格。第五，为使行会之方案有效，尽可能地通过分工来实行劳动分化，这不是用劳动过程的分化办法，如上所述的，而是使同一劳动者须自始至终生产专门化的最终制成品，将其保存于自己手中。行会通过这一切方案，防止其内部出现资本主义的大规模生产。它所无法防止的，就是批发商的出现，即手工业者对商人的依存关系。

此外，行会发展到后来的产物，还有数种方案。这类方案是以此为前提的，即行会已达于生计活动范围的极限，不通过地方的分工、资本主义的经营、市场的扩张，就不能创造新的盈利机会了。行会先使升作主人的可能性日益困难，曾设立"名作制度"来达此目的。自其发展过程而言，此制度是较为晚期的产物，自15世纪以来，对名作已提出了非常严格的经济规定。名作之制作，自价值上而言，虽然不意味着什么，甚至有附以无意义之条件者，它无非一种强制的工作而无报酬的时期，对于不甚富裕的人来说，具有故意留难之作用。除名作强制之外，还欲新进的主人要有确定的最少资本之证明，以使已成为价格工作者的主人得以垄断其地位。

至此，始有学徒及帮工的组织，这尤其是欧洲大陆的特征。开始时，先规定徒弟的修业年限，以后则次第延长年限，在英国，曾延长至七年，但在其他国家为九年，德国大抵为三年。徒弟卒业以后，即为帮工。对于帮工，亦规定有工作无报酬的时间。在德国，此种事情曾使流动的帮工制度因此产生。帮工欲自为主人之前，须先流动一定的时间。法国与英国均无此制度。此外，行会设定会员的最高数目，以限制主人的数量。此方法不但因行会垄断利益而行之，而且因城市（特别是由城市领主或城市参政者组成的城市）而成立，由于主人数目过多，城市参政者担心军事上或生计政策上重要工业的供给力不足。

此种主人数目的确定法与世袭的主人地位之倾向有密切的关系，因此加入行会时，主人的子媳或子婿，享有优先权，成为中世纪诸国的一般现象，虽然它从未变成一种普遍的原则。所以中世纪末期的手工业，现出了小资本主义的特征。与此相当者，为帮工阶级的形成。此阶级虽非只发生于手工业作为价格工作而经营、有一定资本用于购入原料及经营之处，但在实行限制主人数目之处则发生得最多。

第四节　欧洲的行会之起源

庄园领主及诸侯的大家族中，我们已知除管事之外，还有所谓的工匠，以满足经济上及政治上的需要为任务。行会是否由这类庄园领主的组织产生的，像所谓的"庄园法说"所肯定的那样？此说之见解如下：庄园制度因为自己的需要而保有手工业者，此为显明之事实，此庄园的组织随后乃产生庄园法。特许的市场制度产生后，乃开始了货币经济的时代。庄园领土因为可向商人征收关税，故以设立市场于自己的领域内为有利。因此，从来只为庄园领主的需要而贡献徭役的手工业者，之后则有了贩卖机会，且可利用此机会了。其次的发展阶段为城市。城市通常基于皇帝所给予诸侯或庄园领主的特权而建立，诸侯或庄园领主为了将因庄园法而依附他们的手工业者用作收益源泉，故利用城市。他们使手工业者设立行会，以达其军事性质的政治目的，或者出于家族需要的目的。因此，行会原为城市领主的正式组织。至此，乃开始第三阶段，即行会的联合时代。依附于此庄园法的组织中的手工工人团结起来，又因为他们通过市场的生产可得到现金报酬，故成为经济上的独立者。于是开始为市场及自治而斗争，手工业者次第获得胜利，之后庄园领主因货币经济的侵入，最终被夺去其专有。这种说法就整个过程而言是不足取的。此说并未充分观察到城市领主即司法领主与庄园领主间的不同，而且城市的建设常须由拥有城市特权之人接受了司法领主的裁判权力后方可进行。司法领主可以如庄园领主、奴隶领主对待其臣下那样，借他的司法官身份对居住其管辖区内者平等征税（但因为要鼓励来者，不能不将负担力求减轻，故其课税有一定的限度）。因此，我们亦常见臣民的纳贡入于司法领主之手中，此项享受本来只限于奴隶领主者。故领主有遗产税或对继承遗产的要求份额权，并不一定是奴隶制度之确切的表征。城市领主亦可向非奴隶的臣下要求此等权力及份额。故隶属于城市领主的手工业者，并不一定由该司法领主的奴隶关系中产生出来。至于所谓的行会则为庄园法所产生，此种主张在实证上更不能谓为得当。事实上，我们在同一城市中可发现分散的庄园，同时可发现其后变为行会的一种统一的趋向。所谓庄园的习惯法，便足以作为此种统一的根基，确实不可能。不但如此，庄园领主甚至会阻止臣从于自己的手工业者加入行会。行会兴起前的组织（如友爱会）是否发展成为行会亦无确凿的证据。友爱会为宗教上的团体，但行会的来源则为世俗的。的确有许多宗教团体后来成为世俗的组织，但就行会而论，它的起源确实是世俗的，其宗教的职务乃是中世纪末，特别是基督教圣体节游行出现之后的事。最后，庄园法一说太高估了领主的权力。他们的权力在不与司法权相结合时，其实是比较微弱的。

庄园制度对于工业及行会的发展的贡献，乃在于庄园法一说所提及的另一方面。庄园制度与市场特许及古代技术上的传统相结合，帮助了脱离家族团体、氏族团体而独立学习的手工业者。因此在西方，庄园制度乃阻止其发展为家族工业、氏族工业、部落工业（如在中国及印度）的因素之一。因为古代文化自沿岸进入内地，从而完成了这个过程。实行地方专门化，以地方市场为目的而劳动的手工业制度在内地城市也就产生了，而且将不同种族间的交换排斥了。村落经济培养了高度熟练的手工业者。因为他们开始以贩卖为目的而劳动，故有支付地租义务的劳动者涌入城市，为了市场而生产。行会助长了这种倾向,帮助它进一步发展。凡行会不占优势或缺位之处,如俄国那样,家庭工业与部落工业仍继续存在。

西方的自由手工业者与不自由手工业者孰为原始,对于这个问题,不能概括性地作答。在文献上,不自由手工业者无疑较自由手工业者为先。而且最初仅有少数种类的手工业,在《萨利克法典》中只有"工匠"一词,其为铸铁者,亦为木工或其他种类的劳动者。6世纪时,南欧已提及自由手工业者,但在北欧则至8世纪时始有之。自加洛林王朝时代以来,自由手工业者乃次第增多。

与此不同者,行会则先出现于城市。故人欲明确理解其成立过程,必须明白中世纪时城市的住民,实为种种成分所构成,并非只有自由身份者才能享有市民之特权。大多数的住民为不自由者。同时,类似于奴隶制或庄园制的对于城市领主的纳贡,未必就是不自由的前提。无论如何,城市的大部分手工业者,大多从不自由者中产生,确切无疑的是,只有为市场而生产、以价格工作送至市场的人,乃被认为"商人"(技术上来说,此语之意即为市民)。多数的手工业者,原处于一种监督关系之下;凡尚属不自由的手工业者,则在领主的司法权力的裁制之下,这些都是明确的事实。只有所谓的属于领主之司法权力者,属于领主裁判权范围内之事,即只限于手工业者还有庄园内的土地,而且有庄园的纳贡义务时;至于市场的事务,则不由领主裁判,而由其所属之村长或城市法庭裁判。其受村长或城市法庭之裁判,也并非因为手工业者是自由或不自由的,而因为其为"市民"参与城市事务。

在意大利,行会似乎自罗马时代后期以来就存在。而在北方,似乎没有不基于司法领主所许可的权力之行会,因为只有司法领主才能行使维持行会生命所必要的强制权力。在行会之前,可能先有种种私人的组织,不过我们无从知其详细。

城市领主对行会原保有某种权力。尤其是为了城市的目的，必须自行会抽取带有军事及经济性质的纳贡（租税），故要求有任命行会首长之权。领主屡以生计政策的、警察的、军事的理由，深入干涉行会的经济事务。之后，行会或者以革命手段，或者付代价收买，从而获得一切城市领主的特权。一般来说，他们从一开始即已进行斗争。最初，他们为了获得自举首领或发布命令之权而斗争。可能若不如此，就不能实行其垄断政策。关于会员被强制加入行会的斗争，因为对城市领主自身有利，故未遇到大的困难。他们也为解除加于他们的负担、徭役（城市领主或市议员的）、免役税（身体的或与地租有关的）、警察的罚金（1099年时，美因茨的织工已为免除徭役而斗争，曾得到有利的解决）、房租等而斗争。此种斗争，结果往往由一次性付给一定金额，来作为免除负担的代价，此金额由行会以连带责任募集。此外，同业组合也为保护关系而斗争，尤其是反对保护人代表被保护人出庭，而且还为获得与上层家庭在政治上的平等而展开斗争。

此项斗争获得胜利以后，行会特有的生计政策以实行行会的垄断为倾向，即行开始。消费者最初起而反对。但消费者就像今日一样，他们是没有组织的，虽然城市管理者或诸侯也许可成为消费者的代表。此两者，在其力之所能及的地方，曾强烈地反抗过行会获得垄断的要求。城市管理者为了充分提供物品给城市的消费者，常常不顾行会的决议，保持其任命"自由主人"之权。城市也设有市立屠宰场、肉店、面包房等，往往强令手工业者使用这些场所的设备，由此而将食品工业置于普遍的管理之下。此种控制，当行会成立初期尚未有固定资本时，更易实行。此外，行会确定最低工资及最低价格，城市则确定最高工资及最高价格，以平价的方法与行会的优越权相抗争。同时，行会又不能不与其他的竞争者相抗争。在这一类竞争者的名目下，包括庄园手工工人，尤其是乡村或城市内的修道院手工工人。修道院与受军事上管制的世俗庄园领主完全不同，因为其是合理的经营模式，故修道院可有种种工业的设备，且可积聚巨额的财富。修道院为城市市场生产时，实为行会之强有力的竞争者，故行会与之进行激烈的斗争。即使在宗教改革时代，修道院的工业劳动之竞争也为使市民站在路德一方的原因之一。此外，对于反对乡村之手工业者，不问其为自由或不自由的手工业者，定居的抑或巡行的。在这种斗争中商人常与乡村手工工人一起对付行会。斗争的结果，便是家庭工业和部落工业大量的毁灭。行会的第三种斗争，是针对劳动者的，即以各种形式，如关闭行会，或者增加成为主人的难度以阻止会员人数，他们便不易成为主人了。于此禁止不依主人而独立经营的劳动，不许有自己的住宅（因为帮工如有自己的住宅，则不易监督，不能使之受主人的监督）。而且禁止帮工在成为主人之前结婚，不过此事并不能实行，一种已婚的帮工阶级成了通例。行会也与商人尤其是零售商人进行斗争，因为零售商人供货给城市的市场，而且以最廉的价格获得生产物。零售商人较之行商风险更小，因此能获得确实的利润。所谓的零售商人，兼营商业的裁缝可谓其典型，实为乡村手工业者之友、城市手工业者之敌。他们与行会的斗争，为中世纪时最激烈的斗争之一。与此斗争同时的，在同一行会之内以及各行会之间亦有斗争。这类斗争，发生于同时包含有资本的手工业者与无资本的手工业者的行会中，无资本的手工业者即有变成有资本的手工业者之家族劳动者的机会。同一生产过程中，有资本的行会与无资本的行会间亦起斗争。此种斗争，在德国、弗兰特及意大利曾发生了残酷的行会革命，在法国曾爆发了一次大骚动；在英国则推移至资本主义的批发制度，几乎完全没有革命的暴力行动。此斗争的发祥地，为生产过程横向被分割而非纵向被分割之处。斗争尤其发生于纺织工业方面，因为在那里，织工、整毛工、染工、成衣工等并立，故出现了生产阶段中某一工序的加工者，使市场归于自己，将主要得利归于自己，而使他人成为自己的家庭劳动者。于此，整毛工往往获得胜利，将其他一切部门都推倒了，使他们只能以购入原料加工成成品再运至市场为满足。不过，亦有洋毡制造者或织工获得胜利的。而在伦敦，裁缝师颇得势力，将其他生产阶段的工作尽置于自己的支配之下。结果在英国，行会中富裕的店主与手工业变得没有什么关系了。此种斗争，最初以妥协告一段落，但后来，此妥协出现了生产阶段中某一工序将市场据为己有的结果。索林根（Solingen）的事例也许可以作为典型的例证。在那里，铁匠、磨刀师、擦刀师于1487年经过长期斗争后订立一个条约，按此条约，三个行会皆保有市场的自由。不过结果却是，由磨刀师的行会掌握了市场。在此类角逐中，大抵生产过程的最终阶段能获得市场，因为手持制成品的人最易通晓顾客的情形。在某种最终生产物保有特别有利的市场时，大抵如此。故马具师在战争时，拥有使鞋皮店服从自己权力的最好机会。或者，在生产过程中资本最多的阶段，能使用贵重的生产设备者常占优势，使其他人受自己的支配。

第五节　行会之崩坏及委托工作制度之发达

中世纪末期以来日益显著的行会之崩坏，沿着好几条路线：

（一）在行会的内部，发生了手工业者变成商人或雇主的事实。有经济能力的主人们购入原料，将工作委于同行会中人，由其管理生产过程，然后再以制成品出售。这与行会体制相矛盾，然而它正是英国尤其是伦敦行会发展的典型路径。行会民主制虽然对此进行过绝望的抵抗，但它最终变成商人的组织了。其中只有为市场而生产的会员才有完全的资格，另一方面降而成为替他人劳动的工资劳动者或家庭劳动者，选举时均丧失投票权。因此，同时丧失了其所拥有的监督之权。不过此转变，却使自来被行会民主制所妨碍的技术进步成为可能了。在德国，未曾有此种形式的发展，手工业者如果成为批发商，则改换行会而加入杂货小商人、裁缝师或上层进出口商之行会。

（二）一行会可以因为别的行会牺牲而勃兴。好像许多行会中都有成为商人的主人，手工业者的行会，亦有成为商人行会的，而且强制其他的行会人员为他们服务。此在生产过程中被横向分割时，就有可能。英国（比如兼营商业的裁缝）与其他各处都有此种例证。特别是在14世纪时，为了相对于其他行会获得独立权而进行的行会间的斗争不胜枚举。通常有两种过程同时进行，即在个别的行会内部，一部分主人变成商人，同时许多行会变成了商人的组织。此类事件之征兆，大抵为行会之联合。行会之联合，见于英、法而不见于德国。与此相反的现象，为行会之分裂，以及在15、16世纪时所有的商人之联合。例如整毛工行会、织工行会、染工行会内的商人，进而组成一个组织，以共同控制整个行业。于是完全不同的生产过程，就联合于小经营之共同基础之上了。

（三）凡原料价格很高且其输入需要巨额资本的地方，行会就成为依赖于输入业者。在意大利，丝绸曾为此种过程之动因，在佩鲁贾（Pergia）亦然，但在北方则为琥珀。新的原料亦可成为此种动力，如棉花就曾有过此种影响。棉花一旦成为一般需要之对象时，就成立了与行会并立而变其形态的委托企业。正如德国之情形，富格尔（Fugger）家族在此发展中发挥了突出作用，原料加工企业则与行会一起或经由行会的改革而兴旺起来。

（四）行会成为依赖于输出业者。只在经济发展的初期，家庭工业或部落工业能自行售卖其生产物。反之，一种工业如果全部或强势地以输出为目标时，批发商就成为必不可缺的了；手工业者个人在这种输出的要求中处于劣势。商人不但有必要的资本，而且对市场经营有必须具备的知识，并把它们当作商业秘密。

纺织工业是委托工作制度的实践者。远在中世纪时，它就已开始产生。在纺织工业中，自11世纪以来，就有羊毛与麻布之斗争，17、18世纪时，则有羊毛与棉花之斗争，结果都是后者获胜。查理曼大帝只穿麻布，之后随着军备日益缩小，对羊毛的需求增加，同时随着森林的开垦，供给毛皮的兽类日益减少，毛皮的价格因此日益升高。羊毛制品成为中世纪市场的主要商品，它在法、英、意各处均成为主要角色。羊毛虽然有一部分是在乡村加工的，但成为中世纪城市的盛大及经济的繁荣之根基。例如在佛罗伦萨的城市革命中，走在前列的是羊毛劳动者之行会。在此处我们也发现有委托工作制之痕迹。早在13世纪时，巴黎的羊毛批发者已曾为香槟展览会的永久市场而工作。大体上而论，在弗兰特最先有委托工作制度，后来英国亦有之，在英国、弗兰特的羊毛工业者促进了羊毛的大量生产。故对其加以概括，粗制羊毛、半制羊毛及成品羊毛的三阶段，其实决定了英国经济史的过程。13、14世纪时，英国输出羊毛及羊毛的半制成品。因为染工与成衣工的要求，英国的羊毛工业最终变为成品而输出。此发展过程依靠乡村帮工及城市商人的委托工作制之勃兴。英国主要的行会成为商人行会，至中世纪末期，又允许乡村手工业者加入。此时成衣匠及染色工等住在城市，织工则住在乡村。最终在城市商人的行会中，一方面爆发了染色工与成衣匠之间的斗争，另一方面爆发了与输出业者之间的斗争。输出资本与批发资本相分离了，故伊丽莎白女王时代及17世纪时，在羊毛工业内部曾有抗争；此外，批发商资本又不能不与行会斗争，此为工业资本与商业资本之最初的斗争。此类事情为英国一切大工业的特征，亦为使英国行会完全丧失其对生产发展之影响的原因。

更进一步的过程，英、法两国与德国有不同的路径，这是因为资本与手工业行会之间的关系不同所致。在英国，特别是在法国，向委托工作制度的转移实为普遍的现象。对此的抗争并未受到任何干涉而自动停止。结果，在英国，自14世纪以来，代劳动阶级而兴起者，有小主人的阶级。在德国，情形恰好与此相反，英国方面上述的发展过程，即为当时行会精神的消失。在行会合并的地方，这一过程的发动者就是不愿受行会限制的商人阶级。因此商人阶级联合成行会，团结起来排斥无资本的主人。所以行会能够自己维持长久的地方，实际上为富裕且有名誉者之组织的伦敦市，其选举权即为行会之遗迹。在德国，其发展过程与此不同。德国的行会因生计范围的缩小而次第自封，而且政治的关系亦有一部分的影响。在英国方面，没有那种支配全部德国经济史的城市独立自治主义。

德国的城市曾尽量实行独立的行会之政策，即使在已被诸侯领土所合并之处，亦是如此。而在英国与法国，城市之自立的经济政策，因为城市之自治已被截断，故早已归于衰颓，英国的诸城市因为可以选代表出席议会，而在14、15世纪时（之后与此相反），大多数议会议员是由城市选出的，故觉得前途无可限量。与法国进行百年战争时，议会决定了英国的政策，又集合了议会的各种利益，曾合并实行合理且统一的工业政策。之后，在16世纪时，英国曾确定统一的工资。工资的确定不再经治安法官之手，而由中央当局决定。这便减少了加入行会的条件，也就是在行会中占重要位置且选代表至议会的资本主义商人阶级得势的前兆。而在德国，城市成为诸侯之领地，掌握行会之政策。诸侯虽为秩序与安宁计而监督行会，但一般他们的策略都是保守的，多依照行会之陈旧的政策而遵循老的路线。因此，即使在16、17世纪的严重时期，行会仍维持其存在，而摆脱了行会锁链的资本主义洪流，已经泛滥于英、荷两国，法国虽然不如英、荷之盛，亦已流入，但德国则留在后头。德国在中世纪末期与近代初期的资本主义运动中，未占据领导的地位，正与其在数百年前封建制度发展中居于领导地位相反。

社会的紧张关系之差异，更导致了其他显著的分歧。德国自中世纪末期

西里西亚纺织工人起义

以来，在帮工间曾有工会同盟罢工及革命之事。在英国和法国，此等事件极为难得。因为在英、法等国，帮工有成为直接为批发而劳动的家庭工业小主人之表面上的希望。而在德国，因为缺乏委托工作制，故并无此种表面上的希望，同时，亦因为行会的封闭政策，主人与帮工之间处于敌对的状态。

西方前资本主义时期的委托工作制，无一不是从手工业发展而成的，甚至也不是一种通例；此类情形在德国发生得最少，在英国则较多。因为乡村劳动力代替了城市劳动力，或者因为新原料（特别是棉花）的出现而产生了新的工业部门，从而使手工业与委托工作制度并存，情形极其普遍。手工业尽量持久地与委托工作制度斗争，斗争的时间在德国比在英、法两国为长。

委托工作制度发展之典型的阶段，有五：第一，对于手工业者，批发者有事实上的买入垄断权。此买入垄断，大抵由手工业者之负债产生，即批发者强制手工业者将其全部制成品批发给他，理由是，既然为商人，当然比较熟悉市场的情况。故买入垄断与贩卖垄断及代理商之占取市场有密切的关系。只有批发者能知商品最后停于何处。第二，批发者供给原料。这种现象是常见的，然而并不一定一开始就与批发者之买入垄断相结合。在西方，此阶段虽为一般的情况，但在欧洲以外，则为稀有之现象。第三，生产过程之管理。批发者对于此点特别关心，因为他们对于制成品之品质的统一不能不负完全的责任。故半成品之供给多与对手工业者供给原料有密切的关系，如19世纪时威斯特伐利亚的麻织工，不能不按照预先指定的方式来制作经纱与纬纱。第四，由批发者提供工具，这种情形虽然常见，但亦不能说十分普遍。在英国，自16世纪以来，批发者就已提供工具，然而在大陆，则其传播较迟。就一般而言，此关系只限于纺织工业：批发者曾大量定购织机，将之租给劳动者。于是劳动者完全与生产工具脱离，同时企业者更努力于垄断其生产物之处置。第五，批发者进一步进行种种生产过程之合并。这也是不常发生的，在纺织工业中比较常见些。批发者购入原料，委托给各劳动者，使生产物在完成以前，保留于劳动者手中。一经实现此阶段后，手工业者乃复有一个主人，与家庭手工业者完全相同。所不同的是他领受主人的货币工资，为市场而生产的大企业家代替了以前的贵族家族。

委托工作制度之所以能保持如此之久，实是固定资本微薄之故。比如在织造业方面，所谓的固定资本者，不过是织机而已，在机械的纺织机被发明以前，纺织业中几乎没有配称为固定资本的。此种固定资本，仍为个别劳动者所有，其构成的部分散在各处，并不像近代工厂集中于一处。因此，固定资本并无特别的重要性。

家庭手工业虽曾普及于全世界，但其发展至最后的阶段，即由批发者提供劳动用具及详细管理生产的各阶段，则除西方以外，均为比较稀有之现象。在中国及印度虽然并非全无此种制度，但就一般而言，在古代殊难寻出委托工作制度之痕迹。就是在一般通行制度之处，手工业主人制度在形式上亦继续存在。此制度亦能使包含有帮工及徒弟的行会仍然存在，唯行会于此时已脱离其原始的意味，即它或者成为家庭劳动者之组合（但此非近代的工会，只为近代工会的先驱而已），或者在行会的内部产生工资劳动者与雇主之分化。

就不自由的劳动力之资本主义的管理方式而言，我们可以看出，家庭工业正如庄园工业或修道院工业一样，普及于全世界。至于自由的制度方面，则家庭工业与农民的工业活动有关；农民渐次成为为市场而生产的家庭工业劳动者。这种发展的过程，尤其出现于俄国的工业中。所谓手工业者，最初是将小农家庭的剩余物携入市场，经第三者而贩卖出去。此为家庭工业，不趋向于部落工业，而推移至批发制度之一例。在东方及亚洲，亦有同样的事情。不过在东部批发制度之发达，显然为作坊制度所改变，即手工业者的工作场所与其住宅分离，接近于集于一处的共同贩卖场所，欲以此尽可能地离商人而独立。在某种程度上，它代表中世纪的行会制度之加强。

除小农的手工业者之外，城市的手工业者亦须依赖批发者或代理商，中国在这方面为最好的例证。唯在中国，氏族贩卖其所属者所生产的制成品与氏族工业的结合关系，阻止了委托工作制度的成立。在印度，种姓阶段妨碍了手工业者成为商人从而控制上游生产者。迄今为止，印度商人并不能像别处那样将生产手段收入掌中，因为在种姓阶级内，生产手段是世袭的。虽然在印度亦曾发生原始形态的委托工作制度，但此种制度在此等国家内之所以不能如欧洲那样发达，其最终且最本质的原因在于不自由的劳动者之存在，以及中国、印度之神秘的传统主义。

第六节　工厂生产、工厂及其先驱

所谓工厂生产，与家庭劳动相反，包括家庭与工业经营的分离，在经济史上，曾以种种形态表现出来。它的各种形态如下：

（一）分离的小工厂。此种工厂存在于各处。为便于共同劳动而并置多数工厂于一处的市集制度，即以家庭与工业经营之分离为基础。

（二）工作间。它也是普遍的。它的中世纪名称为制作间，其意义是多重的，也许可以解释为由一群工人所租来用作劳动场所的窖室，亦可以解释为强迫工人使用的庄园雇佣工厂。

（三）大规模的不自由的工厂经营。此种经营在一般经济史上是常见的，特别在后期埃及更为显著。它无疑是从古埃及国王的大产业中产生的，由此似乎催生出工资劳动的工厂。后期希腊文明时代，埃及有些棉织工厂可能就是此种最初的经营，然而最终的断定，须等到研究明白拜占庭帝国及伊斯兰教国家的资料后才有可能。这样的工厂，在印度及中国也许有，但在俄国的则为其典型。不过俄国的工厂似乎模仿西欧的工厂而产生。依旧时的学者——包括马克思——所言，把工厂与制作场加以区别。制作场为使用自由劳动的工厂经营，不使用任何机械的劳动力，而使多数劳动者集合一起做有规律劳动的工厂。但这种区别，带有诡辩的意味，其价值殊可怀疑。其所谓的工厂，则为使用自由劳动及固定资本的一种工厂经营。固定资本的组成如何，于此并无问题，它也许是一架昂贵的马力起重机或水力机。关键在于它可为企业者以固定资本而经营，在这一方面使资本计算成为必不可少的部分。因此，此种意义的工厂，表明其是生产过程的一种资本主义组织，换言之，即为使用资本主义计算及固定资本，在工厂内做专门化和协作劳动的一种组织。

成立且维持此种工厂之经济的先决条件，为大量的需求及持续的要求，也就是要有较稳定的消费市场存在。不确定且非持续的市场，在企业家眼中是要慎重对待的，因为市场景气消长的危险，将置于他们的肩上。例如织机为企业者所有时，他们遇到不景气而解散织工之前，对于织机必须妥加计算。故其作为目标的市场不但须广大，而且必须是比较持续的。为此，又须有一定量的货币购买力。货币经济发展到一定程度时，才可计算一定的需求量。第二个先决条件是生产过程的技术成本要降低。此种必要，为固定资本所规限。因为固定资本必使企业家即使在萧条时，亦得继续进行其经营方可；若企业家只使用雇用的劳动者时，他们可以把机器停转的损失转嫁于劳动者，为了获得持续的市场，企业者须较家庭工业及委托工作制度之传统的技术，更能降低成本方可。

最后，工厂的建立与一定的社会条件亦相关联，即非有充分的自由劳动者不可。工厂之建立，在奴隶劳动之基础上是不可能的。

近代工厂经营上所必需的自由劳动者，只有西方存在，而且只在西方有充分的供应。因此，工厂制度也只有在西方才能成立。劳工群体是在英国——后来工厂资本主义之大本营——用没收农民土地的方法而产生的。英国因为岛国的关系，不一定要有庞大的陆军，只用少数曾受高度训练的佣兵及临时兵就够了。故英国从未有保护农民的政策，并且成了没收农民土地的大本营。因此而投入市场的多数劳动力，首先，使委托工作制度及小主人制度能成立；其次，使工业的工厂制度得以出现。因为农村人口之无产化，故早在16世纪时已有浩大的失业人群，使英国焦虑于救贫的问题。所以在英国，工厂制度是自然而然地出现的。但在欧洲大陆上，国家不能不有计划地培植，这一事实也足以释明为什么关于工厂制度起源的资料，在英国的文献比起欧洲大陆方面的文献要稀少得多。15世纪末以来，在欧洲大陆，生计范围因一切盈利机会之专有而减少，救贫问题乃逼迫而来。故在德国，最初的工厂是强制雇用的贫民救济及劳动者救济的设施。这样一来，在德国，工厂制度之成立，只为解决当时经济制度下人口收容力的一个结果，即当行会不能为人口提供谋生的必要机会时，推行工厂制度之可能性便逼近了。

西方工厂制度之先驱手工业行会的经营，是不用固定资本而进行的，故不需多少设备费。但在中世纪，已经有些生产部门需要某种设备。此等经营，或者由行会公用地、或者由城市、或者由封建地领主提供资本而经营，中世纪以前，在欧洲以外，它们不过是领主经济的补充。

与行会手工业并存的工厂式设备，有下列数种：

（一）各种磨坊。碾粉磨坊初为庄园领主或司法领主所设立。水磨更是如此，因为领主有管水权，故水磨就归他们所有。它们通常有合法的强迫使用权，若非如此，它们或许便不能存在。其中大多数为修道院、领主、城市或地方领主所占有，如勃兰登堡（Brandenburg）的领主在诺伊马克（Neumark），在1337年时曾有五十六所磨坊。磨坊均是小规模的，但其设置绝非各个磨面业者的经济能力所能及的。一部分磨坊为城市所有，通常它们由诸侯或城市领主出租，出租常常为世袭，经营常以零售为基础。无论谷物水磨坊或锯木磨坊、榨油磨坊、漂布场等都是如此。因为国王或城市领主将磨坊贷给城市的贵族，故形成一个城市的磨坊特权阶级。在

13世纪末，科隆地区有十三个磨坊的贵族，它们组成一个组织，按照一定比率分配所获利益。此种组织与股份制公司的不同之点在于，它利用磨坊作为其收益的来源。

（二）面包灶。只有封建领主、修道院、城市领主及诸侯才有财力置办烘焙面包的技术设备。它原为自己之需要而设置的，但之后则用于租赁，因此发生了面包灶强制使用之事。

（三）酿造场。大多数酿造场原为庄园领主之物，有强制使用的特权，虽然主要在于提供庄园的需要。之后，诸侯将酿造场作为一种封建的赐予，而且一般将这样的设备之经营作为有特许的让予。这是在大量的麦酒贩卖开始时便出现的，竟导致一地因酿造场太多而产生不能获得租税收入的危机。在城市内，除自己酿造酒不计外，有的城市有强制使用酿造场特权，它一开始便是一种世袭的工业，因此酿造业是以贩卖为目的的。强制使用酿造场之特权，为城市贵族之一项重要的权利。与麦酒酿造之技术的进步同步的，烈性酒和复合味的酒种类也在增加，贵族的特权也就专门化了。每种制酒各属于不同的贵族市民，因此酿酒的权利即归于最先采用最完备的技术经营法的各城市之个别贵族了。与此制度并立者，有自由的酿造之权，即有酿造资格的市民，可在酿造场任意酿造。因此，我们在酿造业中，亦发现有无固定资本而共同经营的企业。

（四）铸造业。它们在枪炮出现以来，占有极其重要的位置。意大利较其他诸国先使用大炮。铸造业最初为城市的设施，因为城市最先使用炮兵，而在各城市，据我们所知，佛罗伦萨是最早的。诸侯的军队自城市采用炮术以来，便产生了诸侯的铸造业。但城市的铸造业与诸侯的铸造业均非资本主义的经营，都无固定资本，仅为直接满足所有者之军事政治需要而进行的生产。

（五）锻铁场。此与制铁业之合理化同时兴起。此种设施的最重要部分，设于矿山业、熔矿业及盐坑业之地域内。

以上所观察的一切经营，均是共同地，而非资本主义的经营。私人经济的设施相当于资本主义的最初阶段者，即将工厂、工具、原料等集于一人之手，与近代工厂之形成只缺少大的劳动机械及动力设备，16世纪时随处可找到例证，或在15世纪时就已有之，唯14世纪时找不到例证。最初出现的，为工作完全没有专门化或专门化极有限而将工人集中于一处的经营。此类相当于工厂的经营，曾存在于各个时代。唯此处所论者，与工厂有所不同，即它使用自由的劳动力。不过在此，"穷困"的强制是常常见到的。不得不参加此种工作的工人，因为绝对不能自获工作并置备劳动工具，无其他的出路可供选择。其后来与贫民救济有关，更采取强迫贫民参加此类经营的方案。此种工厂之组织，尤其在纺织工业方面，可于16世纪时英国的一首诗歌中见之。工厂将二百架织机装置在一起，它们是属于企业的所有者的，由他提供原料，产品亦归他所有。工人为工资而劳动，于此，童工亦被雇用作为正式工人或助手。这是合并劳动的首次出现。为供养劳动者计，企业者雇用屠夫、面包师等。此种经营，曾为人民所惊叹，连国王亦幸临观光。但至1555年时，因行会的严令，国土乃禁止此类集中的经营。其能颁发此种的禁令，实为当时经济情形的特征。至18世纪时，只由工业及财政政策的见地观之，已无压制大工业经营的可能性了。但在那个时候还有可能的，因为在形式上，上述经营与委托工作制度间的差异，只有织机集中于所有者一人之手这一点。这对于大企业者来说是好事，因为有纪律的劳动初次形成了，使管控产品及产量归于一致成为可能。但对于工人来说，这其实是坏事（它迄今仍为工厂劳动的一大劣点），即工人在外界的强制下而工作。劳动管理虽然对企业者有利，但同时危险亦增加。企业者如果像批发者那样将织机出租，那么它们被天灾人祸而一举毁灭的概率，要比集中一处时小得多。而且怠工、叛乱等事，在那样的情形下亦不易发生。总之，这样的制度就整个而论，仅代表同一工厂内若干小经营单位之积聚。故在1543年时，英国其实不难禁止保有两个以上的织机。此禁令最多仅能破坏工厂，并不能破坏已经专门化且合并化的自由劳动体制。

新的发展倾向见于技术的专门化、工作的组织化以及利用人类以外的动力中。本身有专门化及组织化的经营，在16世纪时还仅为少数的例外。对于此种设施之努力，至17、18世纪即已成为典型之事。人类以外的动力源，最初为动物的（马力起重机），之后为自然力，初时利用水力，之后始用空气：荷兰的风车，最初被用来排出新开辟低地的积水。工厂中实行纪律劳动，再加上技术专门化、

荷兰的风车

劳动组织化及使用人类以外的动力，近代工厂之建立即显现于我们眼前了。推进此项发展者，为最先使用水力作为动力源的采矿业，它贯穿了资本主义的发展过程。

　　由工厂经营推移至使用固定资本的劳动专门化与组织化，我们已经知道其先决条件之一，须有最小范围的稳定的市场存在。这可以说明，为什么在为满足政治需要的经营中，我们最先发现这种专门化的内部分工及有固定资本的工业。大经营之最初的先驱，为中世纪诸侯的货币铸造所。为方便管理，其经营不得不为密集的经营。货币铸造者被称为"一家之人"，用极简单的工具劳动，却实行相当深刻的内部劳动专门化的工厂经营。故在此处，我们已发现有后世工厂之散见的例证。之后，在广大的范围内，随着技术及组织的规模之发展，此种设施乃大部分用于武器制造，政治上的统治者必须供给军队以制服时，它又成为制造制服的设备。制服之采用以军服之大量需要为前提，反之，亦须战争创造市场以后，大量需要促使工厂生产以满足供给。此外，在此种工厂中占据最重要地位的，为战争的必需品生产，特别是火药工厂。除军队需要之外，还有奢侈品的需要。奢侈品的需要催生了花毡、地毡（其成为墙壁及地上的装饰品，在十字军东征以后，效仿东方人，成为诸侯宫廷之惯用物）工厂，金器、陶器（西方诸侯的制作所之范本为中国的工厂）工厂，玻璃窗、玻璃镜、天鹅绒、绸绢及其他精巧的布、肥皂（它的起源是较为近代的，古代用油来代替）工厂，糖厂，这些工厂的产品皆供社会的上层阶级所享用。其中第二种类的经营，则由于模仿高级人士所享用的产品，使奢侈品民众化，以满足人民大众的奢侈品需要。凡不能得到花毡等织物，又不能购买美术品者，则可用纸裱壁。因此，壁纸工厂就成立了。青色染料、浓糊粉、咖啡代用品等，也属于此类。民众们用模仿品来代替上层阶级所享用的奢侈品。

除最后所述的（糖）为例外，所有此类生产物，最初的市场均非常有限，只限于宫廷或贵族阶级。因此，此种产业，如无垄断或国家特许之基础，便无一能生存下去。此项新经营对于行会的法律地位来说极不稳定。新经营不为国家所支持，或者不能得到补助金时，至少需要获得明白的特权及特许。国家为了确保供给贵族家族之需要，为使行会内过剩人口得以谋生，为增加国库收入而扩大人口之租税，即授予它们以这样的特权和特许。

因此，法国的弗朗茨（Franz）一世，曾设置圣艾蒂安（St. Etienne）武器工厂及枫丹白露（Fontainbleau）的毡帐厂。于是就陆续建立为国家之需要及上层阶级之奢侈品需要而有特权的皇家工厂。由此开始的法国工业之发展，在科尔伯特（Colbert）时代，又采取了另一种形式。此种国家的处置，在法国亦与英国相同，得以很容易地实行，因为行会之特权，不一定行于该行会所在之城市全体，例如，巴黎有很大一部分就在行会的管辖之外，故近代工厂之先驱得以设置于此项"特权环境"内，不受行会的干预。

在英国，行会纯粹为城市的团体。在城市外部，行会的法令不生效力。故专门化的工厂仿照委托工作制度及工厂经营之先例，完全设置于非城市的地方。因此，直至1832年的改革令时，工业领域尚不能选议员至议会。在其他方面，至17世纪末，几乎还不见有关于此种制作场之记载，但亦不能谓其全无此种工厂。因为行会之权力已经非常衰落，故工厂不需要从行会那里获取特权，即使无国家的保护，亦可成立。此外，还可假定，倘若有德国那样的情形存在，而无以小主人制度进行成本更低的生产时，则更可以较快地发展工厂生产。

在荷兰，我们亦未闻有何种国家的特权给予，然而在阿姆斯特丹（Amsterdam）、哈勒姆（Haarlem）、乌特勒支（Utrecht），则早已有胡格诺新教徒（Huguenots）所设立的许多制造镜、绸、绢、天鹅绒等的工厂。

在奥地利，一方面，17世纪时国家曾屡用抵制行会的特权之给予，吸引制造业者至本国。另一方面，大的封建领主设立工厂，其最初者可能为波西米亚的辛岑多夫（Sinzendorff）的诸侯爵所建的丝织厂。

在德国，最初的工厂建立于城市的地盘上，16世纪时，在苏黎世（Zurich），胡格诺新教徒的亡命者建立了丝绸工业。之后就迅速普及于德国各城市。奥格斯堡（Augsburg）于1573年时有糖之制造，1592年时有缎的制造；1593年时努连堡（Numberg）有肥皂制造；1649年时安娜贝格（Annaberg）有染色工业；1686年时萨克森有精巧织物之工厂；1686年时哈勒（Halle）及马格德堡（Magdeburg）有织物工厂；1698年时奥格斯堡有金丝工业；以及18世纪以来，各处都有由诸侯经营或由诸侯保护的陶器工厂。

于此，我们可总括一言，即工厂并非自手工业发起，亦非牺牲了手工业才产生的，最初实与手工业相并存。工厂系向新的生产形式或生产物转变，例如生产行会手工业所不能生产的棉花、陶器、彩色绸缎、各种代用物之类，以与手工业竞争。从工厂来看，大量侵入手工业之领域，实为19世纪之事。而在英国的纺织工业方面，此种侵入曾以委托工作制度作为牺牲，于18世纪时即已发生。手工业当然也和工厂及由工厂形成的密集工厂竞争过，从根源上讲，它们感到新的生产方法之威胁。工厂既非由手工业产生，亦非由委托工作制度产生，而是与委托工作制度同时存在的。在委托工作制度与工厂之间，有决定性意义的，是固定资本的数量。在固定资本非必要时，委托工作制度直至今日亦可继续存在，在必须有固定资本时，工厂便出现了，虽然工厂并非由委托工作制度所产生；一个原为庄园领主或共同经济的设施，可以由一个企业者来承受，在私人的经营之中，作为供给市场的商品来生产。最后，应须注意的是近代的工厂并非由机械所产生，但两者之间有相互关联的地方。机械的经营最初曾利用动物力，比如阿克莱特最初的纺织机亦用马力来运转。但工作的专门化以及工厂内的工作纪律实为先决的条件，也就是使用机械及改良机械的推动力。于是工厂设置奖金，以鼓励新机械的发明。"用火举水"的原则出于矿山的经营，建立于应用蒸汽动力之上。从经济上来看，应用机械的重要性即在于采取系统的计算。

近代工厂之建立，对于企业家及劳动者的影响非常广大。

在应用机械以前，工厂经营的意义已包括：工人不在消费者的住宅，也不在自己的住宅，而在工厂中工作。某种形式的劳力之集中已经有了。在古代，埃及的国王或庄园领主为自己的政治需要或大家族需要而进行生产。而现今的劳动者之主人，则是为市场而生产的工厂所有者，即企业家。将工人集中于工厂之事，在近代初期，一部分是出于强制的。例如穷人、无家室者、恶汉，均被强制派入工厂，在纽卡斯尔（Newcastle）的矿山内，至18世纪时，劳动者尚戴有铁镣。18世纪以后，契约劳动代替了不自由劳动。劳动契约有种种意义：第一，因不需购入奴隶，故节约资本；第二，奴隶之死亡，原为领主之一种资本损失，但使用劳动契约时，则此项危险就可转嫁于工人；第三，不用担心工人之生育，反之若用奴隶来经营，便须注意奴隶之家庭的生育问题；第四，能纯粹按照技术上的目的进行合理的分工，虽然它已有先例存在，但终须有了契约的自由劳动集中于工厂后才成为通例；第五，使正确的计算成为可能，此种可能性，亦须工厂与自由劳动者结合在一起时始能有之。

虽然有这一切使工厂经营得以发展的有利条件,但开始时,工厂经营仍不稳定,有些地方常遭失败而消失。例如,在意大利及西班牙均如此,西班牙画家委拉斯凯兹(Velazquez)的名画中曾为我们描绘过此种工厂经营,后来却没有了。18世纪上半期以前,工厂经营尚未占据供给一般需要的主导地位。有一件事是确切无疑的,即在机械时代以前,使用自由劳动的工厂经营,无论何处都未曾有像近代初期之西方这样发达的。在其他地方,发展过程之所以不出于同一途径,将于下面加以说明。

印度曾有过高度发达的工业技术。但在印度,因种姓阶级之阻碍,不能发展出如西方所拥有的工厂,因为种姓阶级不能相互协调。印度的祭祀权,固然未能致使相同种姓阶级之人达到不能在同一工厂内工作的程度,"工厂是清洁的"是句流行的话;但印度工厂制度之所以不能发展为工厂,种姓阶级的排外性无疑要负一部分责任。凡与种姓阶级以外的人共同劳动的工厂,即被视为非常变态的。在19世纪以前,一切想采用工厂经营的努力,就算在黄麻工业方面也是十分困难的。即使在种姓阶级之严峻的束缚缓和以后,印度人缺乏劳动训练仍为一大障碍。各个种姓阶级有其不同的礼拜形式,有其不同的劳动休养,要求不同的休假日。在中国,村落的氏族势力非常之强,工厂劳动在中国为共同的氏族经济。此外,中国只发展委托工作制度。只有皇帝与大的封建领主,才会进行集中的经营,特别是在陶业方面用奴工,为了自己的需要而生产,只有极有限的一部分供贩卖,大抵皆作继续经营。古代之特征为奴隶资本之政治的变动性。在古代,虽曾有奴隶的工厂,但这是一种极困难且危险的经营。故领主宁可利用奴隶作为收益之源,也不利用其作为劳动力。若我们更精确地观察古代的奴隶财产,则可知奴隶财产中其实混合了极多种类的奴隶,因此无论如何不能实行近代的工厂经营。这也并不难理解，就像今人将其财产投于各种证券，古代的奴隶所有者为了分散其危险，乃不得不雇用各种各样的手工业者。不过最后的结果却使奴隶所有不能促成大经营。在中世纪初期，曾产生缺乏不自由劳动者的现象。市场虽然有供给的不自由劳动者，但数量不多。此外，更呈现出资本不足的现象，然而货币财产则不能用作资本。农民及工业上熟练的自由劳动者有很多的独立机会，此与古代完全不同，因为自由劳动者可因不断移民而避难于欧洲东部，且有不被以前领主所干涉而受保护的机会。因此，在中世纪初期，颇难进行大规模的工厂经营。再加上工业法尤其是行会法的社会束缚，力量渐次增大。但即使全无此等障碍，恐怕亦无足够广大的贩卖市场。故就算已有了大经营存在，我们也只是见其日渐衰退而已，犹如加洛林王朝时代的农业大经营那样。国王的国库或修道院的内部，虽然也有工业的工厂劳动之萌芽，但亦归衰颓。在近代初期，工厂经营固然有为诸侯所经营或赖诸侯之特权而隆盛者，但在那个时候则更加孤立，且缺乏特殊的工厂技术。工厂技术至16、17世纪始徐徐发展起来，其初次确立则在生产过程机械化之后。不过刺激此种机械化者，实为矿山业。

第七节　近代资本主义形成以前的矿山业

采矿最初为露天的经营，如非洲内部的沼矿及沼铁，以及埃及的沙金，或许为原始时代的主要矿业产物。推移至地底经营时，即需要设立竖坑及坑道，因而需要颇多的劳动力及经费。但矿业的经营是很危险的，因为人们不能预知一个矿脉能有多大矿量，以及地底采掘所需要的巨额流动经费究竟能得到多少盈利。如果不能支出此等经费，则矿业就会衰落，竖坑将被水所浸。因此地底经营多在合作的基础上进行。实行合作的经营时，权利与义务并存，也就是说，为了使个人不致危及团体，故不许其退出经营。

经营单位最初很小，中世纪初期时，同一竖坑内的工作者一般不出二至五人。

由于采矿所产生的诸法律问题中，最重要的是对于一定场所内的矿产，究竟谁享有经营权的问题。此问题可从种种方面来解答：第一，"马尔克"共同体可享有此矿业经营权，但在此并无确切的典据；第二，此种发现物之权利，并非由部落来经营，而是属于部落的首长，但此亦并不确实，至少在欧洲并无确切的典据。

在我们已不必单靠推测的时代内，法律关系依下面的两种可能性而形成。第一种可能性，试掘权作为部分土地权，即地表的所有者，也就是地下矿物的所有者，在此农民的土地所有不在此限，只是领主所有的土地有此权利，或者所有土地中的财宝均为国王的特权。裁判领主是政治的支配者，只有国王的侍臣或国王本人，才可以处置它们。无论何人，就算是土地所有者，如无政治权力之特许，均不许经营开矿。这一种政治支配者的特权，其实出于对铸币制度上所需贵金属的关心。另一种可能性，则不问是庄园领主或特权领主，只看谁为发现者。在今日已确立了采矿自由的原则，即在一定的规定之下，任何人都有矿产物试掘的权利，得以拥有执照且发现矿脉的人，就算没有土地所有者的许可，亦有采掘矿层之权，只需对其所造成的损害付以一定的赔偿即可。近代采矿自由的原则，在国王特权的基础上，比在庄园领主法的基础上，更易形成。庄园领主有权利时，将排除他人而使矿脉的探求成为不可能，但特权领主有时反而以吸引劳动力来开发较为有利。

详细地说，开矿法及矿业经营的发展历史，采取如下的路径：

关于印度、埃及等西方以外的最古老经营，我们只知极少的事实，如上古埃及西奈山（Sinai）所经营的矿业。关于希腊、罗马的矿业组织，则稍为明白。劳里昂（Laurium）的银矿为雅典所有，由雅典出租经营，而将其生产分配给市民。萨拉米斯（Salamis）海战时得胜的船队，就是由市民数年不领其分配额所打造的。至于矿山如何经营，则无从得知。史书记载富裕之家常有熟练的矿山奴隶，如参加伯罗奔尼撒战役的尼西亚斯将军曾有数千奴隶，他将他们出租给矿山租地人，我们从中得以窥测一二。

关于罗马的资料，我们也不是完全明晰的。一方面，《罗马法典》（*Pantekten*）中曾提及罚为矿工之事，由此观之，似乎因犯罪被判为奴隶或购入奴隶是普遍现象。但在其他方面，又确曾实行过某种淘汰，至少可以证明，凡在矿山犯法的奴隶常被鞭打，然后被逐出矿山。无论如何，在葡萄牙所发现的哈德良（Hadrian）时代的《维普森矿山法》（*lex metalli Vipascensis*）表明，那时也曾使用自由劳动。采矿是一种皇家的特权，但不能因此就推论有一种采矿的皇家特权；皇帝在他的属地内可以自由处置，把持矿山只是他们常见的行使权力之行为而已。《维普森矿山法》所提及的技术，与古代其他资料上所传的相反。在普林尼的著作中，可以知道为了从矿洞中排水，故安排一排奴隶用吊水桶为之，但是据《维普森矿山法》中所述，矿洞排水，除卷上竖坑之外，并已设有坑道。中世纪的掘凿坑道亦可追溯至古代，但其他方面，在《维普森矿山法》中，有许多反映中世纪后期的情形。矿山受皇帝的钦差支配，他等同于中世纪政治领主的矿山监理者。此外，还规定有工作的义务。个人有将五部不同的掘凿器推入地中的义务（中世纪时竖坑的最大数为五，正与之相符）。我们必须假定，每人有将五部掘凿器用于经营的义务。如果在规定的期限（其时间较中世纪所规定的更短）内不行使其权利，则会被夺去，由任何能行使此权利的人来占有。我们也发现，最初有强迫性的付款，如果不付款，则任何人均可占取其矿山。矿区的一部分系为国库保留的（后来中世纪初期亦如此），并须将其总收入的一部分缴纳国库，其量为收入的一半（但在中世纪时已次第减少，减至七分之一或七分之一以下）。经营由协作的工人来进行，凡自愿参加者均可加入。为了筹措建设坑道及竖坑的费用，此组合的各参加者有出资的义务。如果不出资，则该项权利即归无效，任何人均可获得之。

中世纪时，德国贵金属的生产冠于各国，但锡由英国来开采。在德国，首先引起我们注意的是矿山属于国王。但此种国王的矿山，并非因国王采矿特权而生，而是因土地属于国王而起，例如10世纪时近戈斯拉尔（Goslar）的拉梅尔斯贝格（Rammelsberg）矿山。此外，在国王的河川中淘取沙金，亦由国王收取租金，但此与矿山相同，并非基于矿山特权，而是基于国王对该河川的权力。国王将采矿权出租，始见于亨利二世之时；但根据也并非因国王有采矿特权，只不过将土地出租给修道院而已。一般来说，凡所贷予修道院者，以国王因有国家之土地支配权而保有合法权利者为限。本来国王对一切矿业产品均有什一税权。此权利大抵是贷予私人；不过在修道院方面，在11世纪时，已由国王作为皇家财产而贷予。

公家权力与矿业之间的关系，至霍亨斯多芬（Hohenstanfen）王朝时代更进一层。作为康拉德（Konrad）三世之政策基础的国王特权，由腓特烈一世明确规定了，他明言无论何人均应负担一种纳贡，只有得到国王的特许，才可有采掘的特许。这样的话，就算是庄园领主亦须得到国王的特许。此种情形，迅速地成为公认的事实，《萨克森法典》中已承认国王的矿山特权。但国王的矿山特权在理论上的权力，随即引起了国王与诸侯的冲突。最初承认矿山特权为各诸侯之特权者，即金字条令。

在矿山方面，国王与封建领主的斗争亦见于其他各国。在匈牙利，国王曾屈服于国会的上院议员，如果他想要经营矿山，则非完全购入该处地面不可。罗杰（Roger）一世时还认为地中宝藏属于土地所有者的西西里，至12世纪后半期，已实行其矿山特权的要求权了。法国及英国则向反对方面发展。在法国，约一千四百年以前，贵族曾要求将矿山权作为部分土地权。之后，因为国王得胜，其成为特权的绝对所有者，直至法国大革命后，才宣布矿山为国家财产。在英国，国王约翰（King John）主张普遍的矿山特权，特别是重要的锡矿，但1305年时，国王不得不承认，采矿已不必得到国王的特许。至16世纪伊丽莎白女王时，事实上特权只限于贵金属，其他一切矿山均被认作部分土地权；所以正在兴起的煤矿业免除了国王的特权要求。在查理一世的时代，发展过程又再变动。结果，国王完全屈服，一切矿山的财宝均成为土地所有者或"地主"的财产。

在德国，矿业自由即试掘自由，并非由马尔克团体得来，而是由所谓"已被解放之山"而来。"已被解放之山"乃庄园领主容许任何人可去采掘之处。10世纪时，拉梅尔斯贝尔矿山还为国王所经营。11世纪时，国王将其贷予哥斯拉尔市及沃尔坎瑞德（Walkenried）的修道院。修道院则以自由竞争之法收取纳贡，容许个人掘凿及采矿。1185年时，特伦特（Trent）主教亦用同一方法，准许自由劳动者所组成的矿区团体内的各组员采掘其银矿。此种发展过程使人想起当时的市场特权与城市特权，其实是熟练的自由劳动者在11世纪至14世纪时所占据的优越地位所致。因为熟练的矿山劳动者极少，故有垄断的价值，各自治的政治权力集团互相竞争，竟以给予好处来吸引劳动者。此项好处之一为矿业自由，即在一定范围内有采掘的权利。以此发展为基础，德国的中世纪可分为如下诸期。

第一时期虽然偶有提及农民缴纳关于采矿的捐税，但其发展趋势似乎从最有力者之集中的自己经营的情形出发。而且最重要的时期，为矿山劳动者有强大势力的时期。在这个时期内矿山日益变成劳动者之所有，领主成为单纯的租赁领主，仅利用矿山作为收益之源。领主逐渐被夺其专有了。因此经营的所有者成为劳动的合作者，他们共分收入，与农民分配其土地所入相同，竭力遵循平等的原则。于是成立了包括矿山利害关系者（矿山劳动者）的矿区团体，但矿山领主不在此内。此团体对外代表其成员，且对领主作为纳贡之保证人。结果矿区团体的成员，即所谓的矿工，负有矿区生产费用的责任。工作经营完全是小规模的，各个矿工所能获得的最大限度为七个竖坑，而竖坑只是原始的洞穴，矿工在竖坑中采掘时，竖坑即为其所有；如果矿工停止工作，哪怕时间极短，亦将失去其所有权。因为矿区团体连带保障租费，故矿山领主完全不再自行经营。其租赁权即其应得的部分也在不断地降低，原来收取生产物的一半，逐渐变为七分之一，最终减至九分之一。

第二时期为劳动者开始分化的时期，形成了一个不参加劳动的矿工阶级，以及虽然参加劳动，但须依附于不劳动者的阶级，与委托工作制度领域内的发展过程相同。此种情形在许多地方于13世纪时已屡屡产生，只是尚未达到普遍的境地。在此状况下，领主所得的部分之限制亦依然存在，因此不能发展为大资本主义（虽然在较短时期间，曾获得巨大的利益），只能为小食利者之私有。

第三时期为资本需要增加的时期。此资本需要，尤其因坑道经营之范围日渐增大而来。为了换气与排水，须日益开深坑道——此种深坑道，到后来才有所收益——故须预支巨额的资本。因此，资本家乃加入矿工之团体。

第四时期为矿石交易集中之时期。本来各个矿工各自获得其所有的一份实物，可以自由处置。由于矿石商人事实上获得了处理采掘物的权利，于是商人的势力日益增大，其最显著者，就是16世纪时大矿石商人的出现。

在此种状况的压迫下，矿石之贩卖逐渐发展为矿工组织一手贩卖的情形，因为用此方法，矿工得以拥有对抗矿石商人的权利。结果，矿工组织就成为经营上的指导者，代替了以前由个别矿工独立采掘的情形。于是又产生下面的结果，即矿工组织成了有资本计算的资本组合，矿工之采掘物及红利由矿工组织的会计处发放。所以就有了清算期，按各劳动者的工作记入其借贷对照表。

从个别来看，近代资本主义形成以前的经营形态进行了如下的发展。矿山劳动者团结起来以后，领主不得不放弃干涉经营之权。矿工禁止领主的办事人进入竖坑，只有会员有互相监督的权利。经营义务虽然尚存在，但此已非领主之利益，而为组织之利益，由组织担负起纳贡的责任。这颇类似于虽然已废止奴隶制而个人依然为土地所束缚的俄国之农村。更进一步，便产生了矿工对于份额的持有权。如何获得此份额，最初是否为实物的，是否由此实物的份额至以后产生矿山采掘权（抽象的份额），这是争议未决的问题。所有雇佣劳动者均属于矿区团体，但只有份额之所有者属于矿工组织。何时形成矿工组织，虽为疑问，但矿工组织与矿区团体之所属者，并不同为一事，这是确切无疑的。在矿山工人不独保有生产手段且保有原料之后，工人之间产生了内部之分化及分解，结果导致了资本主义的出现。对于矿山劳动者的需要之增加，引起了新参加者之增加。但相较于老资格的工人，新参加者往往被拒绝加入团体。这类新参加者成为"同伴外者"，即工资劳动者，为各个主人做雇工，主人按其自己的计算方式，付给他们工钱。因此就出现了协作的或相互依赖的矿工，外部的分化最终引起内部的分化。各劳动者因为在采矿的生产过程中所拥有的地位不同，产生了对矿山权利的差异。例如，因为专门化的需要之增加，对矿山冶工的需要亦增加。他们很早就成了工资劳动者，除货币工资以外，还可领受生产收益的一定份额。各竖坑中不同的生产力，亦影响此种分化。矿工组织原先采用行会的原则，组织了占有生产力特别大的竖坑，有权把收入分配给全体矿山工人。但此原则已被抛弃。不同的矿山劳动者出现危险的机会亦渐次产生差异：有的可以获得巨大的利益，但有的只好忍饥受寒。股份转移的自由同样促进了这种分化，因为不参加劳动的分子可以将其所得份额进行贩卖。因此资本家亦能加入矿区团体了。由于矿山深度的增加，资本的需要亦增加，乃完成了此全部过程，于是排水用的坑道之建设以及昂贵的搬运装置日益成为必要。资本需要的增加，一方面，只有富裕的矿工才能有完全的矿山所有权，另一方面，新的租贷者亦逐渐限于有相当资本的人了。同时矿工的组织亦自行开始集聚财产。本来矿工组织是没有财产的，各个矿山劳动者处置自己的竖坑，须先付费用，矿工组织只在矿工不履行经营义务时才出面干涉。但现在，矿工组织因为建造排水竖坑及开发横层的需要增加，不能不自筹资本了，在开始时，建造竖坑、横坑均由各同伴来分担，各自得到一份矿业收益。矿工视这种份额的分法为眼中之钉，他们努力将坑道收为己有。矿工组织如今已成为资本所有者了。但各矿工仍需对其竖坑的费用负责，即仍需先垫资；在矿工不再实际参与经营之后，这便被认为是其最重要的职务，与从前一样，矿工仍常须雇用工人，仍须与他们缔结契约，支付工钱，此种情形逐渐趋于合理化了。各竖坑所需费用是非常不同的，实际工作的劳动者可以协同一致来对抗个别的矿工。于是矿工组织掌握了雇佣工人及付工钱之权，由它预付在计算上开凿竖坑费用及支出其他费用，且最初计算范围极小，每周计算一次，之后每年进行一次计算。各矿工只需支付其应出部分的金额，对采掘物即有要求分配之权，最初系以实物分取。此种发展过程，最后成为矿工组织将采掘物全部贩卖，按各矿工应得之部分，分其收益给各矿工的情形。

伴随着此种发展过程，矿工之前阻止其内部不平等方案的努力，如今白费了。例如，本来不允许一人有三份以上的矿山份额，以防止此种矿山份额过于集中的禁令今已被废除。随着矿工组织愈加掌握全体经济的运行，矿区组织愈加扩大，以及已扩大的矿区贷予个人者为数愈多，此类的限制不得不告废除。尤其是从前可无限制地容许自由劳动者加入采掘，结果产生不合理的技术及不合理的竖坑设备，到现在都改正了。更因为经营之合理化及无出产力的竖坑之休止，增加了矿工组织之联合，此在15世纪末，已实行于弗赖贝格（Freiberg）的矿山。这类现象在许多方面使人想起行会之历

工作中的矿工

史。自16世纪以来，特权领主与矿山工人团结起来进行干涉。在小资本家矿主下的矿山工人，以及各矿工本身均苦于经营之不合理及危险，同时特权领主之收入亦因此减少。为经营之收益及工人之利益打算，特权领主进行干涉，设定统一的矿山权，由此而推动矿物的贸易。此等权利，乃大资本主义发展之直接先驱；它们发端于一般工业之合理技术与经济的经营之上。作为初期发展之基础者，仍为类似工人行会组织中矿区团体之固有地位，另外，特权领主创设了合理的矿工组织作为资本主义的经营机关，规定抽象的份额以及预付与采掘权的义务（抽象份额的数量最初为一二八）。矿工组织负责雇用工人，同时与矿石购入者进行贸易。

矿山业之外，有熔矿所的存在。熔矿所与矿山业同为较早就带有大经营性质的工业。木炭为经营熔矿所必不可缺之物，因此大森林的所有者，即庄园领主或修道院，也就是昔日典型的熔矿所所有者。有时，也有熔矿所所有者进入矿山业的情况，但并非大多数如此。在14世纪以前，熔矿所均为小规模经营，如英国一修道院，曾有不下四十个小熔矿所。但最初的大熔矿所，也正以修道院为基础。在熔矿所与矿山业各自经营时，矿石商人即参与其中。矿石商人一开始就组成行会与矿工组织斗争。在其业务的执行上，因为矿石商人极为敏捷，故立于有利的地位。但无论如何，我们不得不承认，在他们的联合下，已有勃兴于15世纪末及16世纪初的大垄断之萌芽。

最后，不得不提到最有价值、最有决定意义的，就是西方世界所特有的煤。在中世纪时煤已次第显示出其重要性。我们发现修道院曾创立最初的煤矿，在12世纪时已经提到林堡（Limburg）煤矿、纽卡斯尔煤矿，在14世纪时已进行市场生产，12世纪时萨尔（Saar）地区煤的生产已经开始。只是这一切经营，皆为消费者而生产，并非为生产者而生产。伦敦在14世纪时，烧煤是被禁止的，说煤足以污染空气，但是此禁令收效甚微。在英国，煤的输出增加明显，以致不得不特别设置检查运煤船之官员。

以煤代木炭来熔解铁矿而成为典型的经营者，起于16世纪。此时乃开始铁与煤之富有命运的关联，一个必然的结果便是竖坑掘凿之加深，于是又对技术提出了各种要求，即如何才能"用火举水"。近代蒸汽机之观念，其实发源于矿山之坑道建设。

第三章
前资本主义时代的财富及货币流通

　　各种金属间价值比例之发展，在东亚与西亚及欧洲间有很大差别。东亚诸国对外的封锁政策发生变化的情形，故其价值比例可以保持，而为西方所不见。例如在日本，金子曾被估价为银子的五倍。而西方货币比价的连续性，未曾有此纷乱之态。巴比伦系用银计算之国，只是国家并不造币，而以私铸的加印银块流通。

第一节　商业发展的出发点

最初时，商业为不同种族间的事情，在同一部落或同一团体中是不存在的，它是最古老的社会共同体以不同种族为目标的对外现象。不过商业亦可作为不同团体间生产专门化之结果。在此种情形之下，或为不同种族间生产者的通商，或为他族生产物的贩卖。但最古老的情形，常常只为不同种族间的交换关系。一个种族以其生产物自营商业的，可以有种种形式。自营商业常常由农民及家庭工业经营者的副业发展起来的，一般为季节性的职业。在此阶段，乃有行商及小贩成为独立职业者，随后乃发展出专门经营商业的部落共同体。但也有从事某种专门化工业的部落，而为其他部落所需要的。还有一种可能性，便是商人世袭阶级的成立，其典型的例证可于印度见之。在印度，商业被固定的世袭阶级所垄断，即在礼仪的束缚之下，为商贾种姓阶级所垄断。除此基于不同种族上经营的商业之外，还有被宗派、礼仪所束缚的商业，即巫术的礼仪之限制，事实上是将该宗派所属者驱逐到其他一切职业之外。此可于印度的耆那教中见其事例。耆那教禁止杀伤任何生物，尤其是禁杀弱小生物。因此，耆那教徒不能成为战士，不能经营许多工业，例如用火的工业，恐虫类有死灭之虞；又比如下雨时，在水中恐踏死虫蛆，故耆那教徒不能旅行。因此耆那教徒除定居的商业外，不能经营其他任何业务。他们的诚实与垦舍世袭阶级，同是众所周知的。

犹太民族的商业贱民之发展，本质上亦经过同样的过程。在其流浪期以前，犹太民族中曾有很多身份阶级，如骑士、农夫、手工业者及极少的商人等。预言及流浪之影响，使得犹太人由定居民族变为寓居民族，他们的仪节即禁止由来已久的一切稳定性。凡坚执犹太的礼仪者，即不得为农业经营者。因此，犹太人乃成了一种市民贱民，不知法的乡人与所谓法利赛的"圣者"间的对立，在福音书中仍可看到。在这种转向商业的过程中，之所以特别注重货币的商业，乃是因为如此方能献身于法律研究。故使犹太人经营商业，尤其是使其经营货币商业，乃有了仪节上的根据，并使得他们的交易在仪节上限于部落间的商业或民族间的商业。

使商业发达的第二种可能性，为领主商业之成立，即领主阶级成为商业之担当者。庄园领主最先想到将其庄园的剩余生产物提供给市场，这也是各处均发生的事实。为此目的，庄园领主乃采用职业的商人为吏属，例如以庄园领主之名义执行业务的古时之主事以及将修道院的生产物运至市场的中世纪之交易人等皆属此类。在德国，虽然不能证明交易人确实存在过，但类似这样的人则到处皆有。主事及交易人并非今日所谓的商人，而是被任命的代理人。另一种领主商业是由于不同种族的商人没有法律权利而起的，他们随处需要保护；这只能通过政治的权力方能达到，贵族把给予保护作为特许来收取报偿。中世纪的诸侯亦给商人以特许，从而向商人征收手续费。通过此种保护关系，以种种形式发展了酋长及诸侯的自营商业，尤其在非洲沿岸，酋长垄断了转运商业，他们自己经营商业。他们的权力就是基于此商业的垄断，故垄断若被破坏，他们的地位亦就失去。诸侯所经营商业的其他一种形态为赠聘商业。古代东方政治上的统治者在和平时期，常常互相赠聘以通好。公元前14世纪以后的特莱尔·阿尔玛纳的碑文中，曾记有埃及国王与前东方国家的统治者之间赠聘往来的事情。正常的交换物为黄金与载车以及马匹与奴隶的交换。开始时多为自由赠聘，然而由于双方常发生不诚背信之事，乃逐渐变成互相誓约赠予相当的情况，因此赠聘交换乃变为可正确计算的商业。之后，在经济史上，乃常有诸侯之自营商业。其大规模的极古老事例为埃及国王，他是船主。经营进出口贸易稍后的例证为威尼斯初期的主事以及欧亚许多世袭国家的诸侯，包括哈布斯堡（Habsburg）王朝。诸侯可指导商业，且自己经营此种商业，亦可利用其垄断权力特许而使人承办此种商业。采取后面的方案时，诸侯促进了独立的职业商人阶级之产生。

第二节　商品运输技术的先决条件

独立的职业商人阶级之存在，须以一定的技术条件为前提。首先，须有正常的颇为可靠的运送机会。我们必须设想它们极为原始的经过长时间发展的情形。在亚述、巴比伦时代，美索不达米亚地区曾用充满空气的山羊皮作为渡河的工具，即使在伊斯兰教时代，革囊船在河川上航行时，亦早就是重要的交通工具。在陆地上，远至中世纪，商人等均使用下述原始的运送方法。起初商人用肩背来扛运货物，直至13世纪；接着便用兽类运送，或者用一匹或二匹兽类拉引的双轮车。商人所走的交通路线，在今日视之，其实不能称之为道路。在东方及非洲内部，似乎早已有以奴隶来运送的商队。即在此等地方，通常用兽类来运送。当时，南方的典型驮兽为驴和骡，在埃及的古书中，骆驼直至后来才见到，马更在其后，马开始仅用于战争，至近代始用作运送工具。至于海上的商业，其同样使用原始的运送手段。在古代及中世纪时，一般使用桨来推行，其构造自然非常粗拙。我们发现缆之记载，即用缆来系板船，使船不致破散。帆固然早就被使用，已不能确定其为何时发明的，只不过那时所谓的驶帆之意义并不像今日所指的意义。最初只在顺风时用帆以助桨的推动，至中世纪初期，尚未知逆风驶帆术。在北欧神话《埃达》（Edda）中，关于驶帆仅有暗示，在中世纪的传说中，谓最初应用逆航法者是安德烈亚·多里亚（Andrea Doria），其实不无可疑。从荷马及其后的记录中，我们可知船身并不大，每晚上陆时均可拉上海岸。锚在古代时亦发展极缓，由重石渐成今日一般通行的形式。自然最初的航运纯为沿岸的航运。深海航运乃亚历山大时代取得进步，与季风之观测有密切的关系。阿拉伯人最初利用季风横渡大洋而至印度。决定方向的航海器具，在希腊时代尚为极原始之器物，其所谓的路程计与砂时计相似，使球降落，以其数表示经过的里程。测定深浅者有测深器，星高测度计为亚历山大时代之发明。信号火亦于此时初行设置。中世纪的航运，像阿拉伯人那样，技术方面远逊于中国。3、4世纪时，指南针等已用于中国，在欧洲直至13、14世纪后始知之。地中海及波罗的海的航行自采用指南针以来，就开始迅速地进步。不过装于船尾的固定舵，直至13世纪时才被普遍使用。那时的航海术为一种商业秘密。航海术直至汉萨同盟的会议上尚为讨论的对象，在这一方面，会议成了航海术进步的拥护者。有决定性影响的为航海天文学之进步，由阿拉伯人所创立，再由犹太人带入西班牙，13世纪时，亚方斯（Alfons）十世曾使人制作成以其名字命名的天文图表。14世纪以后，西方始有指南针。在西方诸国进行横渡大海的航行时，其所遇的问题，一时只能用极幼稚的方法来解决。一切天文上的观测，在北方，虽然可以北极星的位置来确定其偏倚，但在南方，则向来须使用直角器来作为决定方位的手段。亚美利哥·韦斯普奇（Amerigo Vespucci）以月之盈虚来确定经度。至16世纪初叶，已用时计来测定经度，其法已较为成熟，能将太阳一定高度之差，对比正午太阳的高度，近似地测定经度。四分仪似在1594年时始使用，用此乃易测定纬度。

航运之速度，与此一切情形相适应。自用帆以来，较之划舟已有非常大的差异。然而在古代，直布罗陀海峡（Gibraltar）至奥斯提亚（Ostia）间的航路需八日至十日，墨西拿（Messina）至亚历山大港（Alexandria）间亦略同。但自16、17世纪英国人运用合理的风帆以来，在其速度上，虽然仍须凭借风力，但已有不少帆船并不比迟缓的汽船逊色。

第三节　商品运输及商业的组织形式

一、外来商人

最初海上贸易无论在何处均与海盗分不开。军船、海盗船与商船最初时并无分别。其分化作用，系军船自商船发展而来的，并非商船自军船发展而来，因为军船增加了桨之系列及其他改造，使得其技术非常发达，因此成本高且载容量小的军船已不适于商船之用。在古代，埃及国王与埃及的修道院为最初的船舶之所有者，故在埃及我们不能发现任何私人的船运。但是私人的船运业，在荷马时代的希腊及腓尼基，是他们的一种特色。本来在希腊，城市君主大多保有船舶，为交易及抵御海盗之用。但城市君主并不能阻止大豪族保有船舶，大豪族只承认城市君主为同辈中的冠首而已。

在上古时代的罗马人中间，海外商业为构成城市重要性的主要根源之一。我们不能确切知道其船舶所有情况及输出商业之大小，不过在此方面，罗马人显然未能超越迦太基人。之后，罗马人就成了输入或逆势的商业者。布匿战争后，又新成立了罗马的私人船运业。然而由于罗马的政策为大陆主义，故最初时，在元老院的议员眼中，船舶之所有为不相称的事。在共和时代自不用说，即使在帝政时代，元老院议员还不许保有将自己的剩余生产物运至市场所必要的用途之外的船只。

在经济关系上，古代的船舶经营如何处理，我们现在尚不明白。我们所确切知道的，只有奴隶的使用逐渐增加，他们被当作动力。船舶的职吏为熟练的手工业者。希腊及罗马时代的船舶中，有船主、舵手及吹号者。关于船主及商人间的关系，我们亦无明了的观念。最初时，船主同时也是商人，但不久后，即有专为对外贸易的某种海上商人阶级的出现，如希腊城邦的海上贸易。此种对外贸易一定为数极寡，因为如果说到大众所需的货品，尤其是古代大城市的粮食需要，必然建立于共同经济的自给基础之上。在雅典，船舶有将谷物载归城市，以作为归航货物的义务。在罗马，国家掌握船舶之征发及谷物之配给，直至帝政时代还加以统制。此固可保障航海之和平与安全，帮助海上贸易之发展，只是此种状态持续不久。因国境方面有设置常备军之必要，导致了国王之财政需要，迫使他们采用国务之徭役义务的组织。单凭租税逐渐不能满足此种财政需要，国家乃让各个职业集团、组织行会负担徭役，增加国库收入。为报偿起见，于是这类职业集团，各获得了该工业经营之垄断权。这种制度使得船运业亦须负担徭役义务，因此，它的发展始现衰落。3世纪时，私人商船队没落，军船队亦衰颓。因此，海盗船有了重新迅猛发展的机会。

关于古代因商业之法律形式的要求而产生的各种制度安排，从遗存记录中获取的信息不多。关于船舶之冒险曾有《罗德海法》（lex Rhodia de iactu），它表明大多数商人之商品均用一船运送。船舶遭难，所载商品均沉于海中时，一切有关系者同负其损失。从古代传至中世纪的另一种制度，即海上贷款因海上贸易带有极大的危险性而产生。如遇船覆，则所贷予货物之款，两方均不能希望收回。双方分担危险的方法为债权者收取高额的利息——大约为三成——以承担一切危险，如果一部分沉没时，偿款时亦按额减少。我们从雅典雄辩家狄摩西尼及其他人在法庭上的辩论词中可知，海上贷款如何能使贷主大规模地获得海上通航之可能性。贷主规定船主之航路、旅行日数及应在何处贩卖商品。从海上商人之依赖于资本家，可以推知先前海上商人资本之缺乏。一般来讲，为分散危险计，通常由许多贷主联合对一艘商船进行贷款。债权者并遣一奴隶帮同运送以作监督，这也是运送业务隶属于出资者的一个表征。海上贷款通行于古代，直至查士丁尼大帝时才以其为高利贷而加以禁止。但禁令并未长期遵守，仅变更了海上信用的形式而已。

中世纪的情形亦不甚明了。与前资本主义的发展相当，造船所为城市所有，租给造船业者行会。海上贸易比古代较少带有资本主义的特征。其经营的一般形式为同一商业内一切有关系的人之组合。整个中古时代，因危险颇大，故绝无个人独造船舶的，常由多数人合股建造，船舶共同所有。另外各股东可合有几艘船舶。不仅船舶之所有和建造如此，就是各种海上贸易亦为组织之对象。组织内包括船主、船长、船员及商人。他们结为一伙，带有商货，只是商人往往不亲自参与而派遣其雇用的账房代表。他们共同承担风险，以一定的比率来分配损益。

与此种共同承担风险的组织同时出现的，为资本家的海上贷款。因其便于购入商品，且便于转嫁风险于债权者，故后者为中世纪的行商所喜。按比萨海法的规定，利率为百分之三十五，虽然亦常腾落，但以此为中心。在各个事例方面，则按风险程度定其利率。

在共担风险的团体中，起初商人均亲自出动，且携带其商品，他们是零卖其商品的小商人。不过此种习惯渐次废而不行，代之而形成的为信托组织，至于海上联合会则显然为近代之产物。信托组织曾见于巴比伦、阿拉伯及意大利的法律中，其稍有改变的形式亦见于汉萨同盟的法律中。它的本质在于同一共同体内，包括两种形式——一种留于故国之海港,一种则携带商品于海外营商。最初,此种关系或许出于个人之方便,贩卖他人之商品。之后,此事乃成为单纯的投资。一部分贷主成为职业的商人,其他的贷主,特别是在南欧,则为富家(如贵族阶级等),他们愿意利用自己的剩余金钱来经营商业,以谋取利益。业务如此进行,使旅行中的成员携带货币或以货币计值的商品,此种出资方法,形成商业资本,技术上称为信托组织。海外卖出去的商品与其他商品交换,归航后,在本国卖出换来的商品以作决算,并按下述方法来分配其利益。如果留于国内的组织成员出全部资本时即得利益的四分之三,如果留于国内的组织成员与出外的组织成员共同出资——一般按二比一的比例——时则利益等分。此种业务之特征,为初次采用资本主义的决算,即将最初投下的资本与最后所得的金额相比较,以后者的剩余作为金钱利得而加以分配。然而自其形式观之,它并非永久性的资本主义经营,通常为个别的企业,每次航行以后,账目即结算清楚。在整个中世纪时,海上贸易皆盛行这种制度,即使产生资本主义的经营后,仍为各种个别经营的计算形式。

中世纪商业的贸易量,自近代的标准观之,可谓极小。当时的商业由小经营的商人竞相营之。1277年,英国的羊毛输出量为三万英担(重量单位,1英担约为50.802千克),有二百五十个商人参与羊毛的输出,故每人一年只输出一百二十英担。12世纪时热那亚一信托组织的平均资本为一千银马克。在14世纪时,汉萨同盟内禁止参加一个以上的信托组织,每个信托组织的资本额不得超出上述之数。英国与汉萨间的总贸易额,在其商业的最盛期,亦只有一万五千马克。关于雷瓦尔市(Reval),在税目表中可窥见其情形。1369年,驶至雷瓦尔市的十二艘船中,载有一百七十八位商人,每人平均带有一千六百金马克(战前的市价)的商品。在威尼斯，可作为代表的货船，其积载额达六千银马克；而在汉萨领域内，14世纪时为五千马克。15世纪时每年入港的船舶，在雷瓦尔市为三十二艘；在汉萨，最重要的港口吕贝克（Lübeck），1368年时入港船为四百三十二艘，出港船为八百七十艘。此为自己行商或替他人行商的小资本主义的商人集团，由此亦可明白其组织化的程度。因为有海盗袭击的危险，故各船不能独自决定其航行日程。船舶往往联合成队，用武装船护送，或自行武装。船队在地中海的平均航行时间为半年至一年。在热那亚船队每年一回出发至东方，在威尼斯则每年两回。结队的航行导致极缓慢的资本周转。虽然有上述各种情形，但我们不能因此而轻视了商业在收益上的重要性。1368年，波罗的海沿岸各港的资本周转总额达一千五百万银马克，此金额等于英国国家收入的三倍。陆上商业风险较小，因为所谓的危险只有盗贼，自然的意外较少；可是运费却非常昂贵。因为风险较小，故没有组织化，同时亦无陆上贷款（与海上贷款相似的）。陆上贷款亦曾有成为制度的打算，只是法庭认之为高利贷剥削业务，从而加以反对。

陆上商业，商人随商品而行亦为通例。13世纪以来，因运输线路已非常安全，故商人已没有跟随商队之必要，从而使驭者负其责。此种情况，以寄货人与受货人之间的正常

海上贸易

业务关系之存在为前提。陆上商业因道路之状况，不时会遇到技术上的困难。关于罗马的道路，曾为许多讨论的主题，然而其道路的状况，其实距理想的境况甚远。伽图（Cato）及瓦罗（Varro）因道路之游民与恶徒之多，警告他人勿行，且因住于道路附近者须课以借宿之负担，故忠告人勿建旅舍于道路近旁。在边疆各州，罗马的道路在商运上也许有用，只是罗马的道路原非为了便利商运而设计的，其单纯设计对于商运之需要并未加以特别注意。此外，罗马时代似乎只保护供给首都之粮食，以及政治、军事上有重要关系的道路。维持此等道路，责之于农民，作为免除他们租税的一种徭役。在中世纪时，庄园领主从财政的角度关心商路的维持。庄园领主使其农民维护道路，农民维护道路及桥梁的义务为庄园领主制度下最苛酷的义务之一，而且庄园领主对此等道路桥梁征收过路税，庄园领主间并无任何协定，以合理地开通道路。各领主均自由铺设，通过关税与通行税来收回自己的费用。系统地铺设道路，在伦巴底同盟结成后才在伦巴底进行。

由于这一切情形，中世纪的陆上贸易额比海上贸易额更小。16世纪时，某富商的账房为了取得十六袋棉花，曾自奥格斯堡旅行至威尼斯。中世纪末叶一年中通过戈特哈德（Gothard）的商品，如果装在货车中，还不到一车。其利得虽然为贸易量之小所限制，但是除缴纳关税与旅行中的生活费外，必有相当的利润方可。旅行期间亦与路况相对应，耗时不短。虽然在陆上，商人亦不能任意选定一旅行时期。因为路上不安全，不能不雇用向导，然而向导则须等到有很多旅行者集合以后才一起出发。因此，陆上商业亦必须组成商队。商队古已有之，中世纪与巴比伦均有之。在古代及东方，有公众所任命的商队向导。中世纪则由城市供给。直至14、15世纪时，地方的平安成为正常的状态以后，始能个人单独地旅行。自技术上言之，此种情形由于陆上运输的组织成立了所谓装包车队的体制，始有可能。装包车队制度产生于庄园领主的设施，在此亦由修道院首先来进行。庄园领主备有马匹、驮兽及车辆等，收取报偿供人使用。车辆由某种农民产业的所有主轮流供给，此种负担课于农民的产业身上。由庄园领主的装包车队次第发展出职业的运输者，但直至城市掌握了车队制度以后，才发展成为有组织的经营。车队工人团结起来在城市内组成行会，它处于自行选举出来的"转运人"之严格管理之下，由其与商人接洽，分配车辆与各行会会员。服从车队领袖的责任，为一般所公认的根本原则。

内地船运方面，有种种组织形式。用庄园领主及修道院的船筏通航时，多基于强制使用，故事实上庄园领主保有运输垄断权。不过他们一般不自己使用此种权利，而转赋予运输工人的团体。等到这种最熟练的工人之团体获得了垄断权后，庄园领主的垄断权就被剥夺了。与此并行者，特别在城市出现以后，就已有实行轮流制度的自由船运行会。它将商品载于自己的小舟中，由它按照严格的规则来分配获利的机会。此外，也有城市自治团体，掌握河川航行的组织。在伊萨河（Isar）中，米滕瓦尔德（Mittenwald）的市民垄断了竹筏的行驶，其搬运货物的权利由各市民轮流享有。他们从高原农耕经营地区将笨重的商品运至下游，同时将高价的商品运至上游地区。最后，还有自行保有船舶的经营模式，它是自庄园领主或行会的船舶组织发展而来的，例如在萨尔撒赫河（Salzach）及印河（Inn）方面，就是从庄园领主的船舶组织发展而来的。萨尔斯堡的大主教原来早已获得运送垄断权；接着发生了船员之联合，来从事内地的航运。这种联合为船舶所有者雇用运输工人，并从大主教手中取得垄断权。之后，至15世纪时，大主教又重新买回垄断权，当作贵族的食邑而贷予之。墨格河（Murg）之航运，亦源于木材航运者的工业联合，而这又是从森林所有之垄断而产生的。"黑森林"木材之丰富，使墨格河之船运扩张其营业区域远至莱茵河流域，它就分为森林区船运与莱茵区船运两个组织。最后为了获得载货之利益，遂以船筏运输其他地方的货物。由行会发端的航行组织，有奥地利多瑙河之船运及上部莱茵河之船运；与矿业团体相同，船舶亦为工人组织所有。

此种关系在商人阶级中所引起的需要，首先为人的保护。有时此种保护因外来商人处于神明或酋长的保护下，故带有信仰的性质。其次为与该地的支配者缔结安全协定，如在中世纪初期的北意大利。后来，市民通过毁坏骑士的堡垒而强使威胁商业的骑士移至城市，在某种程度上承担了保护商人之责。某一个时期，向导的费用成为沿商路的住民的主要收入之一，例如瑞士，另外商业上所必要的为法律之保护。商人是其他地方的人，没有本民族或本部落之人所享有的那种法律保护，故对于他们来说必须有特殊的法律。当时，为此目的而设立的制度为报复手段。倘若一债务者，例如热那亚或比萨的商人，在佛罗伦萨或法兰克福不能付款或不愿付款时，则拘留其同国人为质。这是一种不公平且不能长久容忍的办法，因此最古老的商业契约，大多预先规定排除报复的手段。除这种原始的报复方法之外，商人对于法律保护的要求，也产生了种种制度。因为外来商人不能出席于法庭，乃需要保护者为其代办；在古代，因此就有了款待与代办职务的委托代办员的出现。中世纪的担保法即适应此种情形，外来商人有托身于一市民之保护下的权利与义务。他在此市民家中储藏其商品，其主人则有为公共团体的福利监护其商品之义务。随着商人数目的增加，取得了长足的进步，那就是商人公会的创设。它最初为在外国城市经商、谋共同保护而联合的外来商人之行会。自然此种团体须得诸侯或城市之许可方能成立。特殊的商人居留地之创设，与此种组织有密切的关系，此种制度可使商人不必火速廉卖其商品。中世纪时陆上商业队之宿所，海上贸易之代理店，以及外商客店、仓库及店铺等，在世界各处均为此目的而创设。在这一方面，有如下两种可能性：第一，店铺由外来商人所创设，而且为他们自身之利害关系而创设。这必须以他们的活动在该地为不可缺少的为前提。如此的话，他们成为自治的团体，且自选其监理，如伦敦之德国的汉萨商人。第二，国内商人为外来商人设置这种场所，以监督外来商人之营业行为，且支配着他们，如威尼斯德国商人的外商客店。最后，贸易时间的确定成为必要；卖者与买者必须互相找到彼此。定期的市场能满足此需要，由此乃产生了市场特许制。在埃及、印度，古代及中世纪时，诸侯都特许创立与外来商人贸易的场所。此种特许之目的如下：第一，为满足特许者之需要；第二，为达到财政上之目的，诸侯在市场贸易中取得利益。因此，纳款保护之规定常与市场特许相结合，而且与市场法庭之设置（一方面诸侯可以征收审判费用，另一方面有利于不能在当地普通法庭出庭的外来商人）、度量衡及货币之规定，以及交易之期限及形式有关。诸侯征收市场税，作为此一切贡献之报偿。从出入市场的商人与有特权的诸侯间之原始的关系，进而发展出其他的制度。商人为了审查、称量、贮藏其商品，须有庞大的设备。最初的发展为诸侯所拥有的起重机之强制商人使用，即作为征税之一法。不过，谋取收入的打算最先是由强制的中介买卖（经纪）所引起的。又因其营业收益有纳付税金之义务，故对商人经营亦须加以监督。为此目的，乃设经纪（中间）人，它是东方传至西方的一种制度（意大利文称为"Sensal"）。在这些约束之外，还有通路强制——倘若要诸侯保障商人之安全，则商人必须使用诸侯之道路以及市场强制，即为监督上之必要，外来商人的商业须在市场或仓库内公开经营。

二、定居商人

前述状况，不仅可表示中世纪初叶之商业情形，在外来商人占有势力时，阿拉伯乃至全世界亦都如此。直至定居的商人阶级形成以后，情形乃有了完全改变。

在城郭附近的市集中，自然以前已有长住的商人，但其成为普及的现象，则为城市发展之产物。在术语上，定居商人被称为零卖商人。在中世纪时，这一名词指已获得定居于城市的特权之商人，且主要为小商人，不论其贩卖自己的生产物还是贩卖他人的生产物。在有些法源上，此名词与今日商法上的"商人"意义相同，即零卖商人系为利益而买卖者。但如这种用法，尤其在莱茵公文中所见，在中世纪时是不通行的。自中世纪城市之人口构成上视之，零卖商人并非批发商人，而为所有提供商品与市场之人，无论其为手工业者还是职业的商人。

城市之职业的商人阶级，曾经有如下的发展阶段。第一阶段，定居商人为行商，他们进行周期性的旅行，贩卖生产物于他方，或自他方携归其他生产物。因此，他们乃能成为定居的行商之人。第二阶段，为定居商人使人行商，使自己的佣人、服役者或伙伴来为之。这一阶段渐次推移至其他阶段。第三阶段，乃形成代理店制度。随着商人的资本增多，乃在其他地方设立独立的分店，至少使其佣人滞留该地，因此地方分店制度产生。最后，定居商人成为永久的定居者，对他处通过通信方法来行商。此种情形，至中世纪末期始为可能，因为它必须以地方运输之充分安全及地方间法律之充分安固为前提。

中世纪商业之重心在于零卖商业。即使远自东方贩来商品的商人，亦注重于直接将商品卖给消费者。这较之趸卖商风险更小，利益长久且确定，总之，这种售卖方式利益较多且带有垄断性质。汉萨同盟的商人亦非今日所谓的商人，他们最重视的就是在异国一手掌握零卖商业，想在俄国、瑞典、挪威、英国驱逐他国的零卖商人。16世纪时，英国伊丽莎白女王曾赋予特权的贸易商人亦曾实行与上述相同的政策。真正的趸卖商人，中世纪初期或许尚未存在，至中世纪末期，在南欧最隆盛的商业地带，才渐次有增多的倾向，但为数仍旧很少。至于在北欧，趸卖商人仍为例外。

定居商人阶级须与其他阶级斗争。此种斗争有些是向着外部的，例如争取城市市场的垄断权之斗争，即他们与非定居的部落及氏族商业相争，尤其是与部落工业之隔地商业及非定居的不同种族的商民之商业争此垄断权。为了制止此种竞争，乃发生了与犹太人的斗争。中世纪初期，德国人对于犹太人的憎恶排斥还不十分厉害。11世纪时，斯派尔市（Speyer）的大主教主张为增加斯派尔市之伟观，须使犹太人移住于此市。反犹太的运动虽然古已有之，但直至十字军东征时期，因为宗教之战以及与犹太人竞争这两种影响，反犹太主义运动才在欧洲各地爆发。例如古代塔西佗曾非难犹太人为迷信者，罗马市民视一切东方的流亡者为贱劣。与犹太人及其他各国人之斗争，乃形成国民的商人阶级之前兆。定居商人也与定居于乡村的商人斗争，这种斗争至15世纪时以城市商人阶级的完全胜利而告终。例如，巴伐利亚的富翁路易斯公爵（1450—1477）就因在其领土内，为管理之便利使乡村商人移住于城市而自夸。而且定居商人又以种种形式与其他商人之零卖进行斗争。城市商人竟然部分地达其目的，只准许他国商人在一定日期内贩卖其商品。他国商人直接贩卖给消费者是被禁止的，同时为了严密监督，禁止他国商人相互间的商业。最后实行了所谓的强卖制，即无论他国商人所携来的商品是什么，不问其是为了消费者还是国内的商人，均须当场卖出去。定居商人进一步严格管理他国商人，他们实行宿主强制制度，为了便于监督，使其必须住于确定的市民家中，由市民来监视他们的活动。不过因为担心发生旅客与宿主间本应被禁止的买卖，乃设立带有居住强制性质的公共仓库。这两种强制通常不单独出现，以互相结合者为多，威尼斯的德国商栈即其一例。凡德国商人均应住于该处，并贮藏其商品于该处。外商客店几乎没有自治的权利，其职员均由城市强令德国商人任命，甚至由中介者直接管理商人。强制的中介者制度为此等方案中最有效者之一，阻止了外国人与外国人间的交易以及外国人与内地人间的交易。故此中介制度的产生，源于定居商人阶级的垄断倾向，以及城市希望监督他国商人的各种交易往来。中介者不许自行交易，亦不许参与股份；他们靠收取其所监督的交易方面的手续费为生。

　　商人阶级的第二个斗争大目标为对内的机会均等。受全体所保护的任何一个伙伴，不许较其他伙伴取得更多的机会，对于零售商人来说尤其如此。为达此目的，禁止预售及囤积。所谓预售的禁止，是在商品被运入城市以前，禁止外来商人预先接洽出售。另外，当一位商人凭借其优越的资本较他人购得更多商品时，囤积就发生了。这时各伙伴可以要求原价分让该商品的一部分。此种规定，只有零卖商人能忍受；趸卖（批发）商业，当其为远隔商业时，若欲发展，就不能忍受此种限制。因此，趸卖商业越想确保其自由，就越引起激烈的斗争。

　　定居商人不得不于此决定胜负的第三种斗争为关于盈利范围本身的斗争，即关于尽量扩大城市之盈利范围的斗争。由此产生了对市场强制及道路强制（即强制一切商人在一定场所使用一定的道路，在一定的地方或港口出卖其商品）的斗争。起初此种强制对于商业发展是有利的，因为它能为一定的场所及道路获取垄断权，在营业数量极少时，非此不能提供技术设备的费用，以及支出必要的港湾设备及道路设备的费用。但确保此种垄断权的，尤其是城市领主及诸侯，则无论何处均以财政上的见地为决定的根据。各领主均想借战争来占有市场权及道路权。在德国，特别是在14、15世纪时，曾引起非常激烈的斗争。市场权及道路权成为此种战争之目的，亦为此种战争的资源。此市场权一旦设定于某特定场所，有此权的领主便能封锁道路，故在政治斗争上亦能给以重大打击。中世纪末期，英国与法国的关系中尤多此种事例。

最后定居商人阶级与消费者亦有斗争，而且随其对于地方销路或隔地商业的利害关系的程度，商人阶级亦发生分裂。消费者尽可能地以能直接从外来商人手中购买商品为有利。但是，大多数定居商人则以依据零卖商人的意见来控制销路为有利，同时保证向远地取得供给之可能性。这两个目的断然难以长久地同时达到。由此种认识而开始的趸卖商人阶级之分化，在商人阶级内部产生了一种对立，因此，零卖商人与消费者的利益乃开始互相接近。

三、集市商业

外来商人及定居商人的正常活动皆以消费者为主要对象，与此不同的是商人与商人间最初的商业形式为集市商业。中世纪时，纯粹地方的零卖商人占大多数，故集市之发达其实是地方间商业组织的最重要形式。它的特征如下：首先，定居商人不集合于集市，而以行商之出入为基础；其次，集市商业在当场买卖商品，此与今日之交易所不只在当场交易且可将尚未生产的商品进行交易大不相同。

香槟的集市可谓其中的典型。在香槟的四个重要地点开有六个集市，连同开始交易、期票决算等业务来合计，每个集市持续开五十日，故除祭日之外，此六个集市已占了整年。集市有官厅组织和市场法庭，系由市民及警备的士兵所构成的。在1174年时开始有人提及集市，至13、14世纪时，它达到了发展的顶点。集市法庭对于出入此地的商人有执法权及刑罚权，而且可宣布封锁集市。其他拥有权力者，例如教会，亦有采用此种方案的；教会因为政治上、财政上的关系，常以宣布除名为威胁，将相关者逐出集市，于是团体中全部的人同遭此命运。

香槟之所以能达到其商业上的重要位置，乃因为其介于英国的羊毛生产地域与佛兰德斯（Flanders）的羊毛制造区，以及东方商品的最大输入者意大利这三者中间所致。因此，香槟交易的商品中，羊毛及羊毛制品，尤其是廉价毛布，占其首位。不同的是，南欧人则将高价商品，如优质羊皮、香料、明矾、制作家具的木材、染布的染料、蜡、番红花、樟脑、橡胶、漆等，也就是说，将南方诸国及东方的产物运入市场。布匹集市为香槟一切集市中最重要的，其交易量最大。香槟集合了世界上一切种类的货币，因此香槟成为货币兑换业最初的决算地，而且为支付债务尤其是教会债务上著名的场所。赖债的世俗权力者因为住于城堡内，事实上是商人们所不能侵犯的。不过教士则完全不同，因为他们知道，如果不履行义务，将为教皇所除名。因此，高级教士的信用极好，故大部分的期票都与他们往来，一般最迟须于开始决算前四日支付，如果不支付，那么将处以除名之惩罚。此方案的目的在于给商人以集市交易上的现金保证。此种方案，须由教会干涉以保证送货币给商人，且由教会干涉强制教士付款，方容易实行。

当时其他任何集市均未有过如此重要的意义。在德国，曾有人想将法兰克福作为集市的场所，它虽然渐有发展，但终不能达到香槟甚至里昂那样的地步。在东欧，诺弗哥罗（Nowgord）及后来的下诺弗哥罗成为汉萨商人与俄国毛皮商人及农业生产者之间的交易场所。英国虽然亦有极多的集市城镇，但发展均不及香槟。

第四节　商业经济的经营形式

在合理的商业上，开始有计算之可能，最终此计算对经济生活有决定性的意义。凡经营共同业务之处，均有进行精确计算之必要。开始时，商业上因为贸易额颇少，而且能获得大利，故不必正确地计算；又因为贩入的商品其价格为传统所固定，故商人在贩卖时可以尽量决定较高价。至商业由集体经营后，因为扣除结算，各种计算遂不得不进步至正确的记账。

计算之技术的手段至近代初期尚不完全。我们今日所用的数字位置法为印度人所创，阿拉伯人加以采用，或者由犹太人传至欧洲。直至十字军东征时代，实际上才广为普及，被用作计算工具。无此计算方法，就不能进行合理的计算。古代所有用数字计算的民族，除用数字之外，还须用机械的计算手段。在中国，古代与中世纪末期均用算盘作为计算手段，即使在久已使用阿拉伯数字位置法后，还在继续使用。因为此法传入欧洲时，最初多受轻视，就算是最有能力的商人，也认为此是有利于其竞争者的算法，视之为将引起不正当竞争的可恶手段。因此，欧洲最初曾禁用此种算法，连最进步的佛罗伦萨的纺织业行会，在一段时间内亦禁止使用。但是，算盘颇难运算除法，故当时人们常视除法为秘术。当时佛罗伦萨的计算法，其用数字表示出来的，有四分之三乃至五分之四为误算。由于这种弊端，事实上虽然已用阿拉伯数字来计算，但仍用罗马数字记入商业账簿。至15、16世纪时，阿拉伯数字位置法乃得到一般的承认。商人所用的最初的算书，见于15世纪时，其较古老的文献被发现于13世纪的，其实不适于一般之用。经由精通位置法者之手，才发展出西方的记账法；此种记账法不见于世界上其他地方，仅在古代见有前征而已。在西方，而且只有西方，有部分货币计算使用成功之地，而在东方仍不脱实物计算（如埃及以谷物证书作为交换的计算）。在古代的银行业务中亦曾有过记账，但此种记账带有公文书的性质，只能用来证明合法的法律关系，并不能作为一种稽查收益的工具。中世纪的意大利首先产生了真实的记账，据记载16世纪时德国的一位司账，特前往威尼斯去学习记账。此种记账，在商业公司的基础上发展。支持继续经营的商业活动之最古老的单位，在中世纪及各处——例如中国、巴比伦、印度——均为家族。商家之子即为可靠的司账，之后即为父亲的合作者。所以同一家族代代均为财主、债主，例如公元前6世纪时巴比伦的伊吉比（Igibi）家族就是如此。不过那时并无如今这样广泛而复杂的企业，只有单纯的业务而已。因此，巴比伦的商家与印度的商家均无记账，虽然印度最早就有了数字位置法。其原因可能是在此等地方，与中国和其他东方国家相同，商业组织只是家族内部之事，故无计算的必要。有非家族分子加入其中的商业组织，开始在西方成为一般的现象。

商业组织的最初形式为带有偶然意味的信托组织，继续进行此种业务，乃渐次产生持续的经营。此种发展确实如此，唯在北欧与南欧之间有显著的差异。在南欧，旅行的商人通常被认为是信托组织的企业者，因为他们长年前往东方，不在家乡，故不能对其进行任何监督。他们是企业家，从各方面与（十个至二十个）信托组织有业务往来，与各信托组织的主人分别算账。而在北欧，居于家中的会员亦为企业者，他们与许多行商组织的会员缔结关系，将信托组织借给他们。做行商的代理商，照例不许其承受一个以上的信托组织，因此，他们不得不依赖定居的合伙人，后者乃发展成为经营指导者。产生这种差别的原因在于南北两地商业的不同，即南欧方面因须前往东方，故本质上须冒更大的风险。

与信托组织交易的普及，同时发展了永久性的企业。经营者因与家族外的信托组织承受人缔结贸易关系，于是计算开始进入家族内，因为虽然只有家族的一员加入信托组织，但亦不得不就各种交易进行算账。意大利的此种发展远较德国为速，而在德国，则南方又较北方为速。16世纪时，富格尔家族虽然亦将他人之资本收入其事业中，但皆勉强为之。可在意大利，14世纪时已迅速发展出以家族共同体为基础而与族外者联合的组织。最初家族与营业之间并无任何分离，至中世纪时，有货币计算作为基础后，才次第分离。但另一方面，在中国及印度，如我们所知者，迄今尚未分离。当初佛罗伦萨的豪商，如美第奇家族，将家族支出及货币业务进行混合的记账。结账最初只实行于对外关于信托组织的交易，对内则依然实行于共同的家族中。

开始时使家族与业务的计算相分离，因此对初期资本主义制度的发展有决定性意义者，为信用上的要求。在用现金交易不需信用时，分离是看不到的，而需长期进行业务时，就产生了对信用的保证问题。为了确定这种保证，有下面各种方法：第一，保证及于远支亲族的家族团体，以确保全家族的财产，如佛罗伦萨的大商业贵族的豪华住宅便由此而来。第二，同居者负连带责任。家族共同体的一员负有债务时，其他人均须负连带责任。连带责任很明显出自刑法上连坐习惯，当犯大逆罪时，犯罪者的家产须充公，家族全体人员均被连坐。这种连带责任的观念无疑会推移至民法上。因为商业关系，外部资本及外族人侵入家族共同体后，连带责任再度不规则地产生了。于此，乃产生了把一切资源留待个人去处置个人的消费以及对外代表一家的必要。就本质上来说，一家之长要能对家族负责，但如西方商法上有力的连带责任，则各处均未有过。在意大利，连带责任的根蒂为家族共同体，其发展的各阶段为共同居住、共同工厂以至于共同店铺。在没有大家族共同体的北欧，情形与此不同，在此地，商业的参与者共同署名于共负一切责任的文书上，以获得其信用。各成员对全体负无限连带责任，但全体并不对部分负责。最后，参与者即使不署名于文书，亦须对其他参与者负连带责任。在英国，用共同盖印及委任来达此目的。意大利自13世纪以来，北方自14世纪起，曾确定集体中每位成员对共同店铺的债务应负连带责任。之后，对于确立信誉最为有效且能超越其他一切而持续存在的手段，为将合伙人的私有财产与商业机构的特别财产分离。14世纪初叶的佛罗伦萨，曾实行此种分离，及至14世纪末叶，北方亦已实行。家族外的人参加商业机构愈多后，此种财产的分离成为不可避免之事；其他方面，至家族日益运用他人之资本时，家族内部的财产分离亦已成为不可避免之事。于是，账簿上对于营业支出与家庭以及私人家族的支出必须加以区分；一定的货币资本已成为企业的根本。以法人组织（Corpo della Compagnia）为名义的店铺资产中，发展出了资本的概念。详细地说，其发展取各种不同的道路。在南欧为大家族的商店，不只意大利如此，德国亦然，富格尔家族与韦尔泽（Welser）家族即为例证。在北方的发展路径经历了小家族，即零卖商人的组织。产生此种差异的决定性因素，为大的货币流通及政治的权力中心均在南方，且金属贸易与东方贸易的重心亦在南方，而北方尚未脱离小资本主义。因此，两地所发展的组织形式亦完全不同。南方商业组织的类型为有限公司（kommandit），由伙伴之一进行买卖，个人负责；其他的成员只出资参与，分配其利益。此种发展，因为在南方有信托组织的巡历商人为典型的企业者，当他们定居一地后，就成为具有信托组织形式的永久性经营的所有者。在北方，正与此相反。据汉萨地域的记录，北方一般无永久经营，似乎完全由临时组织进行买卖，因此好像有无数的错综复杂的个别交易之感。实际上，此等个别交易为永久的经营企业之业务，只是个别自行决算而已，因为意大利式的双重记账法后来才被采用。组织的形式有经理制与委托制两种。在第一种形式下，系将经手财物付给流动商人，先收取其利益之份额；在第二种形式下，其所分得的商业利益并非来自对业务的参与，而是来自他们所投入的一份资本。

第五节　商人行会

行会绝非日耳曼所独有的东西，其存在其实遍布于全世界。只不过古代是否有此种组织，尚缺乏确凿的证据，至少在当时并无政治上的任务。

从其形式来观察，行会可能是外来商人以对抗定居者谋得法律保护为目的而组织的团体，也可能是国内土著商人的团体；后者如中国从部落工业、部落商业蜕演而来的团体。两种形式相结合的亦屡见不鲜。

在西方，先有秉持地方特色的纯粹外来商人的行会。如直至13、14世纪时旅居伦敦的德国商人之行会，其势力颇雄厚，有自设的仓库。商人公会则有超越地方的性质——此名称在英、德、法俱可发现——故其详细的发展情形至为参差不齐。存在于若干城市的公会首长制度，尤其与之有关。所谓的公会首长，系为政治力量所任命或特许的专员，在超越地方的商业方面，对于其所代表的商人阶级进行法律上的保护，只是不干预商业经营本身。行会的第二种类型为定居商人谋一定地域内商业之垄断而组织的，如中国上海的茶商公会，以及广东的行会，直至《南京条约》（1842年）时为止，中国对外的贸易大概为其十三个行会所垄断。中国的行会对其会员可行使调节价格、保证债务、行使课税的权力。其刑罚亦至为严峻，行会有其特定的私罚法，以惩戒违法的会员。至19世纪时，尚有因录取超过定额的学徒而被处以死刑之事。在国内商业方面，则有银行家之行会，例如牛庄就有该项组织。中国的行会对其国内货币本位之发展有重要的意义，如元朝皇帝滥铸劣币，结果使得货币制度趋于崩溃。纸币经济的结果使银子成为趸卖商人所用的现金，行会则取得盖印于其上之权，于是它不啻成了货币本位政策的中心，获得决定度量衡及刑罚之权。在印度，公元前6世纪至4世纪间的佛教时代亦有行会，3世纪以后尤为其鼎盛时期。它是世袭的商人团体，其首长亦是世袭的。印度的行会在诸侯互相竞争取得其放款时，发展至顶点，随后佛教式微，种姓阶级再兴，乃复归衰颓。诸侯的政策自中世纪以降，亦力谋种姓阶级之兴隆。16世纪时，从事于谷物及盐等商业并贩卖军需品的拉马尼（Lamani）或班雅里（Banjari）种姓阶级，或许就是今日（商买）种姓阶级的根源之一。此外，印度商业种类的分化亦随各宗派所定的信条而瓦解。耆那教徒因为仪节上的关系，故以定居的商业为限。以信用为基础的趸卖商业、隔地商业，则被无仪式上的约束且因忠诚可靠而著称的拜火教徒（Parsen）所垄断。还有巴哈尼亚（Bhaniya）种姓阶级，专营零售商业，其所做获利之事，多有违背伦理观念者。故"租税承办人"及专营高利贷等事，多由他们为之。

西方的情形与中国颇为不同，其货币及度量衡之制定权常属于拥有最高权力者，此拥有最高权力者，将此委诸其他政治权力者，然而未尝让与行会。西方的行会之强大权力的地位，几乎全在于政治的特权这一点。行会有好几种：第一种是城市行会，此为支配城市尤其是因经济利害关系而监理工业商业事宜的一种商人团体。它分为两种形式：（1）军事的团体（如当时的威尼斯、热那亚）；（2）城市以内商人的独立团体，是与手工业行会俱兴者。第二种行会的主要形式是作为租税单位的行会，它原为英国特有的现象。英国的行会因为从国王那里取得征税的职务（firma burgi），故获得了优越的势力。缴纳租税者乃得以成为会员,否则就是非会员,即不能经营商业,英国的行会借此便可获得统治城市的市民权。

关于西方行会之发展,若仔细分析之,可谓极为参差不齐。英国方面最占优势时为13世纪,接着内部发生一连串的经济变革,直到14世纪时,又从手工业中分离出来;凡欲留于行会内者,须放弃手工业的活动。同时,手工业者的行会内部,亦渐有商人抬头,与贫困的手工业者逐渐分化,形成所谓经营同会的具有完全资格之会员。然而趸卖商业与零售商业之分离,则在16世纪时尚未见到。只是当时对外商人的行会(即冒险商人)已获得成立的特许。当时英国立法,只许寻常会员进行一种商品的买卖,似乎想把限制手工业行会之法施诸商人行会。另外,当时英国议会虽然代表行会的利益,但国家权力恒在其上,故结果不能像德国那样。城市的力量超过农村,但地主及农村商人常可加入行会。在意大利的各"城市国家"内,均有这样的发展。此处的行会完全保有其纯粹的地方色彩。自独立联盟对于执政制度获得胜利以来,其内部就发生了手工业者行会对商人行会的斗争。德国亦有类似于意大利的发展状况之蛛丝马迹可寻。其中一种为市长现象,这类人物起初是不为法律所认可的行会首长,其地位身份与意大利的人民领袖相当。在德意志北部的好多城市中,则有类似于英国的发展形式,商人的行会得以规定城市的经济政策。不过德意志中部若干古老的较富裕的大城市中,则有非正式支配城市的行会,例如科隆的大商人行会,曾资助对于大主教的革命,联合市民使他们宣誓与城市领主作对,因此能永久地支配城市市民和执有认可市民权。然而据德国常例,商人行会之存在以店主及裁缝匠为更占优势。这类店主相当于今日的零售商。将外国输入的布匹制成衣物而售于消费者的裁缝匠,在北方较小的城市中占据有力的地位。他们与纺织工人不断地争夺市场,结果往往他们获得胜利。不过在大城市中，贵族豪门以其特殊声望与地位仍居于上风。

行会所支配的城市，特别是城市同盟的商业政策，在中世纪时自无任何系统的商业政策可言。城市自营其商业，16世纪后始有之。德国汉萨同盟的政策也许可以作为例外情况。它有其自觉采取的一种前后连贯的商业政策，其根本特征有：（1）只有同盟中的市民才有权参与同盟所获得的商业特权。（2）此同盟在他国境内专注于直接的零售商业，不从事运送业及委托贩卖业。此种倾向至英、俄、斯堪的纳维亚等处土著商人阶级发展以后，终归失败了。（3）同盟商人之商业，仅能使用自备船只，不许赁借他人船舶，同盟商人的船舶或者有此等商人之股份的船舶，不许卖给他国人。（4）同盟商人仅从事商品交易，不像佛罗伦萨人那样经营货币交易或银行交易。（5）同盟有特许的分店及仓库分布各地，可监督其会员之行动。其整个业务在严格的控制之下，由它规定度量衡，与他国人进行信用业务往来被列为禁例，避免他国资本在同盟中喧宾夺主。甚至与非同盟中人结婚，亦在禁止之列。（6）同盟首先试行标准化的计划，即在买卖之际，使用确定的商品样本（如蜡、盐、金属、布匹）。（7）在消极方面，它没有关税政策，至多只有以战争为目的的征税。（8）同盟的对内政策为压抑手工业行会，以期贯彻商人之贵族政治的支配。总而言之，此等方案乃定居于他国的商人阶级为其自身利益而制定的政策。

第六节　货币及货币史

我们若从货币的发展史来观察，可知货币实为个人私有财产之创造者。货币于其诞生之始，即秉有此特质。或者我们亦可说：若无个人私有之特质，就不能谓之为货币。

最早的私有财产包括个人完成的手工制品、男子所有的工具与武器、男女所有的装饰品。此种对象物之授予，有其特定的继承法则。在此等对象物之范围内，我们首先探讨货币的产生。

今日的货币有两种特殊的功能，即法定的支付手段及一般的交换手段。若以历史的眼光来观之，则两者之中，法定的支付手段之功能出现较早。那个时候，货币尚没有进入交换的领域。货币进入交换领域，可能是因为经济单位之间常有货品（价值）的转移，虽然不一定包括交换的手续，如进贡、献给首长的礼物、彩礼、奁金、赎命金、赎罪金、罚金等，但需要一种支付的手段，即必须有一种作为标准的中介物。继而出现的，为首长给予家臣的赏赐，如领主对其臣下以赠物的形式所给予的薪俸，以及后来出现的佣兵指挥官赐予其士兵的犒赏。即使在迦太基那样的城市及波斯帝国内，货币的铸造也大概作为军事上支付手段之用，而不用作交换的手段。

在此阶段，还不能设想到今日之货币。在各个经济领域中，各有其秉持支付功能的特种财物，以与其质量不同的功效相适应，因此多种特殊的货币同时存在。例如用贝壳换取妇女，此为各时各地所不可能的，只是用家畜可购买之。在小额交易中，因为贝壳物小，故可以用之。如此出现对内的支付义务之货币，我们称之为国内货币。

货币的另一种功能，虽然已不足为今日货币之特征，但其存在有着极长的历史，即作为财富积聚之手段。首长欲确保其地位，不得不养其仆从，而在特殊的状况下，用赠赐作为赔偿之事亦必发生。所以印度国王及墨洛温王朝（Merovinger）的国王，对其所拥有的宝藏都看得十分珍贵。尼伯龙根宝藏（Nibelungenbort）就是这样的一座宝藏。作为财富积聚之手段，各色物品都被采用过，例如诸侯常赏赐其臣下且具有支付手段功能的物品等。故在此状况下，货币亦非交换手段，完全是身份阶级所有物之一种罢了。拥有货币者，仅因名誉欲而拥有之，以满足其社会的虚荣心。因为此功能，货币乃须有现代货币的主要特征之一，即货币输送便利性以外的耐久性。象牙及有特质的巨石，以及后来的金、银、铜等各种金属，俱可用作货币及财富积聚的手段。货币于此种阶级的性质，在下列两种事实中即可了然：（1）在货币最初的发展阶段，其分化系基于性别的，女子不许有与男子同样的货币财富。某种特定的霰石专为男子所有，珍珠、贝壳等物则仅用作妇人货币，为"朝晨赠物"

中国最早的货币——贝

(古代日耳曼风俗，结婚翌朝，新郎给予新妇赠物）。（2）货币之阶级的分化，尚有酋长货币与其部属的货币之分。如特定的大贝壳，仅酋长得以有之，只能于战争时或者作为赠物之用。

作为一般交换手段的货币之功能，源于对外商业。有时，其来源出于经常的对外行聘，如埃及与在马尔纳石板上所记载的古代东方。为了维持两族人民间的和平，两方的支配者便有不绝的互相赠贡；此即所谓带有商业性质的酋长交易，而为部落商业的雏形。若赠贡断绝，则有战事发生。另外的来源为普遍应用的他国产物。典型的氏族商业及种族商业，将不能就近生产、因而视为高价的一定商品，赋以交换手段之功能。这种对外货币，在作为关税、通行税等商业上的支付之处，获得了其国内的功能：酋长指派有收税指导员，商人以其所携带者交纳之，酋长亦乐于收受。在此情况下，外国货币则乘机侵入国内经济。

在此阶段，货币以如下种种形式出现：（1）装饰货币。其典型物，如非洲、印度洋一带直至亚洲内地的珠宝；与之并立且可作为支付手段、交换手段使用于各种范围的，还有许多物品，如玉、琥珀、珊瑚、象牙及特种的兽皮等。此项装饰货币，最初仅作为国内货币之用。各部落俱用同样的支付手段后，才作为普遍的交换手段之用。（2）利用货币。此种货币，最初以对外交易为主。既然将其用来表示支付义务，或者评价他种财富之手段，故多为一般使用的物品。如在爪哇，所用的是谷物或家畜、奴隶等。不过用这种普遍使用的物品不太多，大多用烟草、酒、盐、铁器、武器等享乐品。（3）穿用货币。它最初就兼有国内货币与对外货币两种功能，指本地所不能制造的毛皮、皮革、织物等。（4）代用货币。在今日货币系统尚未具备之时，人们在社会生活的关系中习于以某种物品作为所有物，或者以之履行某种支付义务，则其本身虽然并无任何价值，但亦可具有货币的功能。如英属印度内地有以中国骨牌充当货币而流通的，俄国有以毫无使用价值的碎皮作为货币的，南欧方面则有木棉片流通，虽然无交换价值，但可作为代用货币。

当时，通常流通的支付手段不只存在一种，所以就有一定的比率表之必要。此类货币被列入价值表中，但大多并非将一个单位的某种货币等价于若干单位的另一种货币，而是将几种物品共同形成一个价值单位。例如在爪哇，价值单位以一种高价的石块与二十颗珍珠贝壳来形成。密苏里地区的印第安人，购买一名女子的代价为小刀二把、套裤一条、毡一方、小枪一支、马一匹及皮革制帐篷一具。这就是一名女子的身价，等价于一名印第安战士所有的武装；故可以此价格向其部落购买。由此可知此项评价标准的基础并非纯粹关乎物品的经济价值，而是财富的使用价值及其传统的社会意义，并为了便利计算而取其约数。于此，十进法亦曾有其特殊任务。如某部落有以椰子果实十枚与一定量的烟草等价，海豚牙三百枚与女子一人等价的估值方法。赎命金、赎罪金及其他以货币作为表现的项目，起初亦与经济的价值无关，完全以社会的评价作为标准。杀死一自由的法兰克人时，应课的罚金为二百先令，这个数额由与杀死半自由民或非自由民的罚金之比率而来。在此种例证中，俱为传统的社会评价之表现。直到有经济的交换关系后，如中世纪初期时，赎命金即不以赔偿损失为标准，一般的现象则要求更多的金额了。以一种货币来估值并非以同一种货币来支付，不过是作为测定个人的支付标准而已。个人的支付也许要视行为者的给付能力而定，不按照一定的比率，不如说表明了一种传统规定的补偿办法。

通过上述的情况，作为货币制之基础的贵金属得以发展出来。这种发展的决定条件完全是技术性的。可能贵金属比较难以氧化，因此不易被毁坏，而且它们比较稀少，故其评价较高，它们也比较容易加工与分割。最重要的是，因为其可以用衡器来称量，在早期就已如是实行。最初时或许曾用谷物与之对称。贵金属亦有用作实用品的，但用作交换手段之前，早已用作一种支付的手段了。贵金属作为交换手段，最初见于酋长商业，由推尔·爱尔·阿玛那的碑版可知，西亚的统治者最希望从埃及国王那里获得装饰用的黄金赠品。诸侯赏赐臣下，最喜欢用金指环。故在古代北方的歌词中，称国王为指环浪费者。货币开始以铸币的形态出现，为公元前700年之事。最古老的货币铸造所位于吕底亚（Lydien），或许在沿海之地，由吕底亚国王与希腊殖民地人士所经营。铸币的先驱为商人私自加印的贵金属块，印度、中国及巴比伦均有之。所谓的舍克尔（巴比伦的衡量单位）不过是经有信用的商家盖过印的银块而已。中国的银两亦为商会加印过的银块。直到后来，货币铸造才由政治权力行之，不久更被其垄断。此种事实，似乎曾见诸吕底亚。波斯的国王曾铸造达利克（古波斯币）作为支付希腊佣兵的手段。经希腊人之手，铸币才被采用为交换的手段。而在迦太基，铸币虽然已被发明了三百年，但还无货币铸造之事，而且就算后来采用了，亦非用作交换手段，仅作为对佣兵的支付手段而已，故一般来说，腓尼基人的全部商业为不用货币的交易。此种铸币技术上的进步，实际上有助于希腊商业得占优势。即便贸易极其繁盛的古罗马，到后来也开始有货币的铸造，而且最初铸造的仅有铜币而已。罗马本有多种多样的铸币流通，至公

古罗马货币

元前269年乃有银币铸造，但卡普亚（Capua）早已有贵金属铸币。印度的货币铸造始见于公元前4、5世纪间，系从西方传来的，技术上真能使用的铸币，至亚历山大时代后始有之。在东亚，则真相不大明白，我们或许可推定，该地货币之铸造也有一定程度的发展。今日该处的货币铸造，由于国家官吏继续铸造劣币，结果只能以铜为限。

直至17世纪时，铸币的技术与我们今日的技术还很少有共通之处。古代铸币以铸型为之，中世纪时则用手工"打"成，直至13世纪时，此种铸造仍完全为手工业的过程。铸币之制作，必须运用完全手工的工人十人至十二人之手，故其成本极巨。今日铸币之成本，仅以千分之若干计算，但当时面额小的铸币需抵币值的四分之一，即使至14、15世纪时，依然有在百分之十以上的。因为技术的简陋，所以即使最良的铸币，亦缺精准；英国的金币铸造工程，虽然比较完善，但其误差恒可达百分之十。于是在交易流通中，只有按重量授受，以避免此弊。于是，货币之成色，唯有以加印为较妥之保障。最初铸币中比较精确的，当推有名的佛罗伦萨之金币（1252年之后），其各个货币的质量亦较匀。技术上足以信赖的铸造法，至17世纪末叶始有之，只是铸造机早就被应用了。

今日所谓的金属本位，系将某种铸币定为支付手段，或者可以用任何金额（本位货币）或至一定的最高额（补助货币）来用之。而与之相关联者，则为本位货币之自由铸造原则，即无论何人、无论何时，若支付最低的铸造费，则有要求铸造之权，使其可无限制地用作支付手段。金属本位又有单金属本位与复金属本位之别。关于后者，今日唯一的可能形式为两本位制。在此制度下，多种金属相互间有确定的比率。以前较通行的第二种可能形式，即所谓的并行本位制。在此制度下，货币事实上固可自由铸造，只是无任何确定比率存在，或者仅有一种对各样价值比例之周期性的评价。对于铸造的金属，交易需要的性质有决定性的意义。国内交易及地方交易可以用价值不太大的本位金属为之，故于此可发现银、铜或两者一并流通。若为远地交易，长久以来只有银两，当商务重要性增加时，有次第倾于用金之势。于此，金对银的比率之规定，对于金在事实上的流通其实具有决定性。若一种金属所定的比率低于其实价，则该金属必不以铸币出现，而以其生金属形态出现于交换中。

各种金属间价值比例的发展，在东亚与西亚及欧洲间有很大差别。东亚诸国对外的封锁政策发生变化的情形，故其价值比例可以保持，而为西方所不见。例如在日本，金子曾被估价为银子的五倍。而西方货币比价的连续性，未曾有此纷乱之态。巴比伦系用银计算之国，只是国家并不造币，而以私铸的加印银块流通。市面金与银之比价为一比十三又三分之一，此种比率就是古代金银比价的基准。埃及人采用巴比伦的银块，但其计算则以铜、银、金等并用，于大宗交易时多以金币来计算。

古代后期直至墨洛温王朝为止，罗马的货币政策是很确切明白的。罗马当初事实上系采用铜、银并行本位制，并设法将比率定为一百一十二比一。相当于青铜一磅的银币之创立，尤有重要的意义。金之铸造全为商业货币之用，而铜渐次沦为小额交易之信用货币，仅剩代用货币的功能而已。造币之权，事实上多集中于诸将军之手，直至共和时代，金银币上多印有当时将军之名。此种造币，其动机并非由于经济上的目的，其实是作为供军队中论功行赏之用。至恺撒把持政权，才有确定的本位制颁行，实行金本位制。金银比率为每一金币值银币百枚。此项规定，使银之价格稍为上涨，可知买卖上银币之需要已有增加，金币直至君士坦丁大帝时代依然存在。银币之试铸亦不时被发现，如尼禄（Nero）曾铸造第纳尔

（Denar），使金币之价值更为之增高。卡拉卡拉（Caracalla）以经营劣币铸造为业，其从军人阶级出身的后继者亦加以效尤。此种铸币政策（并非相传的贵金属之流向印度，或矿业之停顿），实为罗马铸币制度崩溃的主因。及至君士坦丁大帝登位方见复兴。大帝铸造新币以代替金币，每黄金一磅（约等于327.45克）铸新币七十二枚。此种新币，于买卖之际，或许依重量而计算。至罗马帝国崩坏后，此项新币依然存在。在墨洛温王朝时代，此项货币在以前属于罗马经济地域内的德意志，博得了最大的信用；唯有莱茵河的东部使用古代罗马的银币，其性质颇类于后来非洲的玛丽娅·特蕾西娅银元。至加洛林王朝，政治的重心渐自法兰克帝国的西部转移到东部；同时，在货币政策方面，虽然从东方输入了大量黄金，但最终从金本位制推移向银本位制。查理曼大帝经过种种不甚明了的方案后，确立了一种409克重的铸币（此项推测，尚有讨论的余地），以此铸出十二第纳尔的铸币制度——今日英国式的计算单位，镑、先令、便士即其遗留物——至中世纪末期仍然存在，欧洲大陆的大部分地区亦因此而多采用银本位制。中世纪铸币制度的中心问题，并非本位制问题，而是出于支配铸币生产的经济及社会性质的问题。古代对于国家之垄断铸币极为重视。至中世纪时，各封土俱有货币铸造所，其所有者即封主。故自11世纪中叶以来，加洛林王朝的铸币制度仅有一种民法上的效力而已。货币铸造的特权，名义上虽然尚为国王（或皇帝）所垄断，但铸币的生产则由手工业组织为之，由此铸币事业所产生的利润归各铸币特权者所有。货币铸造权之分散，实际上就是铸造劣币之诱因，逐渐普及于各地，以成中世纪劣币横行之势。当时流通于德国的金币，在13世纪至16世纪之间，其含量减低至以前的六分之一；英国的第纳尔，在12世纪至14世纪间，亦有同样的减削。在大苏勒德斯货币——一种两面均刻有文字的厚货币——的发祥地法国，此前曾与德国于12、13世纪时所铸造的单面文的薄货币在竞争中获胜，此项新币流通于14至16世纪间，价值减少至以前的七分之一。货币恶铸之结果是银币失去不变的计算单位之资格，故商业中金之应用大增。至1252年佛罗伦萨有重达三克半的金币铸造，技术上尽量求分量均匀，于是在货币史上乃成为创举，一时各地人士均乐于采用，新货币遂一跃成为商业上惯用的计算单位。不过货币经济上银之需求增加，故银价上涨。至1500年时，金银间的比价已从一比十二点五跃至一比十点五。此外，金属价格亦异常波动，生金属与铸币间亦产生差异。大宗交易上固然以生金属或佛罗伦萨金币来计算，但小宗交易中则以其他货币来授受。货币之恶铸，故可归咎于铸币特权者之贪欲，但同一种类的货币间，其成色重量竟有相差至十分之一的，亦为其原因。结果流通的仅为最劣之币，纯良之币已被其驱逐殆尽。铸币特权者乃益肆其贪欲，利用其垄断权发行新铸币，收回旧币。只是此等旧币仍多流通于他们势力以外的区域，故铸币特权者亦难以在其领域内贯彻其特权，只有许多诸侯间结成铸币同盟，才能发生变化。故除佛罗伦萨人的铸币凭借信用而卓著外，中世纪其实是货币发展史上的黑暗时代。

　　但恰好因为此种货币铸造之不合理的状态，货币的自由铸造乃成为自明之理。可能铸币特权者只求征收造币税，坐享铸币事业之利益，乃竭力使所有的贵金属输至自己的铸造所。贵金属之所有者在这一方面便受到一种压力；"禁金输出"政策是常见的，尤其在有矿业的地域，矿工及贵金属矿山的所有者，对于其金属应否输往铸币特权者之铸币工厂，几乎无选择之权。但所有这些方法并无效果。不法者不仅暗中偷窃，铸币特权者亦以协定的方法让矿山业者将其贵金属输至其他铸造所，铸成货币后再运入自己的领土。整个中世纪时均有此项货币贸易，因为各种货币的需要不能估计，特权者又随意增高或降低其造币费，于是只有相互竞争使其不能增高。

16世纪以来，流入欧洲的贵金属大增，为铸币制度上确立稳定的关系奠定了经济基础，当时至少在欧洲各专制国家中，此前大多数铸币特权者及其竞争之事已告破灭。在16世纪以前，欧洲贵金属流出之势甚烈，持续至150年的十字军东征时代，欧洲人掳得了许多贵金属及大规模耕作地的利益，贵金属之流出乃告终止。瓦斯科·达·伽马（Vasco de Gama）及阿布奎基（Albuquerque）发现了至东印度的航路，打破了阿拉伯人的商业垄断。墨西哥与秘鲁银矿的采掘将美洲贵金属大量地输至欧洲大陆，此外，又发明了汞合金的采银新法。由南美洲及墨西哥掘得的贵金属量，在1493年至1800年间，黄金达二百五十万克，白银达九千万至一亿克。贵金属生产的增加意味着已铸的白银之增加。于是银本位制得以普遍实行，且可在记账货币上体现出来。德国当时亦新铸银币，以代替旧有的佛罗伦萨金币，此种情况持续至巴西金矿被发现为止。巴西金矿之发掘为时虽短（18世纪初叶至18世纪中期），但其出产量足以支配当时的市场，结果违反了英国的立法者，特别是牛顿的忠言，使英国最终采取金本位制。18世纪中叶以来，银生产复居要位，影响到大革命时期的法兰西立法，而有实行复本位制之举。

但货币制度之合理化，不能一举而成。盖在合理化实现之前，虽然有诸种铸币普遍流通，但如今日之货币则尚未有。斐迪南（Ferdinand）一世的帝国铸币敕令（1559年）中，也不得不承认三十种他国的铸币。而且当时比较小额的铸币，因为技术水平不够，其差异很大，又加以铸费极高，故16世纪时德国曾限制小面额钱币的支付力，但并非将其降为辅币（辅币之合理的铸造，始自英国的本位政策）。当时公定的计算单位，为上述以新银币来计算的金币。然而事实上其发展步骤如下。即自13、14世纪以来，货币铸造始与商业交易分开，以生金银计算价值，之后复以重量授受，规定某种铸币（国家亦不得不承认此习惯）可用于支付，最后货币流入存款银行。后者之先驱，在中国可得其最佳之例，该国因货币恶铸之结果，商业交易上有制定的金属兑换钱号。各商人确定重量单位后，先由银行寄存钱号，于结清债务时用票据付给对方；虽然亦有以加印的碎银直接支付的，只是其重要性远逊于前者。故此种钱号货币系以商人存储银行的贵金属为准备的，与钱号有往来的人将其作为支付手段。16世纪时，此种先例西方已仿行之，如威尼斯的里亚托（Rialto）银行，阿姆斯特丹（Amsterdam）的威塞尔（Wessel）银行（1609年），纽伦堡（1621年）及汉堡（1629年）亦均有此种银行出现。它们于计算时以生金银为基础，在授受之际则折合为货币。各项票据通例俱有最低额之限定，支付亦然。如阿姆斯特丹之票据，以三百盾（Gulden）为最低额，凡六百盾以上者，亦必须经银行而后可支付。汉堡的此种银行货币本位制，一直存至1873年。

近代货币政策因为没有财政动机而与以前的区别开来。换言之，其性质取决于一般经济利益，以商业对稳定资本得以计算为根基。在此方面，英国较其他各国处于领先地位。昔时英国国内商业以白银作为有效的支付手段，国际贸易则以金币作为计算之基础。自巴西金矿被发现以来，黄金流入英国境内，英国实行的并行本位制渐陷困境。金价大跌，则金铸币充斥市场，银币大有被逐出流通界之可能。当时工资支付多以银币为之，故资本主义企业以避免银之流出为有利。起初英国政府欲以种种人为方案来维持并行本位制，直至1717年，英国政府才确定新的可靠的估值办法。在牛顿的指导下，英国的标准金币几尼（Guinea），规定抵银币二十一先令，虽然金子仍被高估，但18世纪中期，金仍然持续流入，银则流出，英国政府乃实行极端政策，正式规定金为本位金属，银降为辅助货币。银乃失去不受限制之法定货币的地位，且新银币系与其他贱金属合铸而成的，其成色较前低，故流出国外之危机顿减。法国政府于大革命期间屡经试验后最终采用复本位制，其基础为银，每九镑白银铸法郎千枚，并制定金银间比价为十五点五比一。当时法国境内钱币之需求庞大，故此项比价在长时间内得以稳定。19世纪初，德国金属生产渐减，当时银本位货币之维持势在必行，因为无法向金本位制推移。但金子仍被铸造为具法定价值的商业货币，尤其是在普鲁士。只是助成金之特殊地位的努力终归失败。至1871年获得大量赔款后，德国才有了推行金本位制的机会，又因加利福尼亚金矿的采掘，世界上存金量大增，金本位制之实施乃较为容易。当时昔日之比价变动尚少，故德国政府基于此有了铸造价值三分之一泰勒尔（Taler）的德国马克之举。因为每磅白银值三十泰勒尔，故金银比价为十五点五比一，而每磅黄金则值一千三百九十五马克。

第七节　前资本主义时代的货币业务及银行业务

在前资本主义时代，凡有多种货币之处，银行业务主要为兑换业务。此外的付款业务，特别是隔地支付亦为必要。夷考古史，尤其是希腊，我们发现了典型的银行业务，实为承受委托付款，及发行便于远方支付的商旅信用券。当时虽无今日之票据，只有支票的雏形，但已被用作支付手段。货币保管业务（存款业务）亦为银行最早的业务之一，古埃及与罗马俱已有之，埃及的银行家大多为财产管理人。在巴比伦（中国、印度亦然），货币没有许多种类，故兑换业不发达。然而这类银行家另有一造币的业务，即上文屡屡提及的加印于银块上使之成为通货。之后，银行家就经营节约现金支付之劳的汇兑业务，只是汇兑买卖者须预存相当的金额于该银行。与此相当的，我们于巴比伦发现有银行票之物，但非今日所谓的钞票。近代的钞票，其流通与各存款者的存款无关；而巴比伦的银券，则全部是便利汇兑买卖者之间支付的工具。此最早的汇兑买卖之范围，详情不得而知，但无论如何我们决不能以过于近代的眼光视之，而且其大多仅用于地方的买卖而限于商人之间。所以此类银行票并不能成为一般流通的对象。巴比伦银行业授人信用的业务，系从汇兑买卖发展而来的，这是巴比伦的特色。职业的银行家若得相当的保证或抵押，可以授人以小额信用。巴比伦银行家之所以能成为信用上的中介，实因无铸币之存在所致。买卖之际，虽然以银为计算基准，但并不以之作为直接支付之用，故必须以银行家为中间人，由他们规定支付之期，并对卖者保证清偿。巴比伦的银行业还有其他特质，能经常授人以企业资本。从楔形文字中，今日尚可发现许多古代所不易见到的出借企业资本之契约。此种现象之原因可能有其根源，即有铸币之处，银行业务多从铸币业务发展而来，只有在巴比伦，则从货币（信用）买卖业务中衍生而来。

罗马的银行业呈现两种特色：首先，银行家乃职业的拍卖人。其次，有现代意味的活期存款业务，以及承认借银行家之助为整理债务的一种特殊手段。此种业务的目的，在罗马时代，在于形成一种稳定的支付手段，因为那个时候尚无银币铸造，且造币之品量常随将军们的战利品而转移。由此种罗马铸币状态之落后，就不难知存款及根据相互计算之超额的支款有如此重要的意义，而银行家之记账，必须按一种统一的规定来进行。罗马的货币商账簿已将借方、贷方区分清楚，只是其意义与近代的不同。每一位顾客俱为之置有一账簿，记入其借贷两方。由此记账，可对支付情况一目了然。此外，关于此项记账之详细项目，至今多已湮没，无可查究。

一般来说，古代之银行，其为私人企业者，系属偶然之例外，它们常遭遇修道院及国立银行之激烈的竞争。

古代的修道院先是储金金库，就其为银行而言，此为主要的业务，且其储金之信用较私家银行为大。修道院中的储金带有神圣的性质，故无劫掠之虞。德尔斐（Delphi）修道院为多数私人财富的保管所，尤为奴隶的贮蓄之所。据遗存至今的铭文所云，谓上帝买得了奴隶的自由，实为奴隶自己的积蓄，他们为了防御主人的侵夺，故将积蓄储于修道院。巴比伦、埃及、希腊及多数古国的修道院皆曾尽储金金库之功能。只是罗马的修道院早已失去此特质。故古代的修道院亦为大贷主，尤其是贷予诸侯，因为其条件较私人贷金业者要优利些。大贷主的事在《汉谟拉比法典》（*Codex Hammurabi*）中可以看到，但一般的贷主即国家的货币保管所及修道院。巴比伦的太阳神（Sippar）庙及埃及的阿蒙神（Ammon）庙就是履行此业务者。雅典海上同盟的国家金库，也就是雅典的修道院。私家银行的第二劲敌为国家银行。银行制度之国有化，其发生原因并不是中世纪那样由于私有银行业之腐败或破产的结果，而是出于国库财政的考虑。可能当时不仅兑换业务已成为利润资源，而且在政治上亦须吸收大宗存款。故在希腊诸城邦，特别是托勒密王朝时代的埃及，国王垄断银行。当时银行垄断之确立，全为国库财政的设施，与今日国立银行之发行兑换券、调整金融市场、控制铸币政策全不相干。至于罗马骑士作为一个具有资本主义特征的阶层所拥有的特殊势力，根本上是由于他们能阻止国家垄断银行业务而来的。

中世纪银行制度之萌芽，种类殊多。11世纪时，有兑换商从他们的买卖中得到颇厚的利润。12世纪末，对远地的汇兑买卖俱须经其办理。其所用的为一种名为票据的证书，系由阿拉伯人传来的。贷金业务仅由定居的银行家所经营，与古代不同。他们通常仅贷放巨额金钱，且只贷给公家。小额贷金业则为犹太人、伦巴底人及高辛人等经营，后两个民族包含各种南方人。与此项不同种族的消费信用放款（起初系有抵押或担保而利息极昂贵的紧急信用）相并列的，企业信用（即企业资本信用）放款之出现亦颇早。对于此种经营，银行家亦参与，只是与巴比伦不同的，彼等尚须与种种商品之商人及私贷金业者相竞争。然而货币之铸造日劣，汇兑业务乃极感需要。有金属或他种全价货币为存款的商人阶级所共组的银行乃出现，即以存款为基础，发行汇票或支票（有最低金额之规定），以便利债之清偿。兑换商曾一度掌握了存款业务，但他们终究不能有足够的信用，大的合资银行因此而起。中世纪银行业务的领域中，还有征收租税之事，相当于古代的租税承办制。13世纪初至14世纪末，此为一大财源，佛罗伦萨的银行大豪族——阿奇艾乌奥利家族（Acciajuoli）、佩鲁齐家族（Peruzzi）、美第奇家族——尤源于此。它们遍设分店于各重要商业区域，故当时最大的税权者元老院，从各地收取租税时，实为现在的税局。它们保有最正确的计算，并规定以佛罗伦萨金币为标准，收取完全价值的货币。此种任务，使租税收取者可从中获得厚利，与中国官吏的状况相同，因为有各地杂币，租税收取者可按元老院所欲之币自定比价来收取。此外，中世纪银行的业务中，还有一项金融业务。然而我们切勿误会，以为此即今日供大企业以金融之事。当时金融需要之成立，只是偶然有之，通常多为战争冒险之用，此于12世纪时已见之，如热那亚。热那亚人向塞浦路斯的海上远征，即受"Maona"（为征服和开发某地而成立的股份公司）的资助。城市间的战争，债权者亦起而组织团体加以资助。约在一个世纪间，热那亚的租税制度及港税制度俱以此项银行团体之利益为依据。更进一步者，为14世纪时佛罗伦萨的银行家资助英法战争。

此等业务仅出诸私人之手，乃产生种种问题，即他们的资金自何而来、流向何处，银行将如何履行到期的债务，于是涉及中世纪银行的清偿能力。上述企业的清偿能力甚为不良。如前面所云佩鲁齐或其他大银行家所贷予佛罗伦萨供战备之款，并不出于其自身资本，即使令他们倾其所有，亦不足贷款之额，而是借其信誉以极低利息吸收人民的存款。通常战争上的贷金，期限较长，但人民存款则短期间内可以提取，故军事企业之投机苟有不利，银行家必至应对乏术而不得不公然或暗地里宣告破产。此种遭遇，富格尔家族亦有之。可能其由西班牙国王所得之结果，不仅为巨大的损失，而且其剩余的财产额亦被束缚而不得活动。私人大银行的资力既然不足以助力国家的大企业，且其清偿能力又极其有限，于是垄断的银行乃应运而生。拥有政治权力者为获得货币起见，常以特定的垄断权（商业垄断、关税垄断及银行业垄断）委诸私人。诸侯及城市领主每将银行国有之垄断权委诸私人以取得贷款作为交换。此项私人垄断银行最古老的例子为热那亚的圣乔治银行，最新之例则为英格兰银行。后者并非商人们自由联合的组织，而为资助西班牙王位战争的纯政治性企业。它们与中世纪银行的差异之处，在于它们以经营汇票为基础。

今日的票据乃支付手段之一种，其成立须有三类关系人，即受票人、发票人及支付人。其中责任最大的为发票人，承受人于承受之瞬间亦须负责。若以签名保证的方式让第三者，则保证者亦有责任，不问票据之如何提取。若遇拒绝收受之际，有特别的执行手续，在中古时代，包括债务的拘留处分。汇票对于今日银行之意义亦在此项特质中，因为由此可于一定期间收得一定货币，进而确立其清偿能力。中世纪时就没有这样的可能性，票据虽然已有，只是性质上不过类似于今日之支票而已。当时的支票仅为支付手段，特别是供远地支付手段之用，人们固可以之偿债，且在另一处可以提款；故当时票据多适用于异地间的支付契约及支付履行，同地票据被看作类似于重利盘剥，为教会法所严禁。中世纪时典型的票据由两种不同的证券所构成。其一为"开口信"，与我们今日的他地转划相同，比如热那亚的商人甲对巴塞罗那的商人乙，许其于一定日期支付一定金额，由甲之债务者丙付之。若票据为诸侯所签发，则可向税库支取，转由宫廷支付之。其二为"闭口信"，实为今日票据之基础，即对于签发该票之债务人，通知其清偿债务。开口信之收取须经公证，但闭口信仅为一书状。两种票据均须按照发票所书收款人的姓名交付之。其发展的结果，因为开口信所费较多，故逐渐被淘汰。其中所包含的责任，渐为汇票所采用，它的重要性因而增加；只是近代的签名保证，至19世纪时始有之。的确，那时的票据虽然已包括"我承诺对你或你指定的收受者付款"的方式，进而收受者得此票据转付于其他收受者，但因负责支付的正规机构在大市场内发展起来，故此种规定乃告消失。于此，可由票据交易所为之划销，仅其差额以现金偿还，可免输送现金之风险。事实上，票据仅为贴现者，可向汇兑银行或商人团体兑现，此对于参与决算的商人有利，可垄断汇兑的手续费，故反对签名保证的划转方式。故至16世纪时，任何交易皆用新签票据，不用签名保证的划转之法。然而在此情形下，16世纪的票据法亦已发展至今日的状况，"接受者必须支付"之条文把根据法律理由的一切纠葛都排除了。因为有此项无条件的保障，票据才能有今日银行纸币之特质。

中世纪时银行家的职责在于承兑票据，使其成为支付的媒介。今日银行家接受贴现的票据，即以折扣买入，以后再收取其款，他们是把他们的资本投于票据之中。首先采用此种票据政策的为英格兰银行。

在英格兰银行创办之前，英国银行史上可见的为金匠，他们为贵金属商人及所有者总揽银行业务，且常常垄断铸币重量及品质的鉴定，但他们未曾有前面所述的任务。他们如中世纪的银行家那样经营着存款业务，也为斯图亚特（Stuarts）王朝及克伦威尔（Cromwell）王朝筹措资金。他们也曾经营存款业务，对其顾客发行所谓的金匠券，此券流通颇广，不只限于存款的主顾之间。这一切都随着1672年国家银行的破产而终止。当时政府宣称国家债务仅能支付利息不能归还本金，而金匠的存款者则有随时提现的权利，但金匠无法满足提现要求。结果英国存款者疾呼成立国家垄断银行。政府于是利用此良机，借其政治权力，由国家垄断银行业分其利益。国立银行的安全性较一般商人的银行更大，故容易吸引丰富的存款，铸币之困难亦消失于无形，因而商人借款时利息可较低。当时的银行自然不能与今日的相比，盖今日的发券银行有其特殊任务，可借其贴汇作用将贵金属输入国内，或使积储过多的贵金属流通于市场。当时政府希望发行银行成为一种存款银行，以固定的金属量为根据而发行票券，帮助减缓金银比价间的波动。1694年英格兰银行的成立，完全出于资助威廉三世对路易十四发动战争的政治动机。其成立之时，即以一定的税（特别是监税）作为对贷主的抵押。应募之债权者，由国家特许其组织一团体作为监理人。该项新措施遭到了种种反对。最先反对的为威廉三世的政敌保守党人，自由党人亦恐王位之巩固而表示反对，于是此银行只能成为私营的组织，且规定须由议会特别决议，此银行可对国家贷款。故据保守党

世界上最早的银行是1580年建于意大利的威尼斯银行

之见解，以为此种银行只可与共和制并存，与君主制不能相容，他们认为，拥有此种银行的王国，必然受到与银行有关的资本家之支配。最后，金匠因为业务被夺亦反对银行的成立，地主则恐商人获得政治及经济的优势，故亦反对。银行成立之际拥有股份资本一百二十万英镑，最后全部到了国家之手，为报偿银行获得贵金属商业、商品之委托贩卖及票据业务等权利。票据业务的意义更为重大，因其与银行券之发行有关，至于此后银行如何利用其贴现政策及种种权利，则无人能想象之。唯开始系统的票据买卖以贴现形式清偿未到期的票据，以缩短生产者和商人将产品贩售给消费者之前等待收回现款的时间。英格兰银行加速资本周转，实为其票据业务显而易见的目的，其有系统的经营业务之前未曾有过。

欧洲以外银行制度的发展，只有一部分与欧洲的发展相平行。印度及中国的银行，直至最近还含有古代及中世纪的性质。它们与西方银行的不同之处在于对本位制度的统治拥有极大的权力。中国的银行家执行银两鉴定业务、规定信用条件、制定利率、指定支付的方法，除此种存放款业务外，对外贸易亦由其经营，故上一章所述支付交易的类型化全在其手中。然而就对外贸易而论，此为信用交易，例如在广州，这类业务掌控于几个大商家之手。中国以前政权割据时，战事频发，故银行业亦资助之，如欧洲之所为，但统一以后，这种投资机会便消失了。印度的银行制度则完全由教派或种姓阶级来统治。在独立王国时期，由银行进行政治性融资，至蒙古大汗[①]统一后结束了此项业务。之后政治性的货币业务只有为预算关系及预先收入目的的租税承办而已。今日的中国和印度银行，

---

① 此处指来自中亚的蒙古—突厥族后裔封建势力，其建立了莫卧儿王朝。——编者注

其职务本质上只有支付业务、小额贷款及短期信用而已,不存在如欧洲之有系统的企业信用或类似于贴现政策的业务状态。亚洲固有的交易中,仅有支票及多种支付证券之流行,真正的票据从未存在过。至于中国的银行家,则因为滥发纸币的现象而垄断了货币本位管理之权。

第八节　前资本主义时代的利息

利息的发端是一种国际法或封建法中的现象。在部落共有制、村落共有制或氏族共有制时，有偿的劳役根本不存在，故利息及借贷均不存在。若需要他人相助时（如建造家屋时），则出于同胞的援助及基于氏族同胞互助义务的紧急援助。罗马以实物偿还的借款，亦为一种无利息的借贷，是一种古老的借贷方式。此紧急援助义务为宗教团体所采用于同教中人，以犹太人最为有名。其取利并不足怪（因为全世界均已取利，中世纪的修道院亦取之），唯犹太人向基督教徒索取利息，而他们之间则不取，这对于西方人来说是奇怪和可憎的。希伯来法律中禁止向同胞取利及放高利贷，其理由半为军事上的，半为宗教上的。一方面，氏族兄弟不得因负债受拘禁处分，从而使军队受损失。为此，古埃及的宗教法典视之为天赐神权的特殊威力，归因于贫者之诅咒，此种观念被载入摩西的《申命记》（*Deuteronomium*）中并加以采用。由此产生的对内与对外道德的差异，至犹太人流浪后仍存在。在以色列人成为犹太人以后，对于同族者仍禁止取利，对于异族人则可收取。故迈蒙尼提斯（Maimonides）提出有无对他国人取利之义务的问题。同样，初期的伊斯兰教及婆罗门教也禁止对同胞取利。故利息之产生在各处皆为不同种族间的借贷，或身份阶级间借贷上的现象。在这一方面，债权者及债务者间的对立关系，最初常存于城市贵族与乡间农民之间，中国、印度、罗马各处俱然，《圣经·旧约》中亦为此种观念所支配。利息之所以能禁止,源于昔时所通行的紧急信用,原为消费信用,原有的对同胞应尽义务的思想容易引起支配阶级取利的反感。又如债务者将成为无土地的流浪阶级,不能再自行武装,对于军事上亦大有影响。

实物借贷乃为破坏禁止取利的诱因。开始为家畜之借贷。在游牧族群中,有产者与无产者之间的对立是极其尖锐的。全无家畜的男子,其一切权利皆被剥夺,若欲恢复其公民权,须借人家的牲畜来饲养。通行于巴比伦的种子借贷,其意义相类似。于此,其所贷之物能产数倍的收获,故债权者要求收获的一部分,似乎并不违理。此外,城市生活发达之处,利息之禁令亦渐被破坏无遗。

在基督教盛行的西方,以盈利为目的之信用需要出自定额利息的借贷者,初时甚为罕见,多采取联合的姿态。其原因并不在于教会之禁止重利盘剥,而因为海外盈利企业风险极大;故债权者起初不以利息为重,而是分取所获以为报酬。所以意大利的资本出借,随所往之港口而定利息。此种原始的盈利信用业务,并不与教会之禁止高利相抵触。反之,陆上运输信用业务因风险远小于海外商业,渐取确定的利息。由"安全地"一语可知不管企业结果如何,投出的资本最终必能复得。但同时,教会之禁止高利却更为严厉。利息禁令并非纯为自然经济时代之产物,而为货币经济下的发展者:教皇格里高利九世曾申斥海上贷款为重利盘剥。所谓教会对于利息曾采用临机应变的政策,因而有利于资本主义的发展,亦是同样的错误。事实上,教会反对取利始终不懈,往往于人临终时尚逼其归还利息,亦犹今日于忏悔席上归还窃自主人之财物。但货币经济发达后,禁止取息更加不可能,教会不得不用特赦之法以应付局势。15世纪时,佛罗伦萨的大银业家得势之际,教会不得不承认反对无效。于是神学尽量用最宽容的语句去解释反对利息的意义,但教会自身是一种世俗的势力，亦不得不有赖于有利息的贷款。最初，在教会自身设有贷金所以前，由犹太人放小额贷款。它的特征在于为政治权力采取掠夺政策提供了机会，那就是以犹太人之利息剥削群众，不时没收其收益及贷金，并放逐犹太人的债权者。犹太人因此被从一个城市驱逐至另一个城市，从一个国家驱逐至另一个国家。诸侯间有为谋取此利而形成同盟者，如纽伦堡之班贝格与霍亨索伦大主教间的同盟，意在瓜分亡命的犹太人之财产。同时，教会对放贷收息的态度亦日渐谨慎。尽管从未颁布过正式的解禁令，但在19世纪中期，教会曾多次承认在某种条件下的放贷取息为合法。北欧则因新教之流行，高利贷禁令逐渐被打破，但非一朝一夕所能完成的。在加尔文派宗教会议中，仍常有放贷者及其妻子不得参与晚餐的观念，但加尔文于《基督教要义》内声明禁止放贷取息，只为保护贫民免遭盘剥，而非保护富人以借得的金钱营业。至17世纪时，古典文献学之领袖萨尔马修斯（亦为加尔文派）著书《高利贷论》（*De Usuris*），并发表了诸多论文，禁止放贷取息的理论基础被彻底颠覆。

第四章
近代资本主义的起源

无论在何处,无论所需为何,只要存在以企业方式满足人类需要之工业,必然存在资本主义。进一步说,合理的资本主义经营即用资本计算之经营,换言之,即可用近代记账法及借贷对照表进行计算其收益能力的盈利经营,此为荷兰理论家西蒙·斯蒂文于1608年提出的。

第一节　近代资本主义的意义及前提

无论在何处，无论所需为何，只要存在以企业方式满足人类需要的工业，必然存在资本主义。进一步说，合理的资本主义经营即用资本计算之经营，换言之，即可用近代记账法及借贷对照表进行计算其收益能力的盈利经营，此为荷兰理论家西蒙·斯蒂文（Simon Stevin）于1608年提出的。自然地，在向资本主义发展的过程中，个体经济可以多种不同形式来经营；一部分经济供给以资本主义形式进行组织，其他部分则以手工业或庄园形式进行组织。例如在热那亚很早就用资本主义的方法组织股份公司，以满足供应战争所需的一部分资金。在罗马国家内，首府居民的粮食供给由官员负责。他们为达其目的，不仅能任免其所属官吏，而且控制了运输组织的业务。在今日，我们的日常需要与过去大多不同，但均以资本主义的方式来满足；不过政治的需要则以徭役义务的履行而解决（如兵役义务、陪审义务等国民义务）。一个时代如果可以被称为典型的资本主义，那它必须得满足所需的条件，已经形成非常显著的资本主义化组织，显著到好像一旦此种组织消失，整个经济制度必将消亡的地步。

历史上的各时代虽然有各种形态的资本主义，但以资本主义方法满足日常需要的，唯在西方存在，而在西方亦为19世纪后期之事。其他时期如在古代，虽然亦有资本主义的萌芽，但均不过是萌芽的性质，16世纪时出现了资本主义特征的机构，即使将其全部从经济生活中除去，也不致发生根本性的变化。

因此，近代资本主义存在的前提需要有合理的资本计算，为满足日常需要的一切大型企业之规范。这样的计算包括：（1）一切生产的物质手段（土地、器具、机械、工具等），成为可由自治的私人盈利企业自由处置的财产，这是现代才存在的现象。只有军队一事，在各处均为例外。（2）市场之自由，即市场由不合理的流通上之束缚解放了出来。流通上不合理的束缚，可由身份阶级的性质，即各种身份阶级，预定了特殊生计，消费亦为身份阶级所类型化。或者由于身份阶级的垄断，例如市民阶级不许有骑士领地，骑士或农民不得经营任何工业，因此不能有自由的劳动市场或自由的财富市场。（3）有合理的计算可能性，包括机械化的技术。这不只适用于生产及商业方面，且可合理地计算生产费用及移动费用。（4）有合理（即可预测）的法律法规。如欲合理地经营资本主义经济，必须有可以预测的审判及执行。此种保障在希腊的城邦时代、亚洲的世袭制国家或斯图亚特王朝以前的西方诸国，均未有之。国王的特赦令及滥用恩典，不断地使经济生活之预测发生混乱。故"英格兰银行只适合于共和制度，与君主制度完全不相容"之观点，正是说明当时之状况。（5）自由劳动之存在，不仅在法律上可以自由地在市场上贩卖自己的劳动力，而且在经济上亦需自由劳动者之存在。如无此种出卖自己劳动的自由无产阶级，只有不自由的劳动者，那么与资本主义的本质不相容，资本主义的发展亦不可能。在自由劳动的基础上，始能进行合理的资本计算。换言之，即须有形式上自由、实际上为饥寒所迫而不能不出卖劳动力的劳动者存在，生产成本能根据工作之定额进行预算，资本之合理的计算始有可能。（6）经济生活之商业化，指企业之股权与财产权可普遍地使用有价证券。总而言之，必须以市场机会与净收益的估算为基础而供给各种需求。商业化是资本主义的特征,同时,还有至今未提及的要素,即投机之重要性。唯投机须在财产采取可让渡的有价证券之形式后,始能有此种重要性。

第二节　资本主义发展的外部现实

商业化的意义有：第一是企业股份证券之成立；第二是收益证券特别是国债券及抵押债务的证券之成立。

此种发展，只见于近代的西方。在古代，罗马纳税农民的股份合资公司亦可被视为其先驱，由他们与公众共分所获得的收益。但这是一种偶然现象，与罗马的生活需求之供给无关；因此，即使此种现象完全不存在，罗马经济生活的景象亦不致发生其他的变化。

在近代经济生活中，有价证券之发行乃合理的获得资本之手段，其最显著的为股份公司。股份公司有两种不同的出发点：

第一，可为预期收益之目的而将股份资本集中起来：政治权力欲控制一定的资本收益，因而由股份公司收买或承受此种收益。热那亚的圣乔治银行即为此种金融大规模运用的例证。与之相近者为德国诸城市之收益凭证及佛兰德斯之国库券。这种方法的意义在于将多数无利或不能偿还、课于有产者的强制公债之原始方法，改为根据参加者之自由意志并有收益的公债。因此，国家所进行的战争变为有产阶级的一门生意。在古代，高利率的战时贷款是不为人所知的，在臣民不能提供必要的物资时，国家须依赖外国金融家提供的贷款，以战利品之分配权作为担保。如果战争失败，贷出之款项即完全损失。为国家目的或战争目的向一般的经济势力筹集资金，乃中世纪之产物，特别是城市之产物。

另一种在经济上更重要的结合形式是商事企业与金融援助的结合。今日最盛行的为经济盈利目的而进行的联合形态——股份公司之发展，就是从此种商事金融结合逐渐发展而成的。这样的组织有两种形式：其一为超出单个商家之资源力量的跨地区性质的大企业；其二为国外的殖民企业。

对于无法由个体企业者提供资金的国内企业，通过集体融资实为常例，特别是在15、16世纪时城市的经营中。有时，城市本身亦经营国内的商业，唯在经济史上有更重要的意义者为另一事例，即城市依赖公众，公众参与由城市所组织的商业企业。它所实施的规模颇大，如城市诉之于公众之前，同时强制因此而创立的公司容纳任何市民。因此，股份资本额为无限制的。在今日，股份者之责任只限于其所有之股份，然而在当时，则一次性付出的资本常常不够，而须再付。城市常规定参与股份的最高额，令一切市民均有参与机会。其方式便是将市民依财产税或财产额分为若干阶级，对各阶级分配入股金额的一定部分，以规定股份的最高限度。其与现代股份公司不同的地方，即虽然可随时请求付本，但个人之股份却不能随时自由让渡。故整个企业仅代表一种在萌芽状态中的股份公司。对于营业的经营，官厅实行监督。此种所谓"被管制的公司"的形式，特别在铁商施泰尔（Steier）、布商伊格洛（Iglau）间最为常见。自此项公司之上述的结构视之，其实与矿工组织同样缺乏固定资本。换言之，缺乏今日所谓的资本计算。股东不仅包括商人；凡诸侯、教授、宫廷之人亦有参与，正所谓一般意味的公众，他们乐于参与，以取得厚利。利益之分配全用非合理的方法，只就毛收益计算，没有注意到任何种类的储备金。近代的股份公司只需废止此种官厅之监督，即可成立。

可视为近代股份公司的另一前身为大殖民公司，其最大者为荷兰东印度公司与英国东印度公司，它们尚非今日所谓的股份公司。荷兰东印度公司募集资本时，因受全国各州市民的互相嫉妒，曾将其股份分给城市及各州，因此，不许一个城市垄断或承受全部资本。政府即联邦全体，参与业务之执行，尤其因为政府有使用公司之船舶与大炮的权利。在此公司中，亦无近代之资本计算与股份之自由让渡，虽然后者不久就小规模地发生了。此种宏大而成功的公司，使一般人知道和熟悉了股份公司的形态；由此，欧洲大陆的一切国家均采用公司制度。由国家特许股份公司根据其所得之特权，管控其加入条件与业务经营，同时，国家为其监督者，连业务规程之极小事项亦加以干涉。至18世纪时，始制作每年的借贷对照表，但它被大众普遍接受，仍须在发生了多次可怕的破产以后。

除由股份公司对国家需要予以金融接济外，同时由国家自身直接管理国家财政。此以预期的收入为抵押品及债权凭证开始作为强制的公债。在中世纪时，城市曾以收益证券筹集巨大的款项，以其不动产及财政能力为抵押。我们虽可视此为近代整理公债之先驱，但因为此与恩俸或与其他前提相关联，故只在某种条件下能如此视之。除此种应急手段之外，至17世纪止，曾以种种形式来筹集货币。例如利奥波德（Leopold）一世，为了募集所谓的"骑士（义侠）公债"，曾遣其使者向各贵族募借，只不过大抵均得如下之答词："请君至富裕之家募借为便。"

我们如欲理解何以至中世纪末期，德国城市尚实行此种方法及一般金融运营方法，则须知道当时尚无有秩序的预算制度。城市领主（与领地所有者相同）正如今日之私人小家庭，每周经营其经济；因收入有所增减，故须随时量入为出。为承收租税制，帮助解除此种无预算之状况，此种制度能保证政治权力预期每年所得金额之确定性，因而能预定经济之支出。因此，承收租税制成为财政合理化的重要手段，欧洲诸国最初出于偶然，后来便永久加以采用了。它也使预先自国家收入中扣除战争时所需之战费成为可能，因此具有特别重大的意义。合理的租税制度，为意大利各城市失去自由以后的成就之一。意大利的贵族根据当时商人的记账原理——虽然尚非复式簿记——管理其财政之最初的政治权力。此制度发祥于意大利，经由勃艮第、法国以及哈布斯堡诸邦而传入德国各州，并普及各地。尤其唤起财政之整理者为纳税者。

第二，为英国的财政审计制，"支票"一词即其最后的遗留物，能使人忆起此制度。因为缺乏运算上所必要的练习，此制度根据棋盘样的方式计算国家的应收款项。但通常并非设定总收入与总支出的预算，而系一种为特殊目的而设置的金库制，即特定的收入确定为特定支出之用，且只确定为此特定支出之用，此种方法之根源实为诸侯与公民权力之斗争。后者不信任诸侯，认为这是保护自己、使自己所纳税款不至于为诸侯浪费于个人目的的唯一方法。

16、17世纪时，使诸侯之财政政策合理化的另一种力量出现于诸侯的垄断政策中。其中诸侯自行垄断一部分商业，亦有用政治权力强制提供大量报偿金的特许商业。例如奥地利卡尔尼奥拉省的伊德里亚水银矿（汞化银之制造上所必要的）之采掘，常为哈布斯堡两派系间争论的对象，供给德国王室与西班牙王室而产生巨额的收入。腓特烈二世求得对西西里粮食的垄断，实为诸侯的垄断特许之第一个例证；其在英国最为广泛应用，且由斯图亚特王朝以一种系统的方式使之发达。只不过因英国国会的反对，亦最早被废止。斯图亚特王朝的一切新工业及工厂皆与国王之特许相结合，从而获得垄断权。由此特权而国王获得大量的收入，作为与国会斗争的资本。只是在国会得胜后，此等纯为收入打算的工业垄断被完全废止。由此我们可知，以为由诸侯之垄断政策生出近代西方所独有的资本主义，实为大谬。

第三节　最初的大投机恐慌

我们已举出资本主义经营的前提条件,为企业家生产物质手段之专有、市场之自由、合理的技术、合理的法律、自由劳动及经济生活之商业化。除此等要素外,投机亦为一重要诱因。至财产可用能自由让渡的有价证券来表现时,投机就有了重要的意义,最初发展的显著标志即它所招致的大经济恐慌。

虽然常把荷兰1637年所发生的郁金香狂潮视为大投机恐慌,但这并非此处的讨论范畴。荷兰因为殖民事业而变成富裕的贵族社

1637年荷兰郁金香泡沫破裂引发历史上第一次金融危机

会，以郁金香为奢侈的需要，于是此物突然价格飞涨。民众因陷于不劳而获的迷妄中，乃发生了一切欺诈。最后，狂热以同样的速度骤然崩溃，影响了许多人的生存。但这一事件对于荷兰人经济生活的发展，其实无多大的重要性；以玩物为投机对象，因此而引起恐慌的，各时期都有发生。但至于像约翰·劳（John Law）和同时期的法国大投机及英国对南海的投机，那就完全不同了。

在此等大国的财政运用上，久已实行先发行证券预收其岁入、然后再偿还的方法。因西班牙的继承问题而引发的战争，英国与法国的财政需要皆异常增大。英格兰银行之成立极有助于英国的财政金融，而在法国，早已负有过重的国债，路易十四崩逝时，几乎无人知道如何处置此过重的债务。在摄政时期，出现了苏格兰人约翰·劳，他自信对英格兰银行的成立极有研究，而且对货币制度怀有自己独特的理论。在其看来，通货膨胀即尽量增加支付手段以助长生产。他的此项理论在英国并不能施用。1716年，约翰·劳曾成立一私立银行，然而此银行当时并无特别的性质。它只确定接受以国家信用债券缴纳的资本，而该银行所发行的银行券，可作缴纳租税之用。但是此银行以何种方法能得到稳定的收益，能确实动用其资本，则毫无计划，此与英格兰银行完全不同。约翰·劳由此银行进而创立密西西比公司。对路易斯安那（Lousiana）地域的财政，投资达一千万法郎；公司承办等于此项金额的国债证券，获得开拓地域中的商业垄断权作为代偿。我们若检视约翰·劳的计划，则可知路易斯安那如欲以该地的收益偿还资本，恐须一百年才行。最初约翰·劳想成立东印度公司那样的企业，但忽略了路易斯安那与印度的不同，因为后者并非文化古国，而为印第安人所居住的森林荒地。1718年，约翰·劳发现有另一股份公司欲承办间接税并进行激烈竞争而对其产生威胁时，他便将密西西比公司合并于印度公司。新公司原为经营东印度与中国的商业组织，只不过亚洲商业已为英国所占，法国缺乏分得一份的政治力量。当时的摄政王又使约翰·劳一手承办货币铸造及租税业务，即约翰·劳以三分利率借款给国家，摄政王以此贷款偿还未清之债务，在此条件下，将国家之危急存亡交付给约翰·劳。于是民众开始狂热地投机。第一年时得到了两倍的分红，股票市价从五百暴涨至九千。此种市价之昂贵，因为当时尚无合理的交易所商业，无"卖空盘"的可能才可加以说明。1720年，约翰·劳被任命为财政总监，但他的整个企业不久均归于崩溃。国家虽然将约翰·劳的票券规定为唯一法币，但亦无效。为了维持约翰·劳的票券，乃极端限制贵金属的流通，然而国家因为势穷力竭，终归失败。无论是路易斯安那还是中国及东印度的商业，其所得的利润皆不足以支付利息，甚至还不能偿本，所以他的失败势不可免。银行虽然曾收有存款，但无丝毫准备提款的预备金。结果导致了破产，纸币价值等于零。因此，法国民众在长时期内陷入失望迷惘之中。只不过能自由买卖且由所有者负担的股票，成为民众所熟知的东西。

在此时期，英国亦发生了类似的现象，只是其过程不像法国那样狂热而已。英格兰银行成立后，设立一个同样的机构与之竞争的思想便很流行（1696年）。这就是土地信用银行之成立的计划，一如之后德国农业家常主张的提案，欲用土地信用代替银行证券作汇票之用。因为英国人深知此种企业一定缺乏清算的确定性，故计划未能实现。然而1711年自由党政府没落后，保守党政府竟先于约翰·劳而实行了此种方法。英国贵族与以清教徒为基础的英格兰银行相对抗，欲自成权力中心，同时欲偿还国债，因此设立了一个南海公司（South Sea Company），预付巨金给国家，而获得南海商业的垄断权以作为代偿。英格兰银行对此计划不能贤明地处之，反而用高价收买创立者的股份，不过因为保守党人的政治偏见反对它的参与，才拒绝了它的加入。南海公司进行的过程与约翰·劳的机构相同。结果英国因为南海商业亦不能避免破产，无论如何都不能够支付预付金额的利息。而且与法国完全相同，在股票上实行投机，其结果亦损失了巨大的财产，许多骗子则笑而引退，但国家（虽然不能谓为公平正大的方法）帮助减轻了其利息的负担。英格兰银行依然得以存在，因为它立于合理的兑换折扣之基础上，乃唯一有正规且充分的清算确定性的财政金融机关。为此前提的，因为兑换所代表的为已经出售的货物，故非有充分且正规的货物流通不可，此种流通则只有当时的伦敦有之。

此种投机恐慌，之后虽然亦常发生，但不及上述的那样的规模。最初合理的投机恐慌发生于百年后"解放战争"终了之后，之后几乎每隔十年，即1815年、1825年、1835年、1847年循环发生。马克思在《共产党宣言》中预言，资本主义崩溃时曾注意到此种恐慌。此种周期性恐慌最初是由于投机之可能性，无经营经验者均得到加入大企业之可能性。爆发恐慌的原因是投机过度，生产手段（不是生产）较消费财产之需要更急速地增加。1815年，英国撤消对欧洲大陆的封锁，表面上促进了创办工厂热，但战争已破坏了欧洲大陆方面的购买能力，故不能继续销售英国的产品。在此项恐慌尚未完全克服、欧洲大陆方面的购买能力开始发展时，1825年新的恐慌再次袭来，因为生产资料以从未有过的规模进行投机性生产，而且超出了需求水平。

一般来讲，之所以产出大量的生产资料，实因19世纪以来开始了钢铁时代。18世纪的机械尚为木制的，但自炼焦法、熔矿炉、起矿机、深入地底的采掘作业等出现后，铁成为创造生产资料的基础，因此生产从向来为自然所束缚的基本限制中解放了出来，然而同时恐慌乃成为经济秩序中的固有成分。长期存在的失业、饥馑、供给过剩的市场以及一切扰乱盈利生活的政治事件，自古以来各处均有。只不过如中国与日本的农民，在穷困时认为时运不济，上天不保佑，或者以为妖精作怪，造成水旱天灾，与认为社会秩序应对即使最穷苦的劳动者负责的人们，其间大有差别。前者的结果系向宗教乞怜，后者则主张人为的社会制度应负责任。故劳动者因此得到"非从根本上改变社会秩序不可"的结论。所以若无恐慌的袭来，恐难以产生合理的社会主义。

第四节　自由趸卖（批发）商业

18世纪，趸卖商人才完全与零售商人分离，形成商人阶级中的一种特殊阶层。只有汉萨的商人，尚非典型的趸卖商人。

趸卖商人是重要的，首先它产生了各种新的商业形式：其一为竞卖。此为使进口商人能尽早加快其商品周转以履行对外国支付的手段。输出商业的典型形态，为委托贩卖商业同时可作为集市商业的代用制度者。委托贩卖商业的特征，为受托者根据委托者的指示来贩卖商品。因此，委托者与受托者与从前的商人不同，不在集市相会，商品完全投机地运到外国。委托贩卖商业之积极的先行条件，为该委托贩卖地有正规的汇兑行市，不然，委托贩卖的风险将不能承受。其不利的先行条件为在尚未以样品为基础的商业形成以前，欲购买的商品在交易之前，贩卖者要通通过目。委托贩卖商业大概均为海外贸易，盛行于趸卖商人与零售商人间无交易关系之处。更进一步的发展除受托者即代理贩卖者之外，尚有在远地不见实物的代理买入者，此种商业的最古老形态为以样品为基础，只在样品商业发生以前曾有隔地出卖。于此，有所谓的商人货物，它的品质在习惯上是一定的，是否与品质符合则由商人仲裁法庭决定。只不过样品销售乃隔地贩卖之近代特有的一种形态。它在18世纪末与19世纪，在隔地贸易上有根本性的意义，到后来因为货品等级标准化的成立，就不用样品的验送了。这种新的方法要求商品明确划分等级。至19世纪类型商业发达后，一般的商品投机与商品的交易所商业才有可能。

交易所的前身为集市。两者的共同点在于专作商人间的贸易。所不同的是对于集市而言,商品须列于市场,其开设为周期性的。交易所与集市的中间制度是所谓的"常设集市"。16世纪至18世纪间,在大商业地带大抵有被称为交易所的建筑物,只是真正的交易所尚未出现,因为多数出入者均非土著,而是与集市联络的外来商人,而且商品须正规地列于市场或根据样品来交易,而非根据类型或标准。近代的交易所商业最初发展于有价证券与货币交易的领域内,并不先在商品交易方面发达,这是因为有价证券与货币本身有等级特性。至19世纪时,能精确分成等级的商品始加入此种交易。在已发达的交易所商业中发生如下的新事实:预见低跌的合理投机

伦敦交易所

是在交货期限以前，预想能以更低的价格买入所订商品，故先行卖出。前面所述郁金香热潮与密西西比公司恐慌的发生，就是因为缺乏上述合理的投机。未有商品而先交易之事，实际上古已有之，故此容易引起购买垄断，变为消费者的损失，因此大多被禁止。最初进行投机的目的物为货币，特别为纸币、银行券、国债及殖民地券。于此，关于政治事件的影响及收益，人们可持种种不同的意见，故此等工具成为投机的适当目的物。但是工业股票在旧时市价表中完全没有。工业股票的交易所投机与铁道的建设，其实同时开始发展。铁道发行的有价证券，开始激发了交易所投机的热情。19世纪中期，商品中开始有谷物与少数殖民地的大量商品加入交易所投机活动中，之后才有其他商品陆续加入。

在此过程中，形成趸卖商业特别是投机趸卖商业之不可缺少的前提，就是有完备的通讯社与商业组织。

作为今日交易所业务之根底的公众通讯社，至最近始行发达。18世纪时，不仅英国国会中将其议事严格保密，交易所也把本身看作一种商人俱乐部。关于它们的新闻资料亦采取保密的政策。它们担心如果公布他处的行市，将会生恶感，甚至破坏它们的业务。新闻制度亦至极近始供商用。报纸的制度并非资本主义的产物，最初时，报纸登载政治新闻和全世界各处的新奇消息。广告栏之类乃最近始加入报纸中的，以前并非完全没有，但当初实为家庭启事。其以扩张市场为目的的商业广告，自18世纪末期始成为正常的现象，且首次出现在《泰晤士报》上——此报纸位居世界第一的位置达一个世纪之久，至19世纪时始有正式的公众价格表，过去所有的交易所均为封闭的俱乐部，在美国直至20世纪时仍保持如此情形。故在18世纪时，业务均赖书信往来。因此，没有稳定的书信交通，则合理的隔地贸易实无可能。派送书信之事一部分由商人行会，一部分由屠户、车辆制造人等为之。最后，邮政制度成立，派送书信得以合理化，邮政系统收集书信，并经营交通企业，缔结运贷契约。在德国，图恩（Thurn）与泰克西（Taxis）两家得到邮政的特许权，在书信交通合理化方面颇有显著的贡献。但书信的数量，尤其是业务上的书信交通，当时是极少的。1632年，全英国只有书信百万封，现在即使在有四千住民的地方，亦已有同量的书信。

在铁道修建之前，交通组织方面大体在原则上无太多变化。18世纪时，海船亦不像中世纪威尼斯那样有更大排水量的船舶。只是其数量较前有所增加，战舰的形式亦有增多。此事随即刺激商船之增加与增大。在木船时代即有此种刺激，但无多大变化。内地通航虽然因设置闸门而稍有改良，但19世纪以前，仍然维持行会的组织，并无根本性的改革。陆上运输亦与从前相同。邮政制度在运送货物方面只有书信与小包的运输，并无任何变革，尚未涉及对经济生活有决定性影响的大规模生产。只有道路方面因建造收税的设施而有显著的改良。在此方面，法国在苏利（Sulley）掌管财政时首先采取措施；而英国则使个体企业者承办道路经营，企业者征收道路通行费来作为代偿。在铁道修建之前，收费道路的贡献对于交通生活曾有空前大的变革。关于陆上道路交通之密度，今昔完全不能相比。通过吕内堡小地方的马匹数，1793年时为七万匹；而1846年时德国全国实际上只有四万匹马来运输货物。陆上运货的费用达到后来铁道运费的十至二十倍，是当时内地通船运费的三至四倍。那时德国陆上交通运货的最高限度为每公里五十亿吨；但1913年时，只铁道运输已达每公里六百七十亿吨。

铁道不仅在交通方面，而且在一般经济方面，成为历史上最具革命性的手段。然而铁路有赖于钢铁时代；如无钢铁时代，则与其他许多事物一样，或许将只是诸侯或宫廷的玩物而已。

第五节　16世纪至18世纪的殖民政策

在此，说一下获得与榨取欧洲以外的大地域对近代资本主义的成立有何意义，甚为得当。不过只能简单一述旧时殖民政策最具特征之处。

欧洲诸国获得殖民地，使得欧洲内部积聚了巨大财富。积聚此种财富的手段，为殖民地产物之垄断，以及对殖民地的贸易机会之垄断，换言之，就是向殖民地输出货物之垄断，此外，还有本国与殖民地之间运输机会之垄断；1651年英国的《航海法》对最后一次垄断提供了特别保证。

此种财富之积聚通过暴力来实现，各国均无例外。它的经营可以采取各种不同的形式，或者由国家专卖，从殖民地直接收取利益，也有收取一定的代偿而将其委之公司的。于此，可以见到两种主要的剥削形式：其一为西班牙、葡萄牙对于殖民地之封建的形式；其二为荷兰、英国对于殖民地之资本主义的形式。

封建的殖民形式之先驱，为威尼斯与热那亚在地中海中部与圣殿骑士团的殖民地。获得财富的机会，均通过将掠取地域分配为封邑来保持。

资本主义的殖民地大抵发展为大规模耕作地，由土著居民提供劳动力。曾于亚洲、非洲获得有利经验的此种劳动组织，移至大洋的彼岸时，大大地扩大了其利用机会。只因印第安人完全不适于大规模耕作地劳动，才把黑奴输入西印度群岛，此种输入渐次变成正常的大范围的商业。垄断的、支付高价代偿的奴隶贸易特权,查理五世于1517年将其赋予了佛兰德斯人。直至18世纪,奴隶贸易特权在国际条约上都曾扮演重要的角色。在乌得勒支(Utrecht)和约中,英国获得独家提供奴隶到南美、西班牙领土的权利,与此相对应的,提供的奴隶有一定的最低数目要求。奴隶贸易的结果确实可观。

19世纪初,在欧洲人的殖民地中,约有七百万奴隶。他们的死亡率非常高,在19世纪还达百分之二十五;以前曾是其数倍。1807年至1848年间,另从非洲输入了五百万以上的奴隶,由此输出的奴隶总数,大致等于18世纪时欧洲一流强国的总人口数。

除黑奴外,还有白人的半奴隶(即契约佣工),尤其在英属北美殖民地中为最多,17世纪时,其数量超过黑奴。其中一部分为被处流刑的罪人,一部分为穷人,想用此方式赚得他们的过洋路费,虽然这仅是一笔小小的钱财。

奴隶劳动的收益很丰厚。18世纪时,英国每年从每个奴隶身上能获得十五至二十英镑的收益。奴隶劳动的收益多寡,取决于严格的殖民地纪律、对奴隶残酷的驱使、持续的奴隶输入(因为奴隶不能自行生殖)和农业经营的好坏。

与维尔纳·桑巴特(Werner Sombart)所主张的相反,由殖民地商业所积累的财富,对于近代资本主义的发展无足轻重。虽然殖民地商业使大规模的财富积累成为可能,但并不促进西方的劳动组织在具体形式上的发展,因为殖民地的商业建立在掠夺主义的基础上,而非立于市场活动的收益原则之基础上。据我们所知,例如在孟加拉,其守备兵的费用较之该处所贩货物的金钱价值要大五倍。所以在当时的状况下,殖民地对于本国产业的贩卖可能性所助较小,其主要利益乃自运输业务得来。

对殖民地的资本主义的榨取形式之终止，与奴隶制度的废除互为表里。这只有一小部分出于道德的动机。对奴隶制度进行不断斗争的唯一宗派为教友派（Quaker），其他如加尔文派、天主教派及其他一切宗派，均没有前后一贯地和经久地主张废除奴隶制度。起决定性作用的，是北美殖民地的崩溃。即在美国独立战争中，北部殖民地禁止奴隶制度，且完全立于民主政治的根据上，因为一般人均想避免大耕作殖民地之成立与大耕作地殖民贵族之成立。此外，一种宗教的动机也有其作用，即否定一切封建制的清教徒的传统精神。

1794年，由于人人平等的观念深入人心，法国议会用冠冕堂皇的词句宣布废除奴隶制度。1815年的维也纳会议禁止奴隶贸易。英国对于奴隶贸易的关心，亦因英国的主要奴隶消费地，即北美殖民地的丧失而消失。维也纳会议的决议，使得英国人既有可能压制别国的奴隶贸易，也使得其本国人更轻易地从事奴隶贸易走私活动。1807年至1847年间，在英国政府的默许下，英国人用这种方式自非洲运送了五百万奴隶至英属殖民地。至1833年国会改革后，英国国内与所有殖民地在英国民主势力的统治下，才开始真正杜绝了奴隶贸易。

16世纪至18世纪的奴隶制度，对于欧洲经济组织的重要性，如其对于欧洲内部财富积聚的重要性一样微不足道。它虽然曾经供养了许多食利者，但对于工业经济形态及资本主义组织的发展贡献很小。

第六节　工业经营技术的发展

确定工厂的概念并非易事。提及工厂的概念时，必先联想到蒸汽机与劳动过程的机械化。然而机械有它的前身，就是所谓的器具，即劳动工具，它与机械同为人类所利用，以前多用水力运转。器具与机械的区别在于，器具供人类驱使，而机械则相反，即由机械来驱使人类。不过近代工厂真正具有决定性的特征，并非所应用的工具，亦非劳动过程的样式，而是工厂、工具、动力资源、原料均为同一个人（即企业主）所专有。此种集中，在18世纪以前，只是偶然发生的事。

在英国的资本主义发展中，我们发现了如下的发展进程。

（一）可得到证实的最古老的用水力运转的真正工厂，是1719年德比（Derby）附近的德温特（Derwent）丝织工厂。它是通过剽窃意大利的发明为专利而经营的。在意大利，早已有附加各种财产关系的丝织制造业，但所生产的产品皆供奢侈需要；因为其劳动工具与其他原料均为企业者所专有，故虽然不能称其为资本主义，亦不能不加以提及。

（二）自发明借水力之助能同时运转数百锤的器具以来，羊毛制造业（1738年）建立起来了。

（三）半麻生产之发展。

（四）根据斯泰福厦（Staffondshire）的实验，陶器业进行了有组织的发展。于此，基于水力之应用，用近代的分工来生产陶器，工厂与劳动工具均为企业者所专有。

（五）18世纪以来的造纸业。其长久之基础为近代文件及新闻纸的使用。

对于劳动的合理化与机械化的实现有决定性作用的，为棉花工厂的命运。17世纪时，英国自欧洲大陆大规模地输入棉花工业。在英国，这一类棉花工业如过去羊毛工业与麻工业的斗争一样，引起了与自15世纪以来便成为国民生产部门的羊毛工业的激烈斗争。因为羊毛制造业者拥有很大的势力，故对半麻物的生产曾实行严格的限制，直至1736年的曼彻斯特条例才将其废止。当初棉花织物的工厂生产，虽然已改良织机且已扩大规模，但因为纺锤依然如昔，故妨碍仍然甚大。因此，织机缺少必要数量的纺织原料。自1769年以来，纺锤进行技术的改良后，情形乃为之一变。于是可利用水力，应用机械的方法，产出大量纺纱，但仍不能以同样的速度将所出纱织成布匹。此种缺憾，至1785年卡特赖特（Cartwright）的机械织机被发明后始得弥补。卡特赖特实为与科学结合、考查技术、通过理论的考虑来处理问题的最杰出的发明家。

但假如仅有此种劳动工具的改变，则发展将归于停止，具有典型特征的近代资本主义仍将不会出现。对于资本主义的胜利有决定性意义的，为煤与铁。我们知道，中世纪时，伦敦、卢蒂奇（Luttich）、兹维坎（Zwickan）等处已使用煤来作为消费材料。然而直至18世纪，炼铁与一切炼铁工程仍用木炭。英国的山林荒废即其结果。德国因为在17、18世纪时，资本主义所幸尚未发达，故得以幸免山林之滥伐荒废。森林之荒废，阻止了工业进一步的发展。直到用煤后，制铁业始从植物界有机材料的限制中被解放出来。最初的熔矿炉，虽然在15世纪时已有之，只不过均用木炭，且不作私人之用，只供军用及一部分海上交通之用。15世纪时，因制造炮身而发明了铁制锥穿机。同时，已有千磅以上用水力运转的大铁锤，故除用锥穿机的铸铁业以外，亦已能进行机械的锻造。至17世纪时，乃出现类似近代的压延法。在进一步发展之前有两种困难，即山林荒废的危险与矿地不断的水漫。第一个问题更为严重；英国的制铁工业与纤维工业的勃兴相反，日渐衰颓，至18世纪初期，制铁工业已呈消亡之象。然而因为1735年发明了炼焦法，至1740年，熔矿炉采用焦炭，这个问题乃得到解决。至1784年采用新式炼铁法时，进步更大。蒸汽机的发明解决了矿山业所遇之威胁。未成熟的努力，已证明近代工业所必需的煤炭已能够被大量开采出来进而促进工业发展。

上述的发展有三方面的意义：（1）由于煤与铁使技术与生产的可能性从有机材料所固有的束缚中解放出来。自此以后，工业已不复依赖于动力与植物的生长了。用尽量剥取的采矿方法采掘化石燃料——煤，又由煤力采掘铁矿，由此两者之力使人们有增进生产的可能性，其增进的程度为前人所未曾料及。故铁成了资本主义发展中最重要的元素；若无铁之发展，资本主义与欧洲将呈现怎样的情形，将非我们所知。（2）用蒸汽机使生产过程机械化，进而使得生产从人力劳动的限制中解放了出来。的确，在采用机械以后，人力劳动并非完全无用，故所谓解放，并非完全解放，但机械化过程总是以解放劳动为目的的。每种新的发明，均在于以少数操纵机械的人员代替大量的手工劳动者。（3）与科学结合使财富的生产从一切传统的束缚中解放出来。财富的生产处于自由活跃的智力支配之下。18世纪的发明并非用科学方法来完成的，故发明炼焦法时，并不知道它所包含的在化学上的重要性。工业与近代科学的结合，特别是与自尤斯蒂斯·冯·李比希（Justus von Liebig）开始的化学实验之系统工作的结合，使工业得以有今日之发达，使资本主义有完全的发展。

18世纪以来,发端于英国且将一切生产手段集中于企业家之手的新生产形式上补充劳动力的方法,曾用非常严酷且带间接性质的强制手段为之。其中最著名的是伊丽莎白女王的《济贫法》及徒弟条例。此种条例之所以有执行的必要,实因农业制度发生变革以后,产生了许多极度贫困的无产者,他们脱离了农村,四处漂泊。因为大田农排除小田农,以及耕地改为牧场(后者有时被过于重视),使得农村所需要的劳动力日益减少,而且生出能服从强制劳动的过剩人口。故凡不能自动得一职业之人,就得被编入有严格规定的工厂之内;若无主人或企业者之许可而退出劳动场所者,就被当作游荡者来看待。对于任何失业者,除强制其加入工厂外,则无他种保护。工厂方面最初以此种方法获得了劳动力的补充,只不过

工业革命时期工厂中的女工们

人民难以适应此种劳动纪律为一大困难。但有产阶级的权力过于强大；他们凭借治安法官而获得政治权力的支持，治安法官在没有明文束缚之处，根据含糊的训令或者凭个人意志处理一切。至19世纪后半期，治安法官均按照他们自己的意思处理工人，把工人插入新成立的产业中。另外，自18世纪初期以来，开始有根据企业者与劳动者关系的近代劳动状况管理之先驱。安妮女王与乔治一世颁布了最初的禁止物品工资制的条例。整个中世纪期间，工人均须将自己的劳动产品拿至市场；此项立法则保护了工人，禁止厂主以他人的生产物来付工钱，而须用货币付之。

在英国，形成劳动力的另一个来源为小工匠阶级，其大部分变成了在工厂劳动的无产阶级。对此新生的工业生产物之市场，先出现的是战争与奢侈品两大需求来源。换言之，即军事部门与王室人员的需要。

军事部门随着佣兵制的发展而变成工业的消费者；特别是随着军队教练、武器与战术之合理化的发展，日益成为有力的消费者。军队的制服并非军队本身所生产，而制服是维持纪律的一个必要手段，对于纺织工业具有基本的需求。枪炮与弹丸的需要则对制铁工业有决定性的意义；兵粮之需要对商业亦然。在陆军之外又出现海军，军舰体积之增大实为创造工业市场的要素之一。至18世纪时，商船的大小只有极微的变化，1750年时出入伦敦的船舶一般为一百四十吨；而军舰在16世纪时就已达一千吨；至18世纪时，则一千吨已为一般标准。海军之需要与陆军一样，因军舰航行次数之增多及扩张（商船亦然）而日益增大，特别是16世纪以后。截至当时，东方贸易航海的范围一般以一年为期，实际上船舶已在海上作更长期的航行。而在陆上，陆军为进行较长距离的远征，必须大量地筹集兵粮弹药及其他物资。自17世纪以来，舰船枪炮制造已以非常之速前进。

桑巴特曾有此主张，认为战争之大量需要为近代资本主义发展之决定条件。此种主张应缩减至适当的程度。的确，各国每年花费莫大的金额于海陆军上，例如西班牙曾支出国库的百分之七十作为军费，其他国家亦曾支出三分之二或三分之二以上的军费。但我们在西方以外的国家，如中国，亦曾发现（虽然还没有正式的制服）武装枪炮的大军，但这类国家并不曾产生使资本主义发展的推动力。而且即使在西方，军队需要渐次增加后，此种需要亦由军事部门用自己的工厂及武器弹药工厂等来填充，与资本主义的发展相并而行，即用非资本主义的生产形态来满足自己的需要。故以为战争引起了军队之需要，因此谓战争能促进近代资本主义之产生，实为错误的结论。在欧洲，战争诚为促进资本主义的因素，但它对于资本主义的发展并无决定性的意义。否则，国家对于军队需要的供给次第增加会再次阻碍资本主义的发展；然而事实上并没有发生这样的事。

法国为宫廷及贵族之奢侈需要的典型国家。16世纪时，国王每年曾直接或间接支出一千万银币供奢侈之用。因为王室及上层社会阶级的支出曾对一切产业予以强烈的刺激。其最重要的（除了巧克力、咖啡之类的享乐品）为刺绣（16世纪）、精制衬衣以及为整理此等衣物而产生的熨斗（17世纪）、长筒袜（16世纪）、伞（17世纪）、靛青染料（16世纪）、瓷器（18世纪）、罗纱（17世纪）、毛毯（18世纪）等。就需求量而言，此等奢侈品工业中，以后两者为最大。此为奢侈之民众化，对于资本主义来说实为决定的转机。

中国及印度宫廷的奢侈，其规模非欧洲所能及，然而对资本主义并无任何重要性的刺激，并不由此产生资本主义的经营，理由即在于这种需要的满足均用强制的贡献制度。此种制度根深蒂固，直至现代，北京郊外的农民还必须如三千年前那样以同样的物品纳贡宫廷，农民虽然已不知生产此类物品的方法，亦被迫必须向制造者购买后纳贡。在中国与印度，军队需求亦由徭役与纳贡来供给。在欧洲并非全无东方的强制贡献，只是其形式稍有不同。例如欧洲诸侯将土地给予奢侈品工业中的工人，与之缔结年期契约或给以特权，将该劳动者束缚于劳动地位上，使他们间接堕落为强制劳动者。只不过奢侈工业的首要国家法国的情形有所不同，仍旧维持着手工业形式的经营，一部分在委托工作制度之下，一部分在工厂制度之下，因此，工业的技术与经济组织均无任何根本性的变更。对于转变为资本主义有决定性的，是消费市场在扩大，而此只在奢侈工业的一小部分上，是由于奢侈品需要的民众化，特别是由于奢侈品代用品之生产而发生的。这种现象的特征为价格的竞争，而宫廷的奢侈工业之竞争则根据手工业原则为品质优劣的竞争。国家机构通过政策采取价格竞争的最初实例为15世纪末的英国，曾竭力贬低佛兰德斯人的羊毛价格，而且为了达此目的，曾禁止大量输出。

16、17世纪的价格革命，通过廉价生产和降低价格有利地促进了资本主义的逐利倾向之产生。此实因海外的大发现，贵金属不断自海外流入所致。价格革命自16世纪30年代起持续至三十年战争时，其所造成的影响因经济生活的各方面而不同。在农业生产物方面，一般为价格微涨而使农业能推移至市场生产。在工业生产物方面，价格的变化完全不同。此种生产物大体上为价格稳定，即使稍有涨幅，亦相对较少，故与农产品价格比起来，反见下降。此种下降通过技术与经济变革方为可能，并且促使通过更廉价生产来增加利润。因此发展的过程并非先有资本主义，然后价格下降；而是价格先相对下降，然后出现资本主义。

在17世纪时，为使与生产成本相比时降低价格，产生了技术与经营方法合理化的倾向，出现了发明创造的热潮。当时的所有发明家都在谋成本低廉的目标；如把持续运动作为能量来源的观念，为这个普遍运动的诸多目标之一。就发明者而论，那自然可以推溯到更远的年代，但如我们分析前资本主义时代大发明家达·芬奇的构想——其实验最初发生于艺术领域而非科学领域——则知他的冲动并非立于降低生产成本的观点上，而是立于合理地完成技术问题本身的观点上。前资本主义时代的发明者均凭借经验来劳作，他们的发明大抵带有偶然性质。唯一的例外为矿业，故有意识的技术发展是在矿业问题上展开的。对发明界有积极革新意义的，为1623年时英国颁布的最初的专利法，它已含有近代专利法的一切特征。至当时为止，对发明的利用视其产生利益的情形给予一种特殊的酬资，至1623年的法令，发明的保护期限仅为十四年，把向原发明者支付恰当的专利使用费当作企业利用发明的条件。若无此专利法的刺激，则对于资本主义的发展有决定性意义的18世纪时纺织工业领域中的各种发明，或许就不可能了。

若将西方资本主义的特性及其起源简单说来，则下述因素最有决定性的意义。只有西方的资本主义产生出一种在他处从未有过的合理的劳动组织。在各个时代、各个地方均有过商业，甚至可直溯至石器时代，同样在各个时代及各种文化中，我们均可发现军事金融、国营分配、承办租税、承办官职等，但从来没有过合理的劳动组织。此外，我们到处可发现原始的一体化的国内经济，故在同一部落或同一氏族内没有任何经济行动的自由，而对外商业则绝对自由。对内与对外实行双重标准，对外的金融行动常有不顾道德之事。无论何处均没有如中国的氏族经济或印度的种姓阶级经济那样的严密规定，但无论何处亦不能有如印度对外国商人那样的霸蛮。反之，突破国内经济与国外经济、国内道德与国外道德的差别，将商人的原则引入国内经济与劳动组织中，此实为西方资本主义的第二个特征。最后，原始经济的束缚之废弛，虽然他处亦有之，但如西方企业的劳动组织，则在各处均未见过。

如果此种发展过程只见于西方，则其根据应该在西方所特有的一般文化发展的特征中求之。只在西方才有具备法治、专门行政机构及国家公民权之近代国家的特征。这种制度的萌芽在古代与东方均未能有完全的发展。只在西方有为法学家所制定且经合理地解释与运用的法典。只在西方有市民的概念，盖因只在西方才有特定意义上的城市存在。此外，只在西方才有现代意义上的科学。如神学或哲学及关于人生终极问题的思想，中国与印度亦有之，且较欧洲人的更为深远；但合理的科学与合理的技术，则是他们的文化中所缺乏的。最后，西方的文化有理性的人生哲学，亦与其他一切文化不同。巫术或宗教亦随处都有，但人生之宗教的基础，结果必归于明显的理性主义，这也是只有西方才有的特色。

第七节　市民阶级

在社会史的意义上,"市民阶级"一词有三种不同的概念：第一,市民阶级可包括有特殊性质的经济利害关系的阶级所组成的范畴。依照这个定义,市民阶级并非统一之物。例如,富裕市民与贫穷市民、企业者与手工业者均可被称为市民阶级。第二,在政治的意味上,市民阶级包含享有一定政治权利的所有国家庶民。第三,在身份的意味上,市民阶级指官僚阶级、无产阶级以外"有教养与财产"的社会阶层,例如企业者,凭借财产收益来生活之人,以及有学院教养、有身份地位或有社会上优越地位的人物。

第一种概念,即经济的概念,为西方所特有。无论何处均曾有手工业者,即企业者,但无论何时何地,他们均未成为统一的社会阶级。国家庶民的概念,在古代及中世纪城市中曾有其前身。那个时候曾有享有某种政治权利的市民,然而在西方以外,我们只见到微弱的痕迹,例如在巴比伦的贵族中,在《圣经·旧约》中行使完全权利的城市居民中见其痕迹。愈往东方,其痕迹愈淡薄。例如在伊斯兰教国家、印度、中国均无国家公民的观念。最后,把市民作为一种阶级,指有财产与教养之人,或有财产之人,或有教养之人,亦完全与资产阶级的概念相同,为近代西方独特的概念。这种阶级,一方面与贵族对立,其他方面则与无产阶级有别。在古代与中世纪,"市民"为一身份概念,即属于一定的身份集团者,乃为市民。差异之处在于,市民在此情况下所拥有的特权既有积极意义，亦有消极意义。就积极意义而言，在于特权者被准许经营一定的工业（如在中世纪时的城市）；就消极意义而言，在于特权者被否决某项权利，如封邑领有权、练武权、修道权等。

自身份性质上所见的市民，常为一定的城市内之市民，且在此种意味上的城市，只西方有之，其他地方，如在古代的美索不达米亚，只有其萌芽的形态而已。

城市对于文化各方面的贡献是很广泛的。城市产生了政党与政治家。在历史上，我们随处可发现朋党、贵族党及猎官运动者之间的斗争，只不过在西方的城市以外，从无今日所谓的政党，更无政党领袖及求取大臣位置的政治家。而且只有城市产生艺术史上所有的现象。与迈锡尼及罗马的艺术相对立的希腊艺术，均为城市艺术。城市产生了现代意义上的科学。在希腊的城市文明中，形成了能产生深远影响的科学思维之训练的数学，直至近代仍持续发展。

巴比伦城

与此相同，巴比伦人的城市文化建立了天文学的基础。城市亦为一定的宗教制度之基础。不仅不同于犹太教完全为城市之产物——农民不能遵守宗教戒律之规范——就算古代基督教亦与城市有密切的关系，即城市愈大，基督教徒的比例愈多。清教及敬神教亦完全相同。农民能正式成为宗教团体的成员，完全为近代之现象。在古时的基督教中，所谓的异教徒兼指异教徒与村夫，就如放逐时代后，居于城市中的法利赛人蔑视不知法律的农民那样。因此，托马斯·阿奎那（Thomas Aquinas）在论述各种身份阶级之社会意义及其价值时，对于农民表示极端的藐视。最后，只有城市产生神学思想，另一方面，城市又创造了不为教士所束缚的思想。将"我们应如何使人类成为有为的城市公民"之疑问作为中心思想的柏拉图，离开城市环境亦不能被理解。

一处地方是否被视为城市，并非以其空间之大小来决定。无论在东方还是西方，自经济观点上视为最重要的，城市为工商业所在地，须自外部不断地输入生活资料。工商业者自何处输入生活资料与用何方法负担生活成本，这是用来区分广大场所之各种范畴的经济观点。不靠自己的农业生产物而生存的广大地域，可用自己的生产物，特别是工业生产物的产生支付引进货物的价值，或用商业，或用收益（此可为薪俸或地租），或用恩俸，各种需要均由官吏或军人的恩俸支付。用何种物资支付引进的生活资料之价值，可用来区分广大地域的类别。只不过此种状态普及世界各地，只能说明大场所之特性，并不能用来分辨城市。城市在其他概念上的特征，为它过去大抵是一个城堡。因此，在极长时间内，城市即城堡，或只有城堡才为城市。在这一方面，此种城市大抵为政治或修道院的行政所在地。西方的"城市"一词在某些情况下被视为含有主教所在地之意。在中国，城市即驻有官吏的地方，城市之区别以所驻官吏的官阶地位而异。在意大利文艺复兴时，城市亦以领主的官阶作为区别。故在西方以外，亦以城堡或政教行政之处为城市的，从未被当作公共团体的城市。在中世纪时，它的决定性特征为有自己固有的法律与法庭，在某种范围内有自治的行政组织。中世纪的市民，因其同处于此种法律下以及参与行政官吏之选举，才得以成为市民。此种政治团体意义上的城市不存于西方以外的原因，应加以深究。认为基于经济的原因者，实甚可疑。同时，造成此种团结的亦并非特殊的日耳曼精神，因为中国与印度有较西方国家更强固的团结，但并无城市的团体，因此必须进而探讨其根本性的原因。我们不能以中世纪时封建的或政治的特权之给予，或以亚历山大大帝远征印度时建设城市，来解释这种现象。在以城市为政治单位的最初记述中显示出它具有革命的特质。西方的城市由兄弟会这类古代和中世纪时联盟的建立而产生。因此，法律上往往与外表有关的形式（在中世纪时，与此相关联的斗争在这种形式下被掩盖），以及藏于形式背后的事实密不可分。霍亨斯陶芬王朝（Staufer）的反城市制令并未禁止市民权，但是禁止同盟团体，即攻守同盟的武装兄弟会，包括政权的篡夺。其最初的实例为726年的革命运动，它使意大利脱离东罗马帝国的支配，其中心则为威尼斯。革命运动起于反抗军力压迫下的破坏圣像行为，故宗教虽非唯一的要素，却为引发革命的契机。在革命发生以前，威尼斯的总督由皇帝任命，而另一方面，豪族阶级常世袭地被任命为军事护民官或地方指挥官。此后，护民官与总督均由服军役之人即能当骑士之人选任。于是这个运动便开始了。至1143年，经过了四百年，威尼斯自治市出现了。古代的联盟，例如尼希米（Nehemiah）在耶路撒冷所实行的制度，与地方人民中的一部分缔结为管理并防御城市的誓约团体。我们不能不设想，一切古代城市之成立，其背景均与此完全相同。城市常为联盟之产物，并非事实上的定居地，而为一种由誓约结成的团体之产物，它有一种共同的聚餐仪式，创设祭祀的仪式团体，规定只有在城市卫城上有墓地及居住于城市中的人才可以加入。

此种发展，之所以只在西方发生，其理由有二。第一，为防御制度之特色。初期的西方城市，最初为防御团体，即能自行武装、自行训练、在经济上有防备力的人之集合。军队制度是否根据自给的基础，或由一位军事领袖来供给马匹、武器、粮食，这种区别如同经济生产资料乃工人之财产抑或资本主义企业家之财产的区别，在社会史上同为根本的问题。在西方以外，因诸侯军队之成立均在城市之先，故阻碍了城市的发展。在极古老的中国叙事诗中，没有像荷马叙事诗中那样驾乘自己的战车以挑战敌人的战士，只有统率军队的士官。亚历山大大帝在印度所遇到的亦仅有由士官指挥的军队。在西方，由将帅提供武装的军队与士兵，与战争手段相分离，正如工人与生产手段相分离，同为近代之事。然而在亚洲，此种分离在历史之初期即已发生。巴比伦与埃及军队，均与西方封建军队、荷马时期的民众军队、西方骑兵队以及古代城邦的城市军队不同。此种差异基于这样的事实：在埃及、西亚、印度及中国的文化演进中，水利问题决定了一切。水利问题对官僚的存在、附属阶层对国王官僚体制运行的依赖和依附者阶层的强制性服役有着重要影响。此外，国王通过对军事的完全控制行使他的权力，这是由亚洲与西方军事组织的差异所致。在亚洲，皇家的文武官员从一开始便是此种发展过程中的中心人物；而在西方，原来并没有这两种人物。宗教组织为战争自行装备的形式，使城市有了成立与存在的可能。的确，在亚洲亦有类似发展的萌芽，我们在印度发现了与建立西方意义的城市相似的关系，即武力自给与合法市民权的结合。例如，一个人若能为军队提供一头象，便可成为自由城市梵加列的正式市民。在古代的美索不达米亚，骑士间也彼此争战，而且建立了可自治管理的城市。然而，在这两种情况下，这些开端随着以水利制度为基础的大王国的出现而逐渐消失了。只有在西方，这种发展才能日臻成熟。

在东方，与巫术相关的观念与制度是阻碍其发展的第二个障碍。在印度，种姓阶级无法成为一个礼仪共同体，因而也就不能形成一个城市，因为它们在仪礼上互不相同。同样的事实也可以说明中世纪犹太人的特殊地位：大教堂和圣餐均象征着城市的一致性，然而犹太人既不可在教堂祈祷，也不可参加圣餐仪式，所以注定成为背乡离井聚居的群体。反之，城市在西方的发展之所以那么顺其自然，是因为古代的神职人员有着广泛的自由，在与神的交流上，神职人员没有任何垄断权，不像亚洲的僧侣享有着独占权。在古代西方，由于不存在像印度那样各种巫术限制的阻碍，城市官员负责主持宗教仪式，因而城市拥有对属于主的物品及神职人员的财富的所有权，致使神职人员的职位都通过拍卖要价的方式来进行。

在后来的西方，下述的三大事实具有决定性的意义。

第一，在犹太范围内破坏了巫术的预言。巫术尽管实际上仍然存在，可已沦为歪门邪道，不再神圣。

第二，在基督教的圣灵降临日，这种礼仪融入基督精神，是早期基督教热情广泛传播的关键因素。

第三，保罗那天在安提阿反对彼得而支持未受割礼的伙伴，这也是最后一个因素。

巫术虽然仍在相当程度上存在于古代城邦，可是部落、氏族以及民族间的巫术障碍却被这样消除了，使得西方城市有可能得以建立。

尽管在严格的意义上，城市可称为西方所独特的制度，可是在此类城市内存在两个基本差别，首先是古代城市与中世纪城市之间，其次是南欧与北欧之间有着根本的差异。在城市共同体的发展初期，古代城市与中世纪城市是极类似的。无论古代还是中世纪，城市群体的积极成员都仅仅是那些骑士出身的人和过着贵族生活的家族，而其他任何人都只是被迫服从。完全是出于分享商业机会的考虑，这些骑士家庭才居住在城市的。

在意大利成功脱离拜占庭的统治之后，由于里亚托成了与东方贸易往来的中心，所以威尼斯的部分上流社会人士聚集在那里。尽管威尼斯在政治上已经独立，但其海上贸易及海战依旧属于拜占庭体系。同样在古代，有钱家族并非直接从事贸易，而是作为船只所有者或放贷者参与其中。在古代，所有重要城市都位于离海不超过一天行程的地方，这也是一特征；只有那些因为政治或地理原因而有着特殊贸易机会的地方才会繁荣起来。因此，桑巴特关于地租是城市与商业之母的观点本质上是不正确的。事实正好相反，城市的定居是贸易用到地租的可能性与意向导致的，贸易对城市建立的关键影响十分显著。

中世纪初期时，威尼斯暴发户之形成过程大致如下：

他们最初的身份是商人，即零售商人；接着他们从上流社会筹集了一笔钱或实物贷款，随后去海外经商，在地中海东部附近地区做买卖，回来时将所得收益分给放贷者。如获成功，则数年如获成功，则数年后即能在威尼斯内购置不动产或船舶。船舶或不动产之所有者，在1297年大会议结束以前便有升为贵族的途径。以地租及资本利息——两者均由商业利润产生——为生的豪族之普遍称谓，即"高贵的惰民"之意。虽然威尼斯的贵族也有把商业贸易当成职业的，就像在宗教改革时代一样，破落的贵族亦有为普通商人过市民生活的。但一般来说，完全市民与城市贵族均有土地与商业资本，靠其收益生活，而不自营工商业。

到这个时候，中世纪的发展与古代的发展是一致的，自民主政治成立以来，两者便互相背离了。自然，最初在这一方面也有相同的地方：公民、平民、人民、市民等语，均表示民主主义的影响；它们是用来指不做骑士的市民大众。骑士阶级以及封邑之占有者被严重监视，剥夺其选举权，并失去其他权利，就如列宁对付俄国资产阶级一样。

每个地方民主化进程的基础，都完全是军事性质的；它有赖于长年训练的步兵，即古代的重装步兵。一个简单的事实，便是训练有素的军队比单枪匹马的个人英雄主义更有优势，更能赢得胜利。

军队的训练就等于民主主义的胜利，因为它包含让非骑士的民众服军役，给他们以武器，这样就把政治权力给了他们。同时，无论在古代还是中世纪，金钱皆有它的作用。在实现民主政治方面，亦有一致的地方。

与初起的国家相似，市民也靠代表其利益的独立同盟的官员与高高在上者进行斗争。对抗国王的民主主义的代表，即斯巴达的辅政大臣、罗马的护民官这类官员。他们的特质，即最初他们都非法律上所认可的官员。意大利诸城市的执政官，在其称号之前尚有"恩赐"一词，而人民长官则已经没有。护民官权力的来源也是非法的；护民官之所以为圣职，正因为他们是非法的官员，故只能由神明的护佑来保护。就前面两者的目的而论，发展的过程亦相同。占决定性作用的，是身份阶级的利害关系，而非经济阶级的利害关系；其主要的问题在于对豪族的防护。市民知道自己是富裕的，曾经与贵族一起参与城市的斗争，而且已经胜利了；他们已经武装起来，感觉被歧视，因而不满足于此前保有的隶属阶级的身份了。最后，独立同盟的违法官员所行使的手段，亦有相同之处。无论何处，他们都保有参与平民对豪族的诉讼之权。为此目的，罗马护民官有承办权，佛罗伦萨的民政官亦有相同的权力，且通过执行这种权力来破坏私刑的判决。独立同盟提出要求，城市的法令只有经过平民的同意始生效力，最后确立了这个原则，只有他们所决议的始得成为法律。

罗马法的根本原则在《佛罗伦萨法典》以及列宁的劳工专政排斥一切非劳动者方面得到了实施。此外，在确立民主主义势力的统治地位的过程中，强制加入平民阶级是其手段之一。在古代，贵族须加入部落；在中世纪时，须加入行会，但其根本的重要性并没有被认知。最后，各处的官职均急剧增多。获胜的政党酬谢其党徒，于是官僚阶级过度膨胀。以上均为古代与中世纪的民主政治之相同处，同时亦有本质上的差别。从一开始，城市所分的部门便有一种根本性的不同。在中世纪时，城市由行会构成；在古代，城市从未有过行会的特色。

我们从此观点观察中世纪的行会，可以注意到行会之各种阶层如何依次得势。在佛罗伦萨这一古典的行会城市中，此项阶层中最早成为多数职业的集合体与少数职业区别开来。前者包含商人、兑换商、珠宝商以及一般需要大量经营资本的企业者；后者则包含法学家、医师、药剂师等，在近代资产阶级的意义上，即所谓"有财产与教养的人"。由企业者所组成的行会，我们可以假定至少有一半的会员是目前或不久即将靠收益为生的。这一类有财产与教养的人被称为惰民，换言之，即所谓"富足"的人，在赞美诗中亦有相同的称谓。赞美诗就是善良信徒反对靠年金生活的上层阶级或对"富足"的人表达愤慨的诗歌，这种上层阶级的人物在诗歌中一再被称为"富足"的人。

小资本家属于大工艺家团体，而小工艺家团体则包括屠夫、面包师、织工等。至少在意大利，后者的地位处在劳动阶级之边缘（在德国，他们在某种程度上成为大企业者）。最后，纯粹的劳动者则难以占据重要地位，通常只有在贵族与下层阶级结合起来对抗中层阶级时，他们才得以获取权力。

中世纪的城市在行会的支配下，曾实行特殊政策，即所谓城市经济政策。其首要目的为维持传统的职业机会与生活机会，其次是尽量使周围农村屈服于城市的利益，通过独占权及强制使用市场来实现。它还试图阻止竞争并阻挡大企业的发展。无论如何，虽然有此种限制，仍发生了商业资本与工业行会劳动之对立，因此孕育了家庭工业及近代无产阶级之先驱的工人阶级。在民主政治支配下的古代，则完全没有此种现象。的确，在上古或许曾有过这类情形的遗迹，例如罗马西弗勒斯（Severus）王军制度中的工人、手工业者、军队铁匠等，可能均属此类残存。在民主政治充分发展的时代，却未曾找到关于此类事情的任何记录，直至罗马时代后期，才逐渐发现若干痕迹。因此可知控制城市的行会与行会政策在古代是没有的，亦没有直至中世纪末期才产生的资本与劳动之对立。在古代，虽无此劳资之对立，却有地主与无土地者之间的对立。"无产阶级"一词并非如蒙森（Mommsen）所言，指只能以生育方式服务国家之人；而是指土地所有者或完全被剥夺继承权的后代，即有完全资格的公民之后人。古代的一切政策均在防止产生此种无产阶级，为了达到这个目的，故限制因债务而堕于隶属地位，并缓和债权，古代所谓的对立，大抵为城市债主与农民债户间的对立。在城市内居住着放贷的贵族，在乡村内则居住着有借款的穷人。就古代的债法而言，此种关系很容易使债务者丧失土地，变为无产者。由于上述原因，古代城市并无中世纪的生计政策，只有确保一般人所赖以生活兼能使其进行全副武装士兵的土地之军事政策。故格拉古兄弟的改革绝非近代所谓的阶级斗争的方案，它们的目的完全是军事性质的，是维持市民军队、废止佣兵的最后努力。在中世纪时，贵族的对立者一方面为企业者，另一方面为手工业者；而在古代，则常为农民。与对立关系不同的，为古代城市与中世纪城市之划分的不同。在中世纪城市中，贵族须加入行会；在古代城市中，须加入村落、部落、地主之辖区——地主与自耕农同受法律的管制。在中世纪时，他们须工人化；在古代则须农民化。古代民主政治的发展过程还有一个特征，即民主政治内各阶层的交替。最初，武士阶级掌握权力，能够自行提供充分的武装，因而可用作前线战斗的人。之后因舰队政策的结果，古代的某个时期，尤其是在雅典，由于必须全体人民参加才能组成舰队，无产者阶层曾掌握了支配权。雅典的军国主义使水兵在国民会议中取得了优势。在罗马，至西姆布赖人与条顿人入侵时，第一次出现了相似的情况。但它并未使士兵获得公民权，仅发展成由元帅统领的职业军队。

除此种差异外，在古代与中世纪的发展过程中，尚有身份阶级上的差异。

中世纪行会城市内之典型的市民为商人或手工业者。如果其是一位住宅的所有者，则为完全的市民。反之，在古代，则地主为典型的完全市民。因此，在行会城市中是先有身份上的不平等。非土地所有者如欲获得土地，土地所有者必须为自己的管理人。而且他们在诉讼上多处于不利的地位，此种不利地位渐渐趋于平等，但并非到处都已做到。不过中世纪城市的市民，个人有人身自由。根据"城市空气使一切自由"之原则，在农奴逃跑一年零一天后，领主便无权将其召回。此种原则虽不适用于各处，且因霍亨斯陶芬王朝之立法而受限制，但它与城市市民阶级之法律观念相适应，军事及税赋利益使其强制实行此原则。因此，阶级之平等化与自由束缚之消失成为中世纪城市发展的一个主要趋势。反之，在古代的初期，则有与中世纪同样的阶级差别。在古代，不仅贵族与继武士后成为乡绅的平民间的差别得到承认，而且奴隶制隶属关系也得到承认。随着城市权力与民主政治的发展，身份阶级的差别亦日益增大。因为大规模购入奴隶或秘密输入奴隶，大城市形成日益膨大的下层阶级，而那些被解放的奴隶也属于下层阶级。故古代的城市与中世纪的城市相反，身份阶级的不平等有渐增的趋势。此外，古代城市毫无中世纪行会垄断之痕迹。在雅典的民主政治支配之下，从关于制作雅典镇守神庙庙柱的文献中，发现雅典自由人与奴隶在同一自发性团体中一起工作，而且做工头的奴隶比雅典自由人的位置更高。此种状态在中世纪因有一个强大的自由工业阶级之存在，实为不可思议之事。

总括以上所述，可作如下的结论：古代的城市民主政治实为一种政治的行会。它有一定的被垄断了的经济利益，但它受军事利益所支配；如纳贡、战利品、同盟城市的入会费等只分配于市民之间。故与中世纪末期的手工业者行会完全相同，古代民主的市民行会亦对吸纳太多人加入不感兴趣。由此出现了对市民人数的限制，实为希腊城邦没落的原因之一。将所征服的土地及战利品分配给公民的制度包含在政治行会的垄断权之内，而粮食配额、剧场费、陪审费及参加宗教仪式之费用均由政治利得进行支付。故自希腊正式市民看来，恒久的战争是一种常态。如克里昂（Cleon）那样蛊惑民心的政治家，也意识到要有理由地煽动战争，战争能使城市富饶，长时期的和平为市民所不能容忍。凡以和平方法追逐利益者，均得不到此等机会，他们包括被解放的奴隶与外国侨民等。他们虽然没有土地，但在他们之间，我们首先找到了与近代资产阶级相类似的模型。军事方面的原因可以解释为什么古代城市只要保持其惯常形式，便不能产生手工业者行会或与之类似的组织；反之，只有由市民阶级形成政治军事的垄断，才能发展为一个军人的行会。古代城市代表当时战术的最高发展水平，无论何种武力，均不能对抗重甲兵队或罗马的步兵骑兵团。这解释了古代工业形式及其发展趋势与通过战争所得利益或其他以纯粹政治方法所获得利益之间的关系。与市民对立的为贱民；凡今日所谓的和平盈利者一概被列为贱民。但在中世纪初期，战术之重心移至城市外部的骑士当中。披戴甲胄的骑士军队所向披靡，因此，市民行会的军队通常只取守势，而从不敢主动出击，1302年库尔特雷（Courtray）战役为唯一的例外。故中世纪的市民军队，不能如古代的重甲兵或步骑兵那样发挥行会的机能。

在中世纪时，南部城市与北部城市间亦有显著的差异。在南部，骑士阶级大抵居于城市内部；在北部，则情形与此相反，骑士阶级只能居住于市外，甚至是被逐到市外的。北部城市的特权阶层有拒绝政府官员或骑士长居城市内的规定；同时，北方的骑士阶级排斥并轻视城市贵族。产生这种差别的原因在于城市之成立因地域不同且时期有异。意大利的地方自治团体开始兴起时，骑士战术正达于顶峰，故城市不得不雇佣骑士或与骑士结盟。因此，城市坚决主张骑士移居城内，令其在严格管理之下；但不愿骑士离开城郭而影响街市安全，希望他们能够保障城市市民的生活。与此种状况极端对立的为英国的城市，它们与德国或意大利的城市不同，尚未形成城邦，且除了极少数例外情况，从未试图控制附近村落或将其支配权扩张至农村。它们缺乏取得这类成就的军事实力，也没有这样的想法。英国城市的独立性基于城市向国王承收租税，只有负担城市的租税者得以成为市民。造成英国城市之特殊地位的原因有二：第一，因自征服者威廉以来，英国政治权力高度集中；第二，因13

世纪以来，英国的地方自治团体已参加国会。贵族如欲行反对国王之事，金钱上须依赖地方自治团体，此正如城市须依赖其军事支持一样。自城市派代表参与国会以来，消除了城市方面实行政治独立政策的动机与可能。城市与乡村的对立早已消失，还接纳了很多拥有土地的中小地主为其市民。至最近为止，贵族虽然在形式上掌握领导权，但实际上城市的市民阶级已经获得控制权。

若我们欲知这种关系对于资本主义的发展有何影响，则须观察古代及中世纪工业上的差异，以及资本主义本身的不同类别。

无论任何地方、任何时代，我们常遇到各种不合理的资本主义。例如承办租税的资本主义企业（西方、中国及西亚）；为战争筹资的资本主义企业（如战国时代的中国及印度），以及与商人投机有关的资本主义，无论何时均存在商人；再则为乘他人之穷困而贷款以榨取高额利润的高利贷资本主义。所有这些资本主义形式均以战利品、租税、以权谋私、官厅高利贷等为目的（如恺撒向克拉苏借款，以后通过滥用职权来筹还此金额）或以进贡及现实需求为目标。然而所有这些形式均带有非合理性而出于偶然的经济活动之性质，劳动体制之合理制度无法由此发展而来。反之，合理的资本主义则以市场机会，即狭义的经济机会为目标而进行。资本主义愈合理，它同大量需要的供给关系愈密切。自中世纪末期以来，组织此项资本主义生产活动实为近代西方之事。在古代，唯一的资产阶级只有罗马的骑士阶级，他们的理性主义堪与近代资本主义相比拟。当一个希腊城市需要贷款或租赁公有地时，它必须使各地方的资本家相互竞争。反之，罗马自叙拉古时代以来，即有一个理性的资本家阶级扮演着极重要的角色。此阶级之资本主义完全以国家及政治机会为目标，换言之，即以公地或征服地及领地之赁租，以及对政治家及战争之融资活动为目标。尽管它必须考虑官僚贵族的持续反抗，但有时对罗马之政治发挥了决定性作用。

　　古代及中世纪后期的资本主义间的差异——后者已开始以市场机会为目标——对城市失去自由权后的发展亦有影响。于此，古代的发展与中世纪及近代的发展之间亦有根本性的差异。在古代，城市的自由因官僚组织之世界帝国的形成而被彻底清除，在新国家内已无政治资本主义立足之地。最初国王曾依赖骑士阶级的金融资本，但我们看到他逐渐把骑士阶级排除在承办租税之外，把他们排除在有利的财源之外，使得国王逐渐脱离依赖的关系，这正与埃及国王使国家的政治与军事需要脱离资本权力而独立、使租税承收人变为收税官吏如出一辙。在罗马帝国时代，各处均因世袭继承的专有领地之借贷而日益衰颓。基于国家经济的需要，竞争性契约制渐为贡献制度与臣民徭役所代替。居民按职业分成各阶层，国家需要此等新成立的职业阶级承担连带责任。此种发展导致古代资本主义的灭亡。征募的军队取代了雇佣军，而船舶由强制服役所供给。任何有剩余粮食的地区均将所有收成视各城市的需要而分配，不得进行私人贸易。道路建设的义务及一切比较重要的负担，大抵由世袭的被拘束于土地或职业的特定阶层来负担。最后，罗马的城市团体以财产的理由向市长要求富裕的市议员回馈城市，正如村落团体向村落会议要求在外的富裕村民回馈村落一样，因为住民对国家之纳贡及服役负有连带责任。这种服役遵循着埃及托勒密王朝的原籍制而建立，即臣民强制的义务，只在原籍共同体内实行。此种制度形成以后，资本主义获取政治利益的机会便断绝了。在以强制纳税为基础的罗马帝国末期，资本主义已毫无容身之处，像以强制劳役为基础的埃及一样。

　　近代城市的命运与此完全不同，它的自治权也逐渐被剥夺。17、18世纪的英国城市是只有金融及社会阶级意义的行会集团。同时代的德国城市，除皇家城市外，均为地方城市，不过是一种地理单位而已，一切权利皆由上级赋予。此种发展在法国城市中亦早已出现。西班牙城市被查理五世在公社起义中破坏。意大利城市则落于贵族之手。俄国城市普遍尚未获得西欧城市所具有的自由。每个城市的军事权、司法权、工业权都被剥夺。在此情形中，形式上原来的权力虽无变化，但近代城市与古代罗马统治权的确立完全一样，彻底夺走了现代城市的自由，所不同的是近代城市常落入在战争中取得权力的民族国家的掌握中。此种竞争为近代西方的资本主义创造了极大的机会。各国均须为流通自由的资本而竞争，而此资本则为国家获得权力的前提。国家迫于需要与资本结合，乃产生现代意义上资产阶级的民族市民阶级。因此，狭隘的民族国家为资本主义发展提供了机会。只要此种民族国家未让位于世界帝国，资本主义亦将继续存在。

第八节 合理的国家

一、国家、法律与官吏

合理的国家只在西方出现过。在古代中国的统治制度中，仅在氏族团体与行会的顽固权力之上有少数所谓的官吏阶级。官吏是曾受人文教育的文学之士，他们领受俸禄，但无丝毫行政能力与法律知识，只能吟诗挥毫，精通古文。政治上的贡献对他们来说并不重要。他们不亲自执行行政工作，行政工作由幕僚承担。为避免官吏盘踞于一个行政区域，故他们绝不能在本乡任职。他们因不懂其所治州县的方言，故不能与民众接触。保有此种官员的国家，与西方国家是不同的。实际上，在中国，一切均源于一种神秘的观念，即帝王及官员能有美好的德行，即文学教养上的完备，便可使事物各安其所。一旦发生水旱天灾或其他不幸事件，即颁布考试严令，或加速审判，以平神灵之怒。中国是一个农业国家，故农业氏族之力量非常强固，国民经济的十分之九依赖于农民氏族，其余十分之一为工商业行会，本质上一切均自由放任。官吏平常并不进行管理，只在发生骚乱或意外事故时，才出面干涉。

然而唯一能使近代资本主义发展成功的合理国家则与此大不相同。它是以专门的官僚阶级与合理法律为基础而成立的。

中国曾于7世纪至11世纪间进行改革，由训练有素的官员取代士大夫处理政事，但这种变革只维持了一时，之后因月食的发生，认为天示异变，于是一切均复旧观。我们自然不可遽而断言中国的民族性，不能容纳专门的官僚阶级。官僚阶级之形成（或合理国家之成立）实因不能破除迷信而被阻碍。故在西方，城市与基督教之发展已破坏了氏族团体，而中国的氏族团体之权力依然未经破坏。

受过训练的官僚阶级用来判事的近代西方国家之合理法律，其形式是由罗马法发展而来的，虽自内容视之并不如此。此官僚阶级虽为罗马城市国家之产物，但在此城市国家中，绝无希腊城市之民主政治与司法。希腊的法庭在审判小型案件时，用同情、哭诉、指责对方以感动裁判官。此种方法在罗马的政治审判中亦有之，如西塞罗（Cicero）的演讲词。民事诉讼中这些做法行不通。在民事诉讼方面，法官选任一名审判员，严格指示关于被告之判决或不予审理的情形。之后，在查士丁尼大帝的统治下，拜占庭的官僚阶级开始关心法律，认为成体系和条文明确的法律才便于学习，于是将其整理并编成了体系。罗马帝国崩溃时，法律即落入意大利公证人之手。公证人以及大学均诚心主张罗马法之复兴。他们保持罗马法的契约形式，且应时代之需要重新解释。与此同时，在大学中发展出了一个自成体系的法律学说。然而发展的根本特色在于诉讼手续之合理化。与一切原始诉讼手续相同，古代日耳曼的手续亦为严格的形式方法。当事人可能只因在程序中一个单词发音错误而败诉，原因在于迷信，担心天降灾祸。日耳曼诉讼手续之迷信的形式主义与罗马法的形式主义混合了起来，同时法国王权创定的律师制度亦有它的影响。律师的职务主要为正确论述法律上特别是与教会法有关的形式。教会之大规模的行政组织对于俗人之修业与教会自身内部之修业，需要具备固定的形式。它与市民阶级相同，不能与日耳曼的"神之裁判"相融合。市民阶级不能容许他们商业上的权利取决于公开的抗辩，故各地均发生了对这种法律争执与在"神之审判"中获得豁免的情况；教会当初虽经踌躇，最终认为这一类诉讼程序为异教的，为不能容忍之事，而且需要建立尽量合理的教会法之诉讼程序。此种世俗与宗教方面的二重合理化竟扩张至西方各国。

在罗马法的复兴中，有人找到了农民阶级的没落及资本主义建立的根据。的确，对罗马法原则的应用有时不利于农民，例如古代马尔克团体法关于地役的新解释，认为马尔克团体首长为罗马法中的所有者，由其成员承担封建捐税。但在另一方面，法国研修罗马法的法官却能使庄园领主不易没收农民的土地。同样，罗马法并非资本主义的建立根据。作为资本主义发源地的英国，从未接受过罗马法，因为国王的法庭已有保护国家法律制度不受腐败影响的律师阶级之存在。律师阶级支配着法律学说的发展，因为法官即由其中产生（今日亦如此）。它阻止英国大学中教授罗马法，因此，非由他们中间挑选出来的人不能担任法官。

事实上，近代资本主义所特有的一切制度多自罗马法以外的其他方面产生。例如收益证券、债权证书或战时公债，均源自受日耳曼法律思想影响的中世纪法律。同时，股份凭证源自中世纪及近代的法律，古代并不存在。汇票亦如此；阿拉伯、意大利、德国、英国等国的法律均对汇票的发展有所助益。商业公司亦为中世纪的产物，古代只盛行委托企业。用土地登记或典质证书的不动产抵押权及信托同为中世纪的产物，并非出自古代。只在形式的法学思想上，罗马法之接受乃有决定性的意义。自其结构而言，每种法律系统，或者根据形式法学的原则，或者根据实质的原则。实质原则是指功利的及经济的打算，如伊斯兰教判官就依此原则而进行裁判。神权政治或专制主义之司法均以实质为目标，相比之下，官僚政治之司法则流于形式。腓特烈大帝之所以讨厌法学家，因为他建立于物质原则基础上的法令，常为法学家以形式论方法引用于不同目的上。一般而言，罗马法成为适合于形式法律制度而打倒物质法律制度的手段。

不过此项形式的法律是可依赖的。在中国，出售房屋于他人者，之后穷困时，有向买家请求帮助之权。如买家不顾同胞，据中国古代的习俗，其将深惧为鬼怪所祟；故贫穷的卖者可不付房租而强行搬入原屋居住。此类性质的法律，无论如何不能运用于资本主义经济。资本主义所必需的为一种如机械般可以依靠的法律。祭祀的、宗教的、迷信的观念，须一概撤清。此种法律，由近代国家与法学家相结合，要求实现其权力时所制定。16世纪时，国家曾努力与人文主义者相结合，预定在高等学校受教育者有充当国家官吏之资格，因而创设最初的希腊高等学校；因政治斗争大部分由交换国家公文而来，故只有曾受拉丁语、希腊语之教育者，始能作此斗争。此种幻觉只持续了较短时间。后来，一般人均知在高等学校受培养后并无实际政治能力，于是只有求助于法学家了。受人文教育的官员所支配的中国，皇帝并无供其指挥的法学家，各种哲学派别不断竞争，皆以能培养最优秀的政治家自命，曾经论争不休，直至正统学派的儒家最终获胜。印度也是只有书吏而无专门的法学家。不过西方则有为罗马的天才所创设的形式上完善的法律，学得此种法律的官员，其行政能力较其他一切人皆为优秀。国家与形式法学之结合，间接地对资本主义有所裨益，故在经济史上有重大的意义。

二、合理国家的经济政策

对国家而言，拥有名副其实的经济政策，即稳定连贯的经济政策，至近代才渐成立。最早的国家经济政策，为所谓的重商主义。

在形成此种政策以前，曾有两种流行的商业政策，即国库财政政策与福利商业政策，后者指维持传统的生活水准。

在东方，礼仪、种姓及氏族之束缚从根本上阻碍了有计划的经济政策之发展。在中国，政治组织曾有重大变化，曾有过高度发达的对外贸易，甚至与很远的印度通商。但是之后，中国的经济政策改取闭关主义，一切输出输入均掌于十三行之手，且以广东为唯一商港。国内的政策完全置其目标于宗教，至发生可怕的天灾大变时，始考究其缺点。此时常考虑各省之意见，以之为准据。而其主要问题为国家之需要是否以租税或徭役来满足。在日本，封建组织产生同样的影响，结果实行完全的闭关政策。这里的目的在于阶级关系之稳定，一般人均恐因国外贸易而发生财产关系上的变动。在朝鲜，宗教的考虑对闭关主义有决定性的意义。外国人是不洁之人，一旦来到国内，深恐会激怒神灵。中世纪的印度亦发现有希腊、罗马的商人（亦有罗马的佣兵）以及犹太人的移民且获有特权；而此一切可能性均不能发展，因为种姓阶级把一切事物都刻板化了，使有计划的经济政策根本无法实行。同时，印度教严禁出国旅行，亦为一种原因。旅行至外国者归来之后，非举行重新加入原来的种姓阶级的仪式不可。

在西方，14世纪以前，计划经济政策尚不能有大发展，且只能就城镇而言。在诸侯方面已有政策之萌芽；加洛林王朝时代有评定价格与增进各方面福利之政策。然而此大部分皆为纸上之空文。除查理曼大帝的货币改革及度量衡制度外，在那个时代一切均已无迹可寻。他所乐于采取的关于东方商业的贸易政策，因无舰队，始终不可能实现。

诸侯国家放弃斗争时，教会试图以正义、诚实及教会伦理之最低限度应用于经济生活上，乃至干涉经济生活的范围。其最重要的措施为和平之维持。最初仅限于若干日，后来成为一般原则。大教会财产共同体，尤其是修道院维持着一种非常合理的经济生活。我们虽然不能称此种经济为资本主义经济，但在当时则为最合理的经济。后来，因教会复活其原来的禁欲理想，且随时代而改变其解释，上述之努力渐次失其信用。就皇帝而言，在腓特烈一世的统治下，亦曾有一些商业政策的萌芽。例如，评定价格以及惠及德国商人而与英国缔结的关税条约。腓特烈二世虽然维持着公众和平，但大体上只采取对于富商有利的纯国库财政政策，且将各种特权（尤其是关税豁免权）给予他们。德国皇帝的唯一经济政策为对莱茵关税之斗争。但此斗争，因割据莱茵地区之小领主为数过多，大体上可谓毫无结果。此外便是没有计划的经济政策。至于西格蒙德皇帝对威尼斯的封锁政策或莱茵地区的封锁（对科隆的斗争）等各种方案，表面上虽似经济的性质，实际上则为政治的性质。关税政策掌控于地方诸侯手中，除少数例外，他们均未实行有计划的经济振兴之政策。他们的主要目的如下：首先，为奖励本地的商业而反对远方的商业，尤其鼓励城市与其近郊农村的交易；输出关税常较输入关税为高。其次，关税上使本地商人占有利的地位。因为诸侯希望多使用自己的道路，从而增加国库的收入，故对交通设置有差别的关税。为达此目的，他们甚至采取强制使用道路与强制互市法律的系统化。最后，给城市商人以特权，例如巴伐利亚的富豪路易斯以打压一般乡村商人而自夸。那时尚未有保护关税，只有少数例外，如对于意大利的输入竞争所设定的蒂罗尔葡萄酒关税。一切关税政策均立于国库财政与传统的生活标准之观点上。上溯至13世纪，许多关税条约亦立于同样的基础之上，关税的技术亦发生变化；起初曾实行六十分之一的从价关税，至14世纪时，因关税同时发挥了消费税的功能，曾升至十二分之一。昔时，尚无如保护关税的近代商业政策，只实行间接的商业禁止；在需要保护国内手工业者与批发商时，往往暂时取消此种禁止。有时，亦只容许批发贸易，禁止零售贸易。

诸侯之合理的经济政策之痕迹最初见于14世纪的英国，此即亚当·斯密（Adam Smith）所谓的重商主义。

三、重商主义

重商主义的本质在于将资本主义的工业观点运用到政治方面，国家的行政类似于完全由资本主义的企业者所组成。对外经济政策以尽量占取对手的便宜为原则，尽量廉价买入，高价卖出。其目的在于使国家的对外支配权强大。故重商主义代表近代权力国家的发展，此权力国家的形成直接源于诸侯岁入的增加；间接方面，则源于人民纳税能力的提高。

重商主义政策的前提为尽量开发国内获得货币的资源。如果认为重商主义的理论家与政治家混淆了贵金属与国家财富，则是错误的。他们深知纳税力为财富之根源，因此，为提高纳税力，他们曾尽一切努力在国内保持有消失危险的货币。重商主义纲领的第二点——与此制度之获取权力政策有不可分离的关系——为尽量增加人口并赡养日益增加的人口，尽量保障获得对外的市场。这尤其适用于那种安置国内最多劳动力的产品，即制成品而非原

亚当·斯密

材料。最后,为使贸易能增进国内的纳税能力,尽量使本国商人开展贸易。在理论方面支持这种制度的是16世纪在英国发展起来的贸易差额论,是一种以进口商品价值大于出口商品价值而使国家贫困化的理论。

英国显然为重商主义的发祥地,最初实行此制度是在1381年。在软弱的理查德二世的统治下,发生了一次货币紧缩,国会曾设置一个调查委员会,以贸易差额概念分析了其基本特征。当时,委员会只制订了暂定应变的法案,即设定禁止进口、奖励出口的规定;当时,英国的一切政策并非皆采取重商主义的方针。一般人常以1440年为真正的转折点。以前偶尔适用的两个条文——为解决时弊而颁布的许多雇佣条例,今则采用为原则。第一,规定在英国贩卖商品的外国商人,应以其所得的货币全部购买英国商品;第二,赴外国的英国商人则最少须以其卖得金额的一部分,以现金形式运回英国。在这两个原则之下,直至1651年才逐渐建立了取消外国航运之航海条例的整个重商主义制度。

以资本主义的利害关系与国家相连的重商主义曾以两种形态出现。第一种形态为阶级垄断的重商主义形态。此种重商主义在斯图亚特王朝及英国教会的政策上,特别是后来被斩首的大主教劳德的政策上,表现出典型的形态。此制度欲于基督教的社会意义上,将一切居民编制为固定的各种阶级组织,建立以基督博爱为基础的社会关系。与视一切穷人为怠惰者或无赖汉的清教主义完全相反,它是深深同情贫困者的。实际上,斯图亚特王朝的重商主义主要是以谋取国库财政上的收入为目的而产生的;故一切新创产业须有国王之垄断特许始能输入,并且为了谋取财政收益,须受国王永久的支配。法国科尔伯特(Colbert)的政策亦与此相似,虽然没有一贯如此。对此,他与他反对加以迫害的法国耶稣新教徒的意见一致。在英国，国王与国家教会的政策由于国会内清教徒的长期反对而终归失败。在"破除垄断"的口号下，他们与国王的斗争持续了数十年，因为垄断权多半给予了外国人或廷臣，而殖民地则多归于国王宠臣之手。其间，小企业者阶级——一部分在行会以外，大部分在行会以内，逐渐发展起来——对国王之垄断经济加以反对，垄断者的选举资格长期被国会所剥夺。英国国民反对托拉斯及垄断权之坚持不懈的精神，在这种清教徒的斗争中完全地体现了出来。

重商主义的第二种形态为国民的重商主义。它不在于垄断创设的产业，而只在于有组织地保护现存的国民产业。

重商主义所创设的产业至重商主义时代后尚继续存在的几乎没有。斯图亚特王朝的经济举措与欧洲大陆诸国及俄国后期所创设的同趋没落。因此，国民重商主义并非资本主义发展的出发点；资本主义的发展在英国与重商主义垄断的国库财政政策是并行的；且自其发展过程视之，在18世纪斯图亚特王朝的垄断国库财政政策瓦解之后，才得到国会之有组织的保护，通过一个与国家权力无关的企业阶级的支持而进行。这是非合理资本主义与合理资本主义的最后一次正面冲突。即以国库财政、殖民机会与国家垄断为目标的资本主义，与以商人自动找寻的市场机会为目标的资本主义的冲突。两者冲突之处，即英格兰银行。英格兰银行为资本主义的投机分子苏格兰人帕特森（Paterson）所成立，他是被斯图亚特王朝授予的垄断权鼓动起来的。此外，清教徒商人亦加入了此银行。英格兰银行最后离开趋于投机的资本主义之发展轨迹与南海公司有关。在此当作别论，我们可看出帕特森与其同类的势力逐渐衰退，直接间接地接受了清教徒的主张，而受清教徒影响的银行会员则逐渐占据优势。

此外，重商主义所扮演的角色在经济史上已经被人熟知。在英国实行自由贸易后，重商主义便结束了。这是反国教的清教徒科布登（Cobden）及布莱特（Bright）与不受重商主义的支持亦能经营的产业利害关系者协力所取得的成就。

第九节　资本主义精神的发展

认为人口增加对西方资本主义的发展有决定性的作用，实为普遍的谬见。马克思反对此说，认为各经济时期均有其相应的人口规律。他的说法就一般言之虽非正确，但在此实觉合理。18世纪初至19世纪末，西方人口的增加最为急速。在同时期，中国的人口至少亦与此有同程度的增加，即自六七千万增至四万万——或许有过于夸张处亦未可知——其增加速度可与西方的增加速度相匹敌。然而在中国，资本主义的发展不仅无进步，反而在退步，因为中国人口的增加是在与西方不同的社会阶层内。人口的增加只使中国变成小农密集的国家；类似于西方无产阶级的人口之增加，只使外国市场利用苦力（苦力原为印度语，乃邻人或同氏族者之意）成为可能。就一般而言，欧洲的人口增加确有助于资本主义的建立，因为若人口过少，则资本主义或许将无法找到其所必需的劳动力，但它自身并没有引起资本主义的发展。同样，我们亦不能认同桑巴特的主张，认为贵金属的流入为建立资本主义的主要原因。的确，在某种情形下，贵金属供给之增加可引起价格革命（如1530年后欧洲所发生的）。若此时存在其他有利的条件，比如形成一种固定形式的劳动组织，则因大量金银之集中于特定的社会阶级手中，自能促进其进步。但印度的事例证明仅仅是贵金属的流入，并不一定能产生资本主义。在罗马帝国时代，每年约有二千五百万银币流入印度，用来购买货物。然而此种流入只唤起规模至小的商业资本主义。大部分的贵金属均藏于王侯的宝库内，并未变为流通货币以创立合理的资本主义企业。由此可知贵金属的流入将产生哪一种倾向，全视劳动组织的形式而定。发现新大陆后，美国的贵金属最初流入西班牙，然而西班牙随着贵金属的流入，资本主义反为退步。结果，一方面，有城镇派之没落及西班牙贵族的商业利益之毁灭；另一方面，则在战争中使用贵金属。因此，贵金属流经西班牙却未曾影响它，反而促使15世纪以来已实行劳动关系改革的其他国家变得富裕起来。由此，促进了资本主义的产生。

故人口的增加与贵金属的流入，均非唤起西方资本主义的主因。资本主义发展的外部条件首先为地理关系。印度与中国因内地交通需巨大的运费，故阻碍了通过贸易赚取利润且可由商业资本建立资本主义制度的阶级之发展。不过西方有地中海作为内海的特质及充分的河流相连，故能使资本主义得到发展。但对这个因素亦不能作过大的评价。如前所述，古代的文化乃沿岸文化，在此时代，因地中海的特性而与有飓风的中国海域相反，对商业机会极为有利，然而古代并未产生资本主义。在近代，佛罗伦萨的资本主义发展亦较热那亚或威尼斯更完全。西方的资本主义并非产生于海上贸易城市，而是在内地的工业城市中产生的。军事需要虽然亦促进了资本主义产生，但并非战争需要使资本主义形成了独特的发展，而是西方军队上独特的需要。奢侈品需求虽然亦为资本主义发展的有利因素，但亦非奢侈品需求本身。在许多情形下，奢侈品需求反而产生了非合理化形式，如法国小规模的工厂或德国诸侯宫廷内的工人强制定居地。产生资本主义的最终因素为合理的永久性企业、合理的记账、合理的技术及合理的法律。然而此并非其全部。除此之外，必要的辅助因素为合理的精神、处世的合理化、合理的经济伦理。

一切伦理及由伦理所产生经济关系的开端均为传统主义，即传统的神圣性，换言之，即由祖先所传下来的行为与经济模式。直至今日，传统主义依然根深蒂固。对上一代而言，如果想要一位西里西亚农业工人承包割草的工作而增加其二倍的工钱，诱使其更加努力，那是不可能的：他只会减少其一半的劳动量，因为他的一半劳动量就能获得二倍以上的工资。不愿且不能离开已习惯的轨道，此为保持传统的普遍原因。然而，原始的传统主义可因两种情形而变本加厉。第一，物质上的利害与传统的固执相结合。例如中国，如变更一定的搬运道路或采取合理的搬运手段时，将威胁到某些官员的利益。西方在中世纪与近代铺设铁路时，亦有此类现象。这些官吏、地主、商人为维护自身利益阻碍向合理化的方向发展。第二，有更强烈影响的为因迷信而产生的商业刻板化。由于害怕不吉利，故不愿在传统习惯的处世方法上发生任何变化。在这种反对中虽然藏有若干人的经济利益，但反对是否有效仍须视迷信的程度而定。

盈利冲动本身并未打破此等传统的障碍，认为理性的资本主义时期的特征在于比其他时期受更强大的经济利益驱动的观念是幼稚的。近代资本主义较东方的商人并不具有更强烈的盈利冲动。没有任何束缚的盈利冲动，无法产生经济上的合理结果，如科尔特斯（Cortez）和皮萨罗（Pizarro）等，他们也许是无限制盈利冲动的最有力代表，却没有理性主义经济生活的观念。假使经济冲动本身是普遍的，那么将会出现此问题：在何种情形下，能将盈利冲动加以合法化或合理地创造出资本主义企业性质的制度呢？

开始时，对于盈利有两种不同的态度。对内有传统的束缚，即在因宗教关系结合在一起的人群中不进行无限制的盈利，受部落、氏族及家族关系所束缚，此即对内道德；对外视一切他国人为敌人，完全不适用伦理的限制，盈利冲动绝对无限制地发挥，此即对外道德。在传统团体内部亦须算计，古旧的敬神关系被分解时乃出现新的发展。经营责任制在家族共同体内一旦确立，经济关系将不再具有完全的共产主义性质，单纯的敬神及盈利冲动上的障碍即被排除。此种发展尤为西方的特征。在对内经济上实行盈利主义时，亦调整了无限制地追求利益。结果形成了有节制的经济生活，经济刺激在一定程度上发挥作用。

详细地说，其发展过程是各异的。在巴比伦与中国，对于共产主义经济或组合经济的氏族以外的盈利冲动，并无任何客观上的限制，然而未发展出近代的资本主义。在印度，盈利的限制仅适用于婆罗门与刹帝利两个阶层。婆罗门因身份高贵，故虽能做饮食店的主人，但若放贷收息时，则与刹帝利一样，将被降低身份。不过商人阶级则许可其如此，且在印度的商人阶级中，我们发现其在商业上的狡诈是世界上其他地方的人所无法匹敌的。在古代，只有法定利率的限制，保护卖主的条文乃表示罗马的经济伦理特征。然而在此，近代资本主义亦未曾得以发展。

于是发生可作为结论的如下之特殊事实，即近代资本主义的萌芽与东方及古代经济的理论不同，公开实行于反资本的经济理论之领域中。

教会之经济道德态度可在由阿里乌斯教传来的对商人之见解中："商人始终不会赢得神的欢心。"至15世纪时，此条文依然存在。之后，佛罗伦萨因经济关系变迁的压力，一般人逐渐开始为调整这个条文而进行努力。一切反对资本主义趋势的天主教伦理与路德派伦理，本质上均基于对资本主义内部之非人格化关系的厌恶。此非人格化关系可将世间某些事情置于教会及其势力范围的影响之外，根据它们的伦理观念进行改造。在伦理上，领主与奴隶的关系可受道德准则的直接管束；然而抵押权者与作抵押品的财物间的关系，或证券与背书人的关系之伦理化，则并非不可能的，但亦为非常困难的。由此所产生的教会意见之结论，基于公平价格的原则，禁止价格过高、讨价还价及自由竞争之中世纪经济伦理，确保所有人生存的机会。

并非如桑巴特所云，破坏此种思想束缚为犹太人之力。中世纪时犹太人的地位自社会学的见地视之，与印度种姓阶级的最下级者相似，即他们是一种卑贱的民族。两者的不同之处在于印度以宗教的来世观视之，种姓秩序具有永久性。个人虽然能以轮回的方法往生于乐土，但此只限于种姓秩序的内部。种姓乃是永远不变的，若有想脱离种姓阶级者，即将遭永劫之罪，被打入地狱之中。不过犹太人的来世观则以为在将来世界中，阶级关系将与现况相反。在现世，犹太人或许因其祖先的罪业之报应而背上了卑贱民族的烙印；此种状况通过一种社会革命始能脱离。中世纪时，犹太人为一外来民族，他们立于市民社会之外，不能加入任何城市市民团体；他们不能参加圣餐典礼，因此不能属于联盟。但他们并非唯一的外来民族。除他们之外，基督教商人亦为外来民族，与犹太人同样经营货币交易，与犹太人的地位相同，在诸侯保护之下缴纳贡租，享有经营货币交易的权利。而犹太人与基督教外来民族的主要区别在于，犹太人不能与基督徒进行贸易及结婚。基督教徒最初曾乐于受犹太人接待，与犹太人交好，但犹太人深恐他们的嘉宾不能参加圣餐仪式。中世纪首次爆发反犹太主义时，基督教的忠实信徒被教会会议告诫不得行为不端，所以拒绝了犹太人的招待，而对于基督教徒的招待，犹太人也嗤之以鼻。尤其自埃斯拉及尼希米以来，即完全不能与基督徒结婚。犹太人居于贱民地位的另一理由是犹太人手工业者的存在；在叙利亚曾有犹太骑士阶级，但犹太人中作农民者则完全例外，因为农业的经营与其礼仪的要求格格不入。出于宗教礼仪的考虑，犹太人经济生活的重心完全置于商业，特别是货币的交易上。犹太人的信仰对于法律的知识不啻是一种奖励，他们不断地研究法律，因此最容易与货币交易结合。除此之外，教会禁止高利，严禁货币交易，但一方面因为货币交易为必不可少之事，另一方面，犹太人不服从教会法的管辖。此外，犹太教中维持着原来的对内道德与对外道德之二元论。它容许向非同胞或非亲属的他国人征收利息，从这种二元论中，又可发生经济上非合理的业务，特别是承收租税及国家的各种政治性筹资。数个世纪以来，犹太人习得了一种使他们成为有用之人的技能。但所有这些皆是贱民资本主义，并非西方所产生的合理资本主义。因此，在近代经济体制的创立者及大企业者中，几乎找不出一个犹太人；这一类型属于基督教，且只在基督教的地盘上始能有之。不过犹太人的制造业为一种近代现象。犹太人之所以对合理资本主义的产生无任何贡献，原因在于他们处于工业组织之外。如在波兰，在他们做批发商或制造业者时，可以支配多数无产阶级，然而他们不能与行会并存。如《塔木德经》所示，真正的犹太伦理准则为特殊的传统主义。虔敬的犹太人害怕任何改革，与以巫术信仰确立制度的原始民族成员无太多差别。

在近代经济中，人文主义的宗教根蒂早已枯萎。今日的职业概念继续存在于世界上。禁欲的信仰已被一种悲观的世界观所取代，尽管其绝非禁欲，正如伯纳德·曼德维尔（Bernard Mandeville）的《蜜蜂的寓言》中所说的那样，在一定条件下，个人的罪恶有时亦被视为符合公众利益的。各教派之原始的宗教情操均已消失，在经济思想领域，18世纪末及19世纪初的诸侯、政治家及著作家的指导原则是相信与利益相符的启蒙运动之乐观主义取代了新教禁欲主义的位置。经济伦理是以禁欲主义为背景而出现的，其宗教意义现在已消失。劳动阶级只要能给以永远幸福的承诺，便能安于其命运。此种慰藉一旦消失，在之后快速发展的经济社会中，紧张与压力的出现便无法避免了。进入19世纪钢铁时代的黎明期，初期的资本主义即宣布告终。

图书在版编目（CIP）数据

世界经济常识 /（德）马克斯·韦伯著；郑太朴译. —成都：天地出版社，2021.8
ISBN 978-7-5455-6191-3

Ⅰ.①世⋯ Ⅱ.①马⋯ ②郑⋯ Ⅲ.①世界经济—基本知识 Ⅳ.①F11

中国版本图书馆CIP数据核字（2020）第265297号

SHIJIE JINGJI CHANGSHI
世界经济常识

出 品 人	杨　政
著　者	[德] 马克斯·韦伯
译　者	郑太朴
责任编辑	孟令爽
装帧设计	主语设计
责任印制	王学锋

出版发行	天地出版社
	（成都市槐树街2号　邮政编码：610014）
	（北京市方庄芳群园3区3号　邮政编码：100078）
网　址	http://www.tiandiph.com
电子邮箱	tianditg@163.com
经　销	新华文轩出版传媒股份有限公司

印　刷	天津光之彩印刷有限公司
版　次	2021年8月第1版
印　次	2021年8月第1次印刷
开　本	880mm×1230mm 1/32
印　张	9
字　数	260千字
定　价	58.00元
书　号	ISBN 978-7-5455-6191-3

版权所有◆违者必究

咨询电话：(028) 87734639（总编室）
购书热线：(010) 67693207（营销中心）

如有印装错误，请与本社联系调换。